Studien und Materialien
zum Straf- und Maßregelvollzug

herausgegeben von
Friedrich Lösel, Gerhard Rehn und Michael Walter

Band 18

Private Strafvollzugsanstalten in den USA

Eine Perspektive für Deutschland?

Natalie Giefers-Wieland

Centaurus Verlag & Media UG
2002

Die Autorin, geb. 1969, absolvierte ein Studium der Rechtswissenschaften an den Universitäten Köln und Lausanne und promovierte 2001 an der Universität zu Köln. Sie ist Leiterin der Rechtsabteilung in einem internationalen Markenartikelkonzern.

Die Deutsche Bibliothek – CIP-Einheitsaufnahme

Bibliographische Information der Deutschen Bibliothek:
Die deutsche Bibliothek verzeichnet diese Publikation in der
Deutschen Nationalbibliographie; detaillierte bibliographische Daten
sind im Internet über http://dnb.ddb.de abrufbar

ISBN 978-3-8255-0383-3   ISBN 978-3-86226-874-0 (eBook)
DOI 10.1007/978-3-86226-874-0

ISSN 0944-887X

Alle Rechte, insbesondere das Recht der Vervielfältigung und Verbreitung sowie der Übersetzung, vorbehalten. Kein Teil des Werkes darf in irgendeiner Form (durch Fotokopie, Mikrofilm oder ein anderes Verfahren) ohne schriftliche Genehmigung des Verlages reproduziert oder unter Verwendung elektronischer Systeme verarbeitet, vervielfältigt oder verbreitet werden.

© *CENTAURUS Verlags-GmbH. & Co. KG, Herbolzheim 2002*

Satz: Vorlage der Autorin
Umschlaggestaltung: DTP-Studio, Antje Walter, Hinterzarten

Meinen Eltern

GLIEDERUNG

A. EINLEITUNG 3

B. EINGRENZUNG UND BESTIMMUNG DES BEGRIFFS DER
   PRIVATISIERUNG DES STRAFVOLLZUGS 9

  I. Privatisierungen im Sanktionssystem – ein Überblick 9

  II. Differenzierung zwischen privaten „profit" und
      „non-profit"-Agenturen 14

  III. Bestimmung des Begriffs der Privatisierung im Strafvollzug
       als Grundlage der Untersuchung 15

    1. Formelle Privatisierung 15

    2. Materielle Privatisierung 16

C. PRIVATISIERUNG DES STRAFVOLLZUGS – ENTWICKLUNG
   MIT HISTORISCHEN VORLÄUFERN UND FOLGE STAAT-
   LICHER, GESELLSCHAFTS- UND KRIMINALPOLITISCHER
   WANDLUNGSPROZESSE 17

  I. Die Beteiligung privater Unternehmen in der Geschichte
     des Strafvollzugs 17

    1. Entstehung und Verfall der Arbeits-, Zucht- und Spinnhäuser
       in Europa seit Mitte des 16. Jahrhunderts 17

    2. Reform des Gefängniswesens unter dem Einfluß John Howard's 19

    3. Bentham's Bestrebungen zur Errichtung eines privaten
       „Panoptikums" in England gegen Ende des 18. Jahrhunderts 19

    4. Entstehung und Entwicklung der Arbeitshäuser in Amerika
       unter Beteiligung Privater seit Ende des 18. Jahrhunderts 21

      a. Arbeitshäuser nach den Vorbildern der „Pennsylvania"-
         und „Auburn"-Systeme 21

      b. Beteiligung und Einfluß privater Unternehmen 22

      c. Das Ende des industriellen Gefängnisses mit Verabschiedung
         des „Hawes-Cooper-Act" 1929 25

    5. Zusammenfassung 26

II. Privatisierung des Strafvollzugs als Folge staatlicher, gesellschafts- und kriminalpolitischer Wandlungsprozesse seit Ende der 70er Jahre des 20. Jahrhunderts 26

1. Der Sozialstaat auf dem Rückzug 26
2. Der Staat im Spannungsverhältnis gesellschaftspolitischer und supranationaler Entwicklungen 29
3. Kriminalpolitische Wandlungsprozesse 32
   a. Problem der Erweiterung sozialer Kontrolle durch Privatisierung 32
   b. Privater Strafvollzug als Folge einer Kritik am staatlichen Strafsystem .. 34
4. Zusammenfassung 35

D. PRIVATISIERUNG DES STRAFVOLLZUGS IN DEN USA IN DEN LETZTEN JAHRZEHNTEN 36

I. Einleitung 36

II. Entstehungsbedingungen, Entwicklung und Ausgestaltung des privaten Strafvollzugs 40

1. Entstehungsbedingungen 40
   a. Anstieg der Gefangenenrate/Überfüllung der Strafvollzugsanstalten 40
      aa. Veränderungen in der Strafrechtspolitik 42
      bb. Vermarktung der Freiheitsstrafe 44
   b. Steigende Vollzugskosten 45
   c. Wandel wirtschafts- und sozialpolitischer Paradigmen 47
   d. Staatliches und privates Zusammenwirken im Bereich sozialer Kontrolle 49
   e. Wirtschaftliches Interesse privater Unternehmen 53
   f. Einfluß verschiedener Interessenverbände – Politisches Lobbying 54
   g. Zusammenfassung 56
2. Entwicklung des privaten Strafvollzugs 57
3. Ausgestaltung des Verhältnisses zwischen Staat und Unternehmen 60

    a. Privatisierungsmodelle 60
        aa. „lease-purchase"-Modell 60
        bb. „management"-Modell... 61
        cc. „take over"-Modell 62
    b. Rechtsverhältnis zwischen Staat und Unternehmen............................. 62
        aa. Öffentliche Ausschreibung 63
        bb. Vertragliche Vereinbarung, Regelungsschwerpunkte 64
            (1) Leistungsbeschreibung... 64
            (2) Vertragsdauer.. 65
            (3) Entgeltbemessung... 66
    c. Kontrollfunktion des Staates 67
    d. Zusammenfassung 68

III. Probleme der Privatisierung des Strafvollzugs vor dem Hintergrund US-amerikanischen Rechts 69

  1. Verfassungsrechtliche Problemstellungen 69
    a. „non-delegation doctrine" 70
    b. Verfahrensrechte – „due process of law" - 73
        aa. 5. und 14. amendment U.S. Constitution 73
            (1) Disziplinarverfahren und -entscheidungen 74
            (2) Aussetzung der Reststrafe zur Bewährung 76
        bb. 8. amendment U.S. Constitution 79
    c. Zusammenfassung 80
  2. Einfachgesetzliche Problemstellungen... 81
    a. Rechtsgrundlage für die Gewaltanwendung gegenüber Häftlingen durch privates Anstaltspersonal 81
    b. Haftung bei Verletzung der Rechtsgüter von Insassen 83

aa. Haftungsgrundlage 83
bb. Ausschluß der Haftung nach dem „common law" 86

    (1) Manis vs. CCA 87
    (2) Citrano vs. Allen Correctional Center 88

c. Konkurs privater Vollzugsunternehmen 89

3. Zusammenfassung 91

IV. Diskussion der Privatisierung des Strafvollzugs unter Kosten-, Leistungs-, Sicherheits- und Flexibilitätsgesichtspunkten 92

1. Kosten 93

  a. Die Standpunkte 93

    aa. Befürworter 93
    bb. Kritiker 95

  b. GAO Studie 97

2. Leistungsstandards 100

  a. Die Standpunkte 100

    aa. Befürworter 100
    bb. Kritiker 101

  b. GAO Studie 101

3. Sicherheit der Anstalt 103

4. Flexibilität staatlichen Handelns 104

5. Zusammenfassung 105

V. Diskussion der Privatisierung des Strafvollzugs unter gesellschafts-politischen, ethisch-moralischen und kriminalpolitischen Gesichtspunkten 106

1. Gesellschaftspolitische und ethisch-moralische Gesichtspunkte 106

a. Verletzung des Gesellschaftsvertrages („social contract")........................ 106

b. Symbolwirkung von Strafe und Strafvollzug... 107

c. Kommerzialisierung/Gewinninteresse... 108

d. Korruptions- und Mißbrauchsanfälligkeit... 111

2. Kriminalpolitische Gesichtspunkte.. 111

3. Zusammenfassung... 113

VI. Zusammenfassung der wesentlichen Ergebnisse der Privatisierungsdiskussion.. 114

VII. Stellungnahme.. 118

E. PRIVATISIERUNG DES STRAFVOLLZUGS IN DEUTSCHLAND...... 125

I. Entstehungsbedingungen für privaten Strafvollzug in Deutschland.... 125

1. Anstieg der Gefangenenrate/Überbelegung von Strafvollzugsanstalten.... 125

   a. Statistische Entwicklung der Gefangenenzahlen................................... 125

   b. Veränderungen in der Strafrechtspolitik.. 129

   c. Vermarktung der Freiheitsstrafe.. 132

2. Vollzugskosten.. 136

3. Wandel wirtschafts- und sozialpolitischer Paradigmen.............................. 137

4. Staatliches und privates Zusammenwirken im Bereich sozialer Kontrolle 139

5. Wirtschaftliches Interesse privater Unternehmen....................................... 140

6. Ergebnis.. 141

II. Rechtliche Grundlagen und Grenzen der Privatisierung des Strafvollzugs.. 141

1. Verfassungsrechtliche Schranken... 142

   a. Art. 83, 87ff... 142

   b. Art. 33 IV, V GG.. 143

aa. Materielle Privatisierung.. 143
    (1) Strafvollzug als hoheitliche Befugnis 143
        (a) Strafvollzug als Kernaufgabe des Staates 144
        (b) Vereinbarkeit der Übertragung der Kernaufgabe des
            Strafvollzugs mit Art. 33 Abs. 4 GG... 147
    (2) Ergebnis 149
bb. Formelle Privatisierung.. 149

c. Rechtsstaatsprinzip.. 151
    aa. Aufweichung des staatlichen Gewaltmonopols................................ 152
    bb. Rechtsschutzgarantie 153
    cc. Haftung des Staates.. 154

d. Demokratieprinzip... 155
e. Ergebnis.. 156

2. Rechtliche Bewertung einzelner Vollzugstätigkeiten vor dem
    Hintergrund der aufgezeigten Kriterien 157
    a. Hoheitliche Aufgaben:... 157
    b. Gemischt hoheitlich-nichthoheitliche Tätigkeiten 159
    c. Rein nichthoheitliche Aufgaben 162

3. Rechtliche Institute für eine formelle Privatisierung vor dem
    Hintergrund des Art. 33 Abs. 4 GG.. 162
    a. Beleihung.. 163
    b. Verwaltungshelfer 164
    c. Duale Sicherheitskooperation.. 165
    d. Ergebnis.. 167

4. Möglichkeit der formellen Privatisierung nach dem StrafvollzugsG......... 168
    a. §§ 155 Abs. 1, 156 StVollzG... 168
    b. § 156 StVollzG... 169
    c. Ergebnis.. 170

5. Zusammenfassung 171

6. Vergleich der rechtlichen Diskussion in USA und Deutschland 172

III. Zweckmäßigkeit einer Privatisierung im Strafvollzug 173

F. SCHLUßBETRACHTUNG 178

ABKÜRZUGSVERZEICHNIS 183

LITERATURVERZEICHNIS 189

Vorwort

Die vorliegende Arbeit ist im Wintersemester 1997 von der Universität zu Köln als Dissertation angenommen worden.

Ich danke zunächst Herrn Professor Walter für die Betreuung der Arbeit und die Vermittlung von hilfreichen Kontakten an die Universitäten von Berkeley/Kalifornien, die mir die Literaturrecherche zu meinem Thema sehr erleichtert haben.

Mein ganz besonderer Dank gilt meinem Mann, Dr. Patrick Giefers, der mich in jeder Phase dieser Arbeit unterstützt hat und mir als Diskussionspartner stets geduldig zur Seite stand. Weiterer Dank gilt meinem Schwiegervater Dr. Hans-Werner Giefers für die kritische inhaltliche Auseinandersetzung, die mich stets zu neuen Ideen und Ansätzen brachte. Für die Mühen des langwierigen Korrekturlesens bedanke ich mich ganz herzlich bei meiner Schwiegermutter Wilma Giefers-Kröning. Schließlich gilt mein tiefster Dank meinen Eltern, die mir diese Arbeit überhaupt erst ermöglicht haben, mich stets neu motiviert und immer für mich da sind.

A. Einleitung

Seit den 70er Jahren des 20. Jahrhunderts werden in Deutschland immer mehr Tätigkeitsfelder, die traditionell dem Staat vorbehalten waren, in unterschiedlicher Form privatwirtschaftlichen Unternehmen überlassen. Das Schlagwort „Privatisierung" ist in aller Munde. Privatisiert wird z.b. auf den Gebieten der öffentlichen Kreditwirtschaft, des Versicherungswesens sowie im Verkehrs-, Energieversorgungs- und Rundfunkbereich.[1] Das breite Spektrum reicht von der Privatisierung öffentlicher Dienstleistungen[2], im neueren Sprachgebrauch auch „outsourcing"[3] genannt, bis hin zum Verkauf von öffentlichem Grund- und industriellem Beteiligungsbesitz, wie etwa der Veräußerungen der Anteile an den Industriekonzernen *Veba, Viag, Volkswagen* und *Salzgitter* oder jüngst der *Deutschen Telekom* (alle als AG geführt).[4]

Man bezweckt, die öffentlichen Haushalte zu konsolidieren, Marktwirtschaft und individuelle Freiheit zu stärken sowie den Staatsapparat zu verkleinern. Ob alle diese Ziele erstrebenswert sind und – wenn sie es sind – ausschließlich oder bestmöglich durch Privatisierung erreicht werden können, wird kontrovers diskutiert.[5] Einerseits wird mit dem Begriff der Privatisierung regelmäßig assoziiert:

- die Stärkung der Eigeninitiative und Eigenverantwortlichkeit in Abkehr von staatlichen Leistungen und anonymer Bürokratie,
- mehr Effizienz durch Steigerung der Marktwirtschaft,

---

[1] Schoch, DVBL. 1994, S. 962, 963f.
[2] Z.B. Ausgliederung der Müllabfuhr und Reinigungsdienste öffentlicher Gebäude an private Dienstleister, vgl. Böhret, S. 324.
[3] Zu dem Begriff Büllesbach/Rieß, NVwZ 1995, S. 444ff.
[4] Schoch, DVBL. 1994, S. 962, 963f. Seit 1982 wurde die Zahl der Industriebeteiligungen des Bundes mehr als halbiert. Es erfolgte eine Reduzierung von 985 Beteiligungen im Jahre 1982 auf ca. 420 im Jahre 1989. In den 90er Jahren wurden insbesondere *IVG, Deutsche Pfandbrief- und Hypothekenbank* sowie *Rhein-Main-Donau AG* privatisiert. Seit 1995 wurden die *Gemeinnützige Deutsche Wohnungsbaugesellschaft mbH, Mon Repos Erholungsheim Davos AG*, die *Deutsche Stadtentwicklungsgesellschaft mbH*, die *Deutsche Lufthansa AG*, die *Münchener Tunnelgesellschaft mbH*, die *Neckar AG* privatisiert, vgl. Auskunft des Bundesministeriums für Wirtschaft und Technologie vom 05.08.1999
[5] Zur umfassenden Darstellung der Argumente vgl. Böhret, S. 323ff.

- Entschlackung des Wohlfahrtsstaates, dem ein Zusammenbruch aufgrund stetig wachsender Ansprüche der Gesellschaft drohe sowie
- finanzielle Entlastung des Staates und damit eine Rückführung der Staatsverschuldung.

Andererseits werden jedoch Zweifel und Bedenken laut. Befürchtet wird,

- mit dem Abbau von Solidargemeinschaften würden die wirtschaftlich Schwächeren in größerem Maße abhängig von den Stärkeren und damit entstehe ein höheres Ungleichgewicht in der Gesellschaft,
- Leistungsangebote würden gekappt und Beschäftigungsbedingungen verschlechtert,
- es komme in bestimmten Bereichen zu privaten Monopolen
- schließlich blieben zentrale Probleme ungelöst, weil unvermeidlich der Staat zunehmend entmachtet werde.

Auch im Strafrecht ist der Begriff „Privatisierung" mittlerweile Gegenstand vielfältiger Diskussionen, so daß – wie *Jung* feststellt – sein revolutionärer Charakter anscheinend gar nicht bemerkt werde.[6] Diese Arbeit behandelt einen Teilaspekt der Privatisierungstendenz im Strafrecht, nämlich die Privatisierung des Strafvollzugs. Vor mehr als 15 Jahren entstand in den USA die erste private Haftanstalt, gegründet von der „*Corrections Corporation of America*" (CCA). 1999 wurden in den USA 139 Haftanstalten von privaten Unternehmen betrieben.[7]

Obgleich in Deutschland in den 80er Jahren von der ersten privaten Strafanstalt in den USA berichtet und in anderen Bereichen das Thema der Privatisierung diskutiert und auch umgesetzt wurde, hielt man in Deutschland einen privatisierten Strafvollzug lediglich für eine exotische Erscheinung. Man begegnete ihr mit Staunen, maß ihr jedoch keine richtungsweisende Bedeutung zu. Auf die kriminalpolitische Wirklichkeit

---

[6] Jung, Privatisierung, S. 69ff.
[7] Vgl. D II 2.

hatte die Einrichtung der ersten privaten Haftanstalt kaum Einfluß.[8] Man ging allgemein davon aus, daß die Durchsetzung des Rechts und die Vollziehung von Strafen eine einzigartige und dem Staat vorbehaltene Tätigkeit bleiben müsse. Das ausschließliche Recht, legitime Gewalt anzuwenden, sei ein konstitutives Merkmal des Staates. Die Zwangsgewalt zu zerstreuen, bedrohe die Unparteilichkeit und Universalität des Rechts und damit die Legitimität des Staates.[9] Erst in den 90er Jahren, nachdem sich bereits der Europarat der Thematik angenommen hatte,[10] wurden Entwicklungen in den USA aufmerksam verfolgt.[11]

Das zunächst mangelnde Interesse erklärt sich u.a. aus der kriminalpolitischen Ausrichtung. In den 60er und 70er Jahren war man hierzulande noch damit beschäftigt, den Strafvollzug als totalitäre Institution unter sozialwissenschaftlichen Aspekten zu untersuchen und sich damit auseinanderzusetzen, welche Funktion das Gefängnis erfülle, um Herrschaft zu demonstrieren. Zunehmend ist jedoch zu beobachten, daß Controller, Analysten, Sozialtechnologen, Wirtschafts- und Managementexperten auch das Feld des Strafvollzugs erobern. Dessen Reformierbarkeit wird unter finanztechnischen, betriebswirtschaftlichen und strategischen Gesichtspunkten, wie Kosten-Nutzen-Verhältnis, Organisationsstruktur, wirtschaftliche Eigenverantwortung[12] und Personalmanagement erörtert.[13] In das staatliche und private Sozialwesen kehrt eine Denkweise ein, die bestimmt wird durch neue Steuerungsentwürfe und -praktiken. Als Stichworte können „Modernisierung des Staates", „Entwicklung neuer Steuerungsmodelle u.a. in der Jugendhilfe", „output-orientierte Steuerung", „Qualitätssicherung in der Straffälligenhilfe" und „Sozialmanagement" genannt werden. Es wird offen damit geworben, betriebswirtschaftliche Strategien in die soziale Arbeit einzuführen.[14]

---

[8] Lindenberg/Schmidt-Semisch, NeuKrim 1995, S. 45.
[9] Matthews, NeuKrim 1993, S. 32.
[10] Jung, Paradigmawechsel, S. 377 mwN.
[11] Lindenberg/Schmidt-Semisch, NeuKrim 1995, S. 45.
[12] Vgl. den Modellversuch im niedersächsischen Justizvollzug, Rieß, ZfStrVo 1997, S. 343ff.
[13] NeuKrim 1995, S. 28; Kloff, NeuKrim 1997, S. 12ff. mit dem Titel: Management-Methoden im Justizvollzug?
[14] Cremer-Schäfer, NeuKrim 1997, S. 30ff.

Im Umfeld dieser Diskussion ist auch die Privatisierung des Strafvollzugs in der Bundesrepublik kein Tabuthema mehr. Dabei stehen zum einen die oben bereits angesprochenen Themen der allgemeinen Privatisierung im Mittelpunkt, zum anderen spezifische Gesichtspunkte des Strafvollzuges als Teil sozialer Kontrolle und als Anwendungsbereich des staatlichen Gewaltmonopols.

Aufgabe der Arbeit ist es zu untersuchen, welche Randbedingungen in den USA zu der Privatisierung des Strafvollzugs geführt haben, ob gleiche oder ähnliche Umstände in Deutschland zu verzeichnen sind und ob private Haftanstalten in Deutschland mit dem geltenden Recht vereinbar wären. Zu diesem Zweck wird die Entwicklung der Privatisierung des Strafvollzugs in den USA dargestellt, die Schwerpunkte der die Privatisierung begleitenden Diskussion herausgearbeitet und bestehende Bedenken analysiert. Die Untersuchung der Entstehungsbedingungen des privaten Strafvollzug in den USA wird ergeben, daß die Haftanstalten, bedingt durch einen erheblichen Anstieg der Gefangenenrate in den 80er Jahren, bis zu ca. 70% überbelegt waren.[15] Die dadurch ausgelöste Krise des amerikanischen Strafvollzugssystems, begleitet durch ein privatisierungsfreundliches politisches Klima, hat entscheidend zur Entstehung privater Haftanstalten in den USA beigetragen. Demgegenüber zeigt die Analyse der Situation in Deutschland, daß in den für die Entwicklung in den USA entscheidenden Faktoren hierzulande keine vergleichbare Situation besteht, insbesondere weil eine vergleichbare Krise des Strafvollzugs nicht zu verzeichnen ist. Darüber hinaus wird die rechtliche Prüfung der Privatisierung zeigen, daß ihr in Deutschland – anders als in den USA – enge normative Grenzen gesetzt sind. Während in den USA das Verfassungsrecht keine Hürde für eine Privatisierung darstellt, ergeben sich in Deutschland erhebliche verfassungsrechtliche Bedenken.

Der Fortgang der Untersuchung gliedert sich wie folgt:

---

[15] Vgl. D II 1 a.

Nach einer Einleitung wird in Kapitel B zunächst der Begriff der Privatisierung als Basis für die weitere Untersuchung definiert. Im Anschluß daran wird in Teil C in einem historischen Abriß aufgezeigt, inwieweit private Unternehmen in der Vergangenheit am Strafvollzug beteiligt waren. Hierbei wird sich zeigen, daß jedenfalls insoweit von einer „Reprivatisierung" gesprochen werden kann, als damit die Einbindung privater Unternehmen in den Strafvollzug verstanden wird. Folgend wird sodann erörtert, welche staatstheoretischen, gesellschafts- und kriminalpolitischen Wandlungsprozesse den Boden für eine Privatisierung bereitet haben. Besondere Beachtung erlangt dabei der Gesichtspunkt, daß auch der Strafvollzug als Staatsaufgabe unter der Vorgabe der Verschlankung des Staates diskutiert wird.

In Kapitel D[16] wird die Privatisierung des Strafvollzugs in den USA dargestellt. Zunächst gilt es, im Rahmen einer Analyse der Entstehungsbedingungen die entscheidenden Punkte herauszuarbeiten, die in den USA zur Privatisierung des Strafvollzugs geführt haben. Hierbei sollen insbesondere die Hintergründe aufgezeigt werden, die zu einem erheblichen Anstieg der Gefangenenrate und damit zu einer Überbelegung der Haftanstalten geführt haben. Die gewonnenen Erkenntnisse werden als Vergleichsgrundlage für die Untersuchung in Deutschland herangezogen. In Anschluß an die Erörterung der Entstehungsbedingungen wird ein Überblick über die Diskussion um den privaten Strafvollzug in den USA gegeben. Dabei wird sich zeigen, daß im Mittelpunkt der Auseinandersetzung wirtschaftliche Aspekte stehen. Als zentrales Argument für eine Privatisierung wird angeführt, daß private Haftanstalten wirtschaftlicher und effizienter als eine staatliche betrieben werden können.[17] Daneben werden einzelne juristische Fragestellen aufgeworfen, wobei die juristische Diskussion weniger um die Frage einer verfassungsrechtlichen Zulässigkeit kreist, als vielmehr haftungsrechtliche Einzelfragen erörtert werden.

---

[16] Die diesem Kapitel zugrundeliegende Literatur wurde 1997 von der Verfasserin im Rahmen eines mehrmonatigen Aufenthaltes während ihrer Referendarzeit in den USA an der Universität Berkeley, Kalifornien recherchiert. Der Stand der amerikanischen Literatur ist daher bis zum Zeitpunkt Oktober 1997 berücksichtigt.

[17] Vgl. D IV 1 und 2.

Im anschließenden Teil E werden die Möglichkeiten und Grenzen einer Privatisierung im Strafvollzugs in Deutschland behandelt. Hierbei werden zunächst die Faktoren aufgegriffen, die in den USA zur Privatisierung geführt haben, und im Hinblick auf eine Parallelität geprüft. Daraufhin werden normative Grundlagen und Grenzen einer Privatisierung untersucht. Vor allem ist im Rahmen des Art. 33 GG die Vereinbarkeit der Übertragung der Aufgaben des Strafvollzugs auf Private mit der deutschen Verfassung zu prüfen. Schließlich wird die Zweckmäßigkeit einer Privatisierung im Hinblick auf die in Deutschland bestehenden Probleme im Strafvollzug erörtert.

B. Eingrenzung und Bestimmung des Begriffs der Privatisierung des Strafvollzugs

Der Begriff der Privatisierung des Strafvollzugs ist mehrdeutig und wird als Synonym sehr unterschiedlicher Entwicklungen verwandt.[18] Manche[19] sprechen in diesem Zusammenhang sogar von einem regelrechten „Begriffswirrwarr", das durch die schlagwortartige Benutzung des variantenreichen Wortes Privatisierung entstünde. Trotz der variantenreichen Verwendungsmöglichkeiten des Begriffs kann als allgemeiner Konsens festgehalten werden, dass durch Privatisierung eine Verlagerung einer bisher von der öffentlichen Hand wahrgenommenen Aufgabe in den privaten Bereich erfolgt.[20] Setzt man – wie Jung[21] - „privat" mit „nicht staatlich" gleich, so lassen sich mit dem Begriff der Privatisierung unterschiedliche Beteiligungsformen, bis hin zur privaten Straffälligenhilfe, durchgeführt von Verbänden der freien Wohlfahrtspflege, einfangen. Im folgenden soll der Begriff der Privatisierung im Strafvollzug zunächst eingegrenzt werden. Hierzu werden private Beteiligungsformen im Strafvollzugssystem aufgezeigt und im Anschluß daran wird zwischen „non-profit"- und „profit"-Agenturen unterschieden. Schließlich wird der Begriff als Untersuchungsgegenstand für die vorliegende Arbeit definiert.

I. Privatisierungen im Sanktionssystem – ein Überblick

Obgleich in Deutschland gegenüber vollzuglichen Privatisierungstendenzen noch Skepsis herrscht,[22] gibt es im Sanktionssystem mittlerweile eine Reihe von privaten Beteiligungen, die unter den Begriff der Privatisierung gefaßt werden können:

Seit dem 1.1.1982 erkennt das Betäubungsmittelgesetz erstmals stationäre Drogenbehandlungseinrichtungen in privater Trägerschaft ausdrücklich als Alternative zum staatlichen Strafvollzug an (§ 35 BtMG). Die Dauer des Aufenthaltes in der Therapie-

---

[18] Vgl. dazu ausführlich Matthews, NeuKrim 1993, S. 32f.; Weiner, Kriminalistik 2001, S. 317f.
[19] so etwa Weiner, Kriminalistik 2001, S. 317.
[20] Weiner, Kriminalistik 2001, S. 317, 318.
[21] Jung, Paradigmawechsel, S. 377, 380

einrichtung wird auf die Strafe angerechnet (§ 36 BtMG). Die Behandlungseinrichtung tritt nach der Konzeption des Gesetzes weitgehend an die Stelle des Strafvollzugs, wobei dessen Strukturen im wesentlichen beibehalten werden. Es gibt eine Reihe gemeinnütziger Vereine, die (im Sinne des Steuerrechts) nicht auf Gewinnerzielung ausgerichtet sind und ambulante Maßnahmen im Sanktionsbereich anbieten.[23]

Das Zusammenwirken freier Verbände mit staatlichen Organisationen ist mittlerweile fester Bestandteil des Strafvollzugssystems und in § 154 Abs. 2 StVollzG normiert. Dieser sieht die Verpflichtung der Vollzugsbehörden zur Kooperation mit Stellen der Entlassungsfürsorge, der Bewährungshelfer und freien Wohlfahrtsverbänden sowie Personen und Vereinen vor, deren Einfluß die Eingliederung des Gefangenen fördern soll. §§ 46 ff. StGB sehen den Täter-Opfer-Ausgleich[24] (TOA) vor, in dessen Rahmen die als gemeinnütziger Verein organisierte Einrichtung „Die Waage" bekannt geworden ist. Neben dem TOA gibt es alternative Konzepte[25], die unter Sanktionsgesichtspunkten stärker an den Belangen der individuell Betroffenen ausgerichtet werden und in diesem Zusammenhang zur Einbindung von privaten Kräften führen. Dazu zählen z.B. gemeinnützige Arbeit[26] sowie verschiedene Diversionsprogramme[27], aber auch die Mediation[28]. Ebenso im Bereich des Jugendstrafrechts findet man eine breite Kooperation zwischen privaten Organisationen und staatlichen Einrichtungen. So sieht beispielsweise § 4 Abs. 1 KJHG die Zusammenarbeit zwischen der öffentlichen und der freien Jugendhilfe vor oder §§ 10 Abs 1 Nr. 7, 45 Abs. 2 u. 3 JGG den TOA.[29]

---

[22] Walter, Strafvollzug, Rn. 24
[23] Vgl. ausführlich Walter, Sicherheitsgewerbe, S. 65ff.
[24] Vgl. zum TOA etwa Horn in SK StGB § 46a; Lackner/Kühl-Lackner § 46a; Tröndle/Fischer-Tröndle; § 46a.Lampe, GA 1993, S. 485ff.; Loos, ZRP 1993, S. 51ff. Pfeiffer, ZRP 1992, S. 338ff.
[25] Vgl. zu alternativen Sanktionsformen etwa krit. Bertram, NJW 1994, S. 1045ff.; Dölling, ZStW 1992 S. 259ff.; Walter, FS Köln, S. 557ff.; Weigend, GA 1992, S. 345ff.
[26] Dölling, ZStW 1992, S. 259, 281f.
[27] Vgl. zur Diversion etwa Blau, Jura 1987, S. 25ff.; Hermann, ZStW 1984, S. 455ff.; Kaiser/Kerner/Sack/Schellhoss-Kaiser, S. 88ff.
[28] Vgl. ausführlich Meßner, KrimJ 1996, S. 162ff.
[29] Vgl. die umfassende Darstellung bei Walter Sicherheitsgewerbe, S. 65, 67ff.

Nicht gesetzlich normiert sind private und staatliche Kooperationen im Bereich der kommunalen Prävention[30]. Hierbei geht es im wesentlichen darum, im Rahmen einer kriminalpolitischen Präventionspolitik lokale, problembezogene, ressortübergreifende Strategien zu entwickeln und umzusetzen, die die soziale Situation in dem Sinne verändern sollen, daß Gelegenheitsstrukturen für Kriminalität und somit das Kriminalitätsrisiko insgesamt verringert werden.[31] Hierbei handelt es sich zwar weniger um eine Maßnahme im Sanktionsbereich. Gleichwohl kann kommunale Prävention zur Vermeidung von Rückfälligkeit eingesetzt werden. Mit dieser Zielsetzung wurde das Konzept der kommunalen Prävention („community-prevention")[32] bereits vor dreißig Jahren in den USA bekannt. Im Rahmen der „community prevention" und „treatment center" werden vor allem straffällige und gefährdete Jugendliche mit Hilfe täterorientierter Resozialisierungskonzepte betreut. Ergänzt wurden entsprechende Modelle seit Ende der 80er Jahre durch die – ebenfalls in den USA entstandene – Kommunitarismusbewegung, die das Kriminalitätsproblem besser bewältigen will, indem lokale Behörden und private Initiativen die „community" reaktivieren und stärker zusammenarbeiten.[33]

Ferner gibt es noch radikale abolitionistische Forderungen, das staatliche Strafrechtssystems einschließlich des Strafvollzugs insgesamt abzuschaffen. Die ehemals durch den Staat „enteignete Konfliktlösung" solle reprivatisiert[34] werden; in überschaubaren Gemeinschaften bestehe die Möglichkeit, daß diese sich selbst regulierten,[35] so daß der Staat nur noch die Rolle eines Vermittlers einnehmen müsse.[36] Dieser Ansatz kann nur im weitesten Sinne mit Privatisierungserscheinungen auf Sanktionsebene in Verbindung gebracht werden, da er – anders als die genannten Alternativen mit privater Be-

---

[30] Kritisch dazu Walter, Sicherheitsgewerbe S. 65, 72 mwN.
[31] Kritisch dazu Lehne, NeuKrim 1998, S. 6ff.
[32] Walter, Sicherheitsgewerbe, S. 65, 69.
[33] Trenczek/Pfeiffer, S. 11, 17.
[34] Kaiser, FS Lackner, S. 1027f., vgl. auch Cohen, KrimJ 1988, S. 10, 12.
[35] Darstellend Walter, Sicherheitsgewerbe S. 65, 79 mwN.
[36] Steinert, Abolitionismus, S.1, 4.

teiligung – auf die vollständige Abschaffung des Systems in seiner bestehenden Form gerichtet ist.

Eine der neueren Entwicklungen stellt das sogenannte „electronic monitoring" dar. Kurze Freiheitsstrafen sollen danach in der eigenen Wohnung vollzogen werden. Die Wohnung fungiert sozusagen als Privatgefängnis für den Täter. Der Häftling wird mittels einer elektronischen Hand- oder Fußfessel überwacht.[37]

Andere Überlegungen befassen sich damit, private Unternehmen – ähnlich den bereits in den USA bestehenden Modellen – am geschlossenen Strafvollzug zu beteiligen, indem die Vollzugsanstalten von ihnen finanziert und geführt werden.[38] Ausdrücklich ist festzuhalten, daß es sich bei diesen Anbietern nicht um Organisationen der freien Wohlfahrtspflege handelt, sondern um kommerzielle Unternehmen, die wirtschaftliche Gewinne erzielen wollen.

In Waldeck (Mecklenburg-Vorpommern) wurde bereits eine Vollzugsanstalt in enger Kooperation mit der Landesjustizverwaltung und einem privaten Investor konzipiert, errichtet und anschließend an das Land verleast (sog. Investoren- bzw. Leasingmodell). Die Trägerschaft und Zuständigkeit für alle Leistungen nach dem Strafvollzugsgesetz verbleiben allerdings als Kernbereich hoheitlicher Tätigkeit bei der Landesjustizverwaltung.[39] Auch die JVA Meppen wurde mit Hilfe privaten Investorenkapitals modernisiert und erweitert.[40] In Nordrhein-Westfalen werden in der Abschiebehaftanstalt Büren bereits seit 1994 Abschiebehäftlinge durch den Allgemeinen Vollzugsdienst in Kooperation mit Angestellten einer privaten Sicherheitsfirma bewacht und versorgt.[41]

---

[37] Weigend, BewHi 1989 S. 289 ff.; Krahl, NStZ 1997, S. 457ff; vgl. ferner Albrecht/Arnold/Schädler, ZRP 2000, S. 466f.
[38] FAZ v. 25.3.1999, S. 7.
[39] Burmeister, KrimPäd. 1997 S. 11ff; Maelicke ZfStrVo 1999, S. 73, 76.
[40] Bode, KrimPäd 1997, S. 14ff.; ders. ZfStrVo 1997, S. 48ff.
[41] Eschenbach, ZfStrVo1994, S. 158, 160f.

Darüber hinaus arbeitet die Hessische Regierung an einem Modellprojekt, bei dem die Planung, der Bau und – soweit rechtlich möglich – auch der Betrieb der Strafvollzugsanstalt an private Anbieter übertragen werden soll.[42] Zur rechtlichen Überprüfung dieses Vorhabens wurde eigens eine Arbeitsgruppe eingesetzt, die zu dem Ergebnis kam, dass der Planung und Errichtung einer Strafvollzugsanstalt keine verfassungsrechtlichen oder einfachgesetzlichen Grundsätze entgegenstünden. Hinsichtlich des Betriebes der Anstalt sei eine private Ausführung rechtlich allerdings nur möglich, soweit es um die Ausübung von Dienst- und Serviceleistungen im weiteren Sinne ohne Eingriffsbefugnisse gegenüber Gefangenen gehe. Konkret übertragbar seien Aufgaben des Haus-, Versorgungs-, Betreuungs- und Teile des Überwachungs- und Kontrollmanagements.[43] Unbedingt erforderlich seien jedoch organisatorische Vorkehrungen, die einerseits eine wirksame Anleitung und Kontrolle der Privaten sicherstellten, andererseits indessen rechtzeitiges Eingreifen von Beamten für Vollzugssituationen ermöglichten, in denen staatlicher Zwang erforderlich werde.[44]

Zur Begründung dieses Privatisierungsvorhabens wird auf gute Erfahrungen, die man mit privatem Strafvollzug im europäischen Ausland gesammelt habe und vor allem auf die Überbelegung der Anstalten in Hessen sowie die hohen Betriebskosten hingewiesen, die man mit der Privatisierung zu senken hoffe.[45] Der Presse ist darüber hinaus zu entnehmen, daß zusätzlich zu dem privaten Gefängnis eine Abschiebehaftanstalt[46] in Hessen mit 200 bis 300 Plätzen geplant, die man ebenfalls privat errichten und betreiben lassen wolle.[47]

---

[42] FAZ vom 25.03.99, Nr. 71 S. 7; Wagner, ZRP 2000, S. 169, 171
[43] ausführlich Wagner, ZRP 2000, S. 169, 171f.
[44] Wagner, ZRP 2000, S. 169, 171f.
[45] Wagner, ZRP 2000, S. 169, FAZ vom 25.03.1999, Nr. 71 S. 7.
[46] Entsprechende Modelle von Abschiebehaftanstalten, in denen Angehörige privater Sicherheitsdienste in die Überwachungstätigkeit der Anstalt eingebunden sind, existieren bereits in NRW und Hamburg. Private Sicherheitsbeamte werden jedoch nur eingesetzt, wenn gewährleistet ist, daß auch Hoheitsträger der Justiz zugegen sind, die bei Eingriffen in die Grundrechte der Häftlinge die Eingriffsanordnung treffen können. Es wird berichtet, das Zusammenwirken privater und staatlicher Sicherheitsträger funktioniere gut, sei aber im wesentlichen abhängig von der Anzahl und der Qualität der Vollzugsbediensteten. Der Einsatz von erfahrenen Beamten sei daher auf längere Sicht unverzichtbar. Vgl. Eschenbacher, ZfStrVo 1994, S. 158, 160f.; Walter, Sicherheitsgewerbe, S. 65, 69 mwN.
[47] Rheinische Post vom 21.06.1999 im Teil Politische Umschau..

II. Differenzierung zwischen privaten „profit" und „non-profit"-Agenturen

Die Darstellung hat gezeigt, daß mit dem Begriff der Privatisierung im Strafvollzug vielfältige Erscheinungsformen erfaßt werden, deren Natur und Zielsetzung unterschiedlich sind. Es scheiden sich die Wege, wenn es darum geht, mit einer der genannten Einrichtungen wirtschaftlichen Gewinn zu erzielen. Der qualitative Unterschied zwischen gemeinnützigen Einrichtungen wie etwa der „Brücke"-Vereine, „Die Waage" oder anderen Institutionen der freien Wohlfahrtspflege, die ihr Handeln nicht an wirtschaftlichem Gewinn messen, und solchen Wirtschaftsunternehmen wie CCA in den USA, deren erklärtes Ziel die Erzielung finanzieller Gewinne durch den Betrieb einer Vollzugseinrichtung ist, liegt auf der Hand.[48] Eine Kommerzialisierung, wie sie durch private Wirtschaftsunternehmen in das Strafvollzugssystem eingeführt wird, gibt diesem eine völlig neue Dimension. Nach den Regeln der (sozialen) Marktwirtschaft streben profitorientierte Unternehmen danach, ihren Gewinn zu maximieren. Dies erreichen sie u.a. durch eine hohe Differenz zwischen den Kosten der Dienstleistung und dem erzielten Preis sowie durch Wachstum und Ausdehnung der Marktanteile.[49] Eine Kommerzialisierung bedingt daher, daß Faktoren wie Ausweitung des Gefängnismarktes, Wettbewerbs- und Konkurrenzfähigkeit sowie Ausdehnung der Machtpositionen der Unternehmen in ein soziales System einkehren und diesem eine neue Richtung weisen. Auch für den Staat hat dies Konsequenzen. Er muß sich mit der Eröffnung des Wettbewerbs dem Vergleich mit privaten Anbietern stellen. Darüber hinaus wird das staatliche Gewaltmonopol betroffen.[50] Auch hier erreicht ein privater Strafvollzug eine Dimension, die über das bisher bekannte Maß hinausreicht.

---

[48] Vgl. zur Unterscheidung von „Non-Profit„ und „Profit" Agenturen Shichor, S. 14.
[49] Maelicke, ZfStrVo 1999, S. 73, 76.
[50] Vgl. E II 1 c aa..

III. Bestimmung des Begriffs der Privatisierung im Strafvollzug als Grundlage der Untersuchung

Die neue Dimension, die durch eine Beteiligung von gewinnorientierten Unternehmen am Strafvollzug – anders als durch eine Mitwirkung lediglich gemeinnütziger Einrichtungen – erreicht wird, grenzt die zu behandelnde Thematik ein. Die vorliegende Arbeit befaßt sich daher mit dem Betrieb von Strafvollzugsanstalten[51] durch gewinnorientierte Privatunternehmen. Betriebswirtschaftliche Fragen im Hinblick auf das (Finanzierungs)-Leasing werden dabei weitgehend ausgespart. Gemeinnützige, nicht auf Gewinnerzielung ausgerichtete Einrichtungen, die bereits jetzt – etwa im Bereich der Bewährungshilfe – an der strafrechtlichen Sozialkontrolle in größerem Umfang beteiligt sind, werden demgegenüber nicht berücksichtigt. Privat geführte Strafvollzugsanstalten sind sowohl auf der Grundlage einer formellen als auch einer materiellen Privatisierung denkbar. Beide Privatisierungsformen müssen für eine deutsche Regelung in Betracht gezogen werden. Bei der Darstellung der Privatisierung in den USA werden Formen der materiellen Privatisierung eine untergeordnete Rolle spielen, da die dortige Praxis des privaten Strafvollzugs – wie sich zeigen wird – auf einem System basiert, das im wesentlichen der formellen Privatisierung im hier beschriebenen Umfang entspricht.

1. Formelle Privatisierung

Die formelle Privatisierung – teils auch als funktionale Privatisierung bezeichnet[52] – umfaßt alle Handlungsvarianten der öffentlichen Hand, die dadurch gekennzeichnet sind, daß eine Aufgabe nicht von der Verwaltung im „institutionellen Sinn" – also von Körperschaften, Anstalten oder Stiftungen des öffentlichen Rechts, sondern von privaten – also natürlichen oder juristischen Personen des Privatrechts – erfüllt wird.[53] Jedoch verbleibt die Aufgabenzuständigkeit und Verantwortung bei dem Träger öffentlicher Verwaltung. Der Vollzug der Aufgabe wird hingegen ganz oder zum Teil auf ein

---

[51] Sind als geschlossene Vollzugsanstalten für erwachsene Straftäter zu verstehen. Keine Berücksichtigung findet der Jugendstrafvollzug, der offene Vollzug oder offene Therapieeinrichtungen.
[52] Weiner, Kriminalistik 2001, S. 317.

Privatsubjekt übertragen, welches entweder als Verwaltungshelfer oder in untergeordneter Stellung zum Hoheitsträger als Beliehener fungiert.[54]

Im Hinblick auf den Strafvollzug würde eine formelle Privatisierung bedeuten, daß die Zuständigkeit und die Verantwortung für den Strafvollzug letztendlich in der Obhut des Staates (der Landesjustizverwaltungen) bliebe. Die konkreten Strafmaßnahmen werden – wenigstens in Teilen – durch natürliche oder juristische Personen des Privatrechts vollzogen.

2. Materielle Privatisierung

Im Rahmen einer materiellen Privatisierung wird eine Aufgabe insgesamt in den privaten Sektor verlagert. Die öffentliche Hand zieht sich vollständig zurück und überläßt es den am Markt tätigen Unternehmen, ob und wie sie die ursprünglich staatliche Aufgabe erfüllen.[55]

Für den Strafvollzug hätte dies zur Folge, daß – anders als bei einer formellen Privatisierung – auch die Zuständigkeit und Letztverantwortlichkeit für den Strafvollzug auf den privaten Sektor übertragen würde.[56]

---

[53] Peine DÖV 1997, S. 353f; Weiner, Kriminalistik 2001, S. 317, 318; Lange, DöV 2001, S. 898f..
[54] Püttner, LKV 1994, S. 193, 195; Schumacher, LKV 1995; S. 135, 138 mit weiterer Differenzierung.
[55] Peine, DÖV 1997, S. 353f.; Püttner, LKV 1994, S. 193, 195; Schoch, DVBl. 1994, S. 962; Schumacher, LKV 1995, S. 135, 138; Kulas, Grundlagen, S. 35, 37; Lange, DöV 2001, S. 898, 900.
[56] Zur rechtlichen Zulässigkeit einer materiellen Privatisierung vgl. E II 1 b aa.

C. Privatisierung des Strafvollzugs – Entwicklung mit historischen Vorläufern und Folge staatlicher, gesellschafts- und kriminalpolitischer Wandlungsprozesse

Die folgenden Ausführungen dienen dazu, den Hintergrund der Privatisierung des Strafvollzugs zu erhellen. Es wird sich zeigen, daß die Privatisierung eine Entwicklung mit historischen Wurzeln und zugleich Folge moderner Veränderungsprozesse ist.

I. Die Beteiligung privater Unternehmen in der Geschichte des Strafvollzugs

Generell wird die Privatisierung von Haftanstalten als eine „Reprivatisierung"[57] bezeichnet. Aus dem folgenden historischen Abriß wird hervorgehen, daß diese Bezeichnung als Schlagwort zumindest für die USA zutrifft, weil private Unternehmen bereits in den Anfängen des Gefängniswesens eine Rolle spielten.

1. Entstehung und Verfall der Arbeits-, Zucht- und Spinnhäuser in Europa seit Mitte des 16. Jahrhunderts

Das Gefängniswesen ist so alt wie die behördliche Verwaltung selbst.[58] In den Anfängen vor dem 16. Jh. lag der Zweck der Gefängnisse nicht darin, die Gefangenen zu Strafzwecken zu inhaftieren, sondern sie bis zur Festsetzung ihrer Strafe unterzubringen und somit z.B. ihre Hinrichtung sicherzustellen.[59]

Mitte des 16. Jh. trat ein Wandel im Verständnis der Freiheitsstrafe ein; Hauptzweck war nicht mehr die Unterbringung, sondern die Besserung.[60] 1557 wurde in Großbritannien durch den Bischof Ridley ein Arbeits- und Zuchthaus („workhouse Bridewell") errichtet. Eingesperrt wurden sowohl Bettler als auch Straftäter[61], um diese zu

---

[57] Matthews, NeuKrim 1993, 32ff.
[58] Sieverts, S. 43.
[59] Allen/Simson, S. 12; zwar findet sich die Möglichkeit der Bestrafung durch Freiheitsentzug bereits im ersten deutschen Reichsstrafgesetzbuch von *Karl* V. (1532), im Vordergrund standen jedoch die Leibes- und Lebensstrafen, so daß die bestehenden Hafteinrichtungen nicht in ihrem heutigen Sinne genutzt wurden; Kaiser/Kerner/Schöch, § 3 Rdn. 1.
[60] Kaiser/Kerner/Schöch, § 3 Rdn. 1.
[61] Radbruch, Strafvollzug, S. 97.

Arbeit und Ordnung zu erziehen.[62] Da sich dieses erste „workhouse" als erfolgreich erwies, beschloß das englische Parlament 1576 in weiten Teilen Englands ähnliche „Bridewells" zu errichten.[63]

Nach dem Vorbild der englischen „workhouses" wurde 1595 in Amsterdam das Zuchthaus und zwei Jahre später das Spinnhaus (für Frauen) erbaut und eröffnet.[64] Diesem Vorbild folgend entstanden auch in Deutschland ähnliche Einrichtungen, so z.B. in Bremen (1609), Lübeck (1613), Kassel (1617), Hamburg (1622) und Danzig (1629).[65]

Private Unternehmer erkannten schnell, welches Potential an Arbeitskräften durch das „workhouse"-Modell verfügbar war. Zu günstigen Preisen wurde ihnen die Arbeitsleistung der Insassen vom Staat zur Verfügung gestellt.[66] Insbesondere unter dem Einfluß des Merkantilismus stieg der Bedarf an Arbeitskräften zunehmend. Die Ausnutzung der Inhaftierten als billige Arbeitskräfte rückte mehr und mehr in den Vordergrund. Die Anstalten wurden sogar ganz an private Unternehmen verpachtet. Damit ging zugleich deren Verfall einher.[67] Da die Pächter rein kommerzielle Interessen verfolgten,[68] legten sie weder Wert auf hygienische Verhältnisse, noch auf die Loyalität der Aufseher oder die differenzierte Behandlung leichter und schwerer Kriminalität. Darüber hinaus waren die Zuchthäuser unterschiedlich organisiert.[69] Die meisten gegen Ende des 18. Jh. in Deutschland geführten Zuchthäuser entsprachen bei weitem nicht mehr dem Amsterdamer Vorbild.[70]

---

[62] Diese Einrichtung sollte als Modell für die Anstalten des 19. Jh. nicht nur in Europa, sondern auch in Amerika dienen, vgl. Allen/Simson, S. 24.
[63] Allen/Simson, S. 13.
[64] Kaiser/Kerner/Schöch, § 3 Rdn. 5; Radbruch, Strafvollzug, S. 97.
[65] Kaiser/Kerner/Schöch, § 3 Rdn. 6; Schmidt, S. 7; Sieverts, S. 44.
[66] Shichor, S. 24.
[67] Kaiser/Kerner/Schöch, § 3 Rdn. 6; Sieverts, S. 45.
[68] Solbach/Hofmann, S. 34.
[69] Kaiser/Kerner/Schöch, § 3 Rdn. 6.
[70] Solbach/Hofmann, S. 34.

2. Reform des Gefängniswesens unter dem Einfluß John Howard's

Die Aufdeckung der desolaten Zustände, in denen sich die meisten Zuchthäuser befanden, ging im wesentlichen auf *John Howard* (1726-1790), Sheriff von Bedfordshire zurück[71]. Auf seinen Reisen quer durch Europa bot sich ihm ein erschreckendes Bild der Gefängnissituation.[72] Das Alter der Baulichkeiten, zumeist ausgediente Schlösser oder Klöster, sowie die hygienischen und sanitären Bedingungen waren mit einem humanitären und rationalen Strafvollzug nicht vereinbar. Die schlechten Zustände waren insbesondere dort anzutreffen, wo private Unternehmen das Gefängnis vom Staat gepachtet hatten, um mit der Arbeitskraft der Insassen einen Manufakturbetrieb zu unterhalten.[73] Der Resozialisierungsgedanke wurde umso weniger umgesetzt, je mehr eine Differenzierung nach der Schwere oder Art der Delikte fehlte, und die Gefängnisse als Stätte krimineller Infektion galten. Ausnahmen wie das „Maison de Force" in Gent oder das von *Papst Clemens XI.* 1703 eingerichtete „Hospice de San Michele" in Rom, in denen z.B. eine nach Delikten getrennte Unterbringung von Straftätern praktiziert wurde, führten zu der von *Howard* 1777 vorangetriebenen Gefängnisreform. 1779 wurde diese vom englischen Parlament als „Penitentiary Act" verabschiedet. Wesentliche Elemente dieser Reform waren die Bereitstellung von sicheren und sauberen Einrichtungen, die Abschaffung von Gefängnisgebühren, welche die Betreiber bislang von den Häftlingen oder deren Angehörigen für die Unterbringung erhoben hatten sowie die Einrichtung einer staatlichen Aufsicht.[74]

3. Bentham's Bestrebungen zur Errichtung eines privaten „Panoptikums" in England gegen Ende des 18. Jahrhunderts

Eine andere Form der privaten Beteiligung am Strafvollzug sah ein von *Jeremy Bentham* entwickeltes Konzept in England gegen Ende der 80er Jahre des 18. Jh. vor. Auf der Grundlage eines Vertrags mit dem Staat sollte ein Gefängnis in Form eines Panop-

---

[71] Schmidt, S. 12ff.
[72] Forsythe, Prison Service Journal 1989, S. 35.
[73] Schmidt, S. 13.
[74] Allen/Simson, S. 20.

tikums vollständig privat erbaut und geführt werden.[75] Es war vorgesehen, die Anstalt von einem privaten Betreiber, nach den Vorgaben des Staates und im Lichte des Gesetzes, führen zu lassen. Im Gegenzug sollte der private Betreiber für jeden untergebrachten Häftling sowohl eine Gebühr vom Staat, als auch die wirtschaftlichen Erträge aus der Gefangenenarbeit erhalten. *Bentham* argumentierte, private Unternehmer könnten die Anstalten flexibler und kostengünstiger führen als der Staat selbst.[76] Aufgrund der Wettbewerbssituation seien sie gezwungen, die vom Staat geforderten Gebühren niedrig zu halten und einen möglichst hohen Gewinn aus der Gefangenenarbeit zu erzielen. Die Anstalt selbst solle jeglicher Kontrolle des Staates zugänglich sein.[77] Zusammen mit seinem Bruder *Samuel* entwickelte er Pläne für ein Panoptikum, welches sehr effizient konstruiert und von privaten Unternehmern geführt werden sollte. Eine maximale Kontrolle und Beobachtung sollte durch die bauliche Konstruktion zu geringen Kosten erzielt werden.[78]

Im Ergebnis fanden *Bentham's* Pläne in England keine Zustimmung.[79] Man befürchtete, die Gefangenenarbeit als Haupteinnahmequelle des privaten Betreibers würde dazu führen, daß Erziehung, Behandlung und christliches Gedankengut nicht genügend Berücksichtigung fänden. Die Unternehmer würden die Belange der Gefangenen vernachlässigen, da sie kein Interesse an deren Wahrung hätten. Auch sei keine umfassenden Kontrolle durch den Staat möglich.[80]

---

[75] Forsythe, Prison Service Journal 1989, S. 35f.
[76] Gormley, S. 210.
[77] Forsythe, Prison Service Journal 1989, S. 35, 37.
[78] Gormley, S. 212; Feeley Criminal Justice Research Bulletin 1991, S. 1, 4.
[79] Feeley, Criminal Justice Research Bulletin 1991, S. 1, 5.
[80] Forsythe, Prison Service Journal 1989, S. 35f.

4. Entstehung und Entwicklung der Arbeitshäuser in Amerika unter Beteiligung Privater seit Ende des 18. Jahrhunderts

Die europäischen Entwicklungen hatten maßgeblichen Einfluß auf Amerika. Im Walnut-Street-Jail[81], einer Art Besserungsanstalt („penitentiary"), die 1790 entstand, wurde das Gedankengut *Howard's* mit den Ideen der Quäker verknüpft. Das von den Quäkern bereits gegen Ende des 17. Jh. praktizierte Besserungssystem sah eine humanere Behandlung der Häftlinge vor.[82] Neben der Einteilung der Häftlinge entsprechend der Schwere ihrer Taten (Klassifikation) galt die Arbeit als wesentliches Prinzip der Unterbringung. Im Vordergrund standen therapeutische Ziele: Den Gefangenen sollte durch die schwere Arbeit das Gefühl der Nutzlosigkeit genommen werden, das man als Ursprung allen abweichenden Verhaltens verstand. Darüber hinaus wollte man die Häftlinge körperlich und geistig gesund halten. Mit den finanziellen Einnahmen aus der Gefangenenarbeit sollten die Unterbringungskosten gedeckt und – falls möglich – Guthaben für die Häftlinge angespart werden.[83]

a. Arbeitshäuser nach den Vorbildern der „Pennsylvania"- und „Auburn"-Systeme

Das Walnut-Street-Jail diente in den USA als Vorbild für das sogenannte „Pennsylvania"- oder auch „separate-system", auf dessen Grundlage *Franklin* 1776 die älteste Gefängnisgesellschaft gründete. Nach diesem System wurde jegliche Gemeinschaft unter den Häftlingen aufgehoben. Sie wurden in Einzelzellen untergebracht, aus denen sie nur im Krankheitsfall herauskamen.[84] Dort hatten sie auch die ihnen aufgetragenen Arbeiten zu verrichten. Sie kamen ausschließlich mit den Aufsehern, Kirchenangehörigen oder Angehörigen von Wohlfahrtsorganisationen in Kontakt. Nicht einmal Briefe ihrer Familien oder Besuche durften sie empfangen.[85]

---

[81] Diese Anstalt wird als die Geburtsstätte des U.S. amerikanischen Gefängnissystems bezeichnet.
[82] Allen/Simson, S. 25; Sellers, S. 70.
[83] Silverman/Vega, S. 74f.
[84] Stangl, S. 41.
[85] Silverman/Vega, S. 75f; Stangl, S. 41.

Parallel dazu entwickelte sich 1819 das „Auburn"[86]-System oder auch „silent-system"[87]. Auch dort folgte man Mustern, die den Geist der Epoche, hart zu bestrafen, widerspiegeln: harte Arbeit stand im Mittelpunkt. Anders als das „Pennsylvania"-System verzichtete man jedoch auf ganztägige Isolationshaft, die oftmals zum seelischen Verfall der Häftlinge geführt hatte.[88] Zwar gab es Einzel-Schlafzellen für die Häftlinge, tagsüber arbeiteten sie jedoch grundsätzlich gemeinsam in eigens konstruierten Werkstätten („prison shops"), in denen sie verpflichtet waren, strenge Stille einzuhalten, um geistige Isolation herzustellen.[89] Die konsequente Durchführung des Systems erforderte eine dauernde Überwachung der Häftlinge sowie harte Strafen u.a. körperliche Züchtigungen für diejenigen, die die strikte Ruhe in der Anstalt nicht wahrten.[90]

b. Beteiligung und Einfluß privater Unternehmen

Das Potential an Arbeitskräften, das aufgrund der Einführung von Besserungsanstalten sowohl in Form des „Pennsylvania"-, als auch in Form des „Auburn"-Systems zur Verfügung stand, wurde von privaten Unternehmen schnell als solches erkannt und genutzt.[91] Dies galt um so mehr, als aufgrund der zunehmenden Industrialisierung Arbeitskräfte dringend benötigt wurden. Die Beteiligung privater Unternehmen an den Besserungsanstalten war unterschiedlich. Zum Teil wurden die in den Anstalten befindlichen Werkstätten einschließlich der Insassen als Arbeitskräfte von Unternehmen „angemietet" („lease-system"). Die Häftlinge wurden während der Arbeitszeit von Mitarbeitern der Unternehmen beaufsichtigt, wobei diesen die Verantwortung für die Disziplin in der Anstalt, die Arbeitsleistung und die gesamte Produktion einschließlich

---

[86] Benannt nach dem Entstehungsort Auburn im Staate N.Y., vgl. Stangl, S. 42; In den Staaten Amerikas wurde diese Besserungsanstalt Vorbild für eine Vielzahl von Folgeanstalten; auch in Europa fand das Modell Zustimmung und wurde in vielen Gefängnissen und „workhouses" in England eingeführt. Das Auburn-System war nicht zuletzt deshalb so beliebt, weil es die Grundsätze moderner industrieller Produktion in ein Gefängnis einführte und die gemeinschaftliche Arbeit mit Disziplin, wie sie in einer Fabrik herrschen muß, kombinierte, vgl. Shichor, S. 28; Sellers, S. 71.
[87] Stangl, S. 41/42.
[88] Stangl, S. 42.
[89] Stangl, S. 42.
[90] Silverman/Vega, S. 78.
[91] Gormley, S. 204.

der Beschaffung von Arbeitsmaterialien übertragen wurde. Sogar der Lohn der Aufseher richtete sich zu einem erheblichen Teil danach, wie hoch die Produktivität der ihnen unterstellten Häftlinge war. Der von den Unternehmen zu entrichtende Zins errechnete sich nach Anzahl der Häftlinge und Dauer ihrer Inhaftierung. Die Einbindung der Besserungsanstalten in das Produktionssystem war für viele Unternehmer ein lukratives Geschäft. Besserungsanstalten verfügten über ein stetiges Potential an Arbeitskräften, so daß die Produktion gesichert war. Gefangene waren zudem billiger als die auf dem freien Markt verfügbaren Arbeiter, die sich zunehmend in Gewerkschaften organisierten und für bessere Arbeitsbedingungen und Mindestlöhne stritten.[92] Neben dem „lease-system" entstand ein weiteres, das „piece-price-system". Danach bezahlten die Unternehmen ausschließlich das in der Anstalt hergestellte Produkt und übten keinerlei Kontrolle über die Häftlinge aus. Die Einnahmen der Anstalten waren abhängig von der Menge der produzierten Güter.[93] Durch beide Formen der Beteiligung („lease-system" oder „piece-price-system") privater Unternehmer am Strafvollzug wurde die Wirtschaft mit billigen Arbeitskräften versorgt, konnte somit ihre Produktionskosten niedrig halten und stattliche Gewinne erzielen. Darüber hinaus erkannte der Staat eine Möglichkeit, Strafe zu vollziehen und sogar noch Einnahmen zu erzielen.[94]

Vor allem in den Südstaaten der USA war die Gefangenenarbeit nach dem Bürgerkrieg weit verbreitet. Mit der Aufhebung der Sklaverei stiegen der Bedarf an billigen Arbeitskräften und gleichzeitig die Anzahl der Straftäter rapide an. Die Unterbringung von Straftätern in Anstalten wurde zu einem bedrohlichen Problem für den Staat, weil viele Gefängnisse im Krieg zerstört worden waren. Da Arbeitskräfte benötigt wurden, um Wiederaufbau zu leisten und eine Industrieregion zu schaffen, schien die Überlassung der Gefangenen an Unternehmen sowohl für den Staat als auch für die Wirtschaft die ideale Lösung zu sein. Die Gefangenen konnten, wie ehemals die Sklaven auf Baumwollplantagen, zum Eisenbahn- und Straßenbau oder in Minen eingesetzt wer-

---

[92] Shichor, S. 28ff.
[93] Allen/Simson, S. 44.
[94] Shichor, S. 30.

den. Die Gefangenen wurden von den Unternehmen in Camps untergebracht, wo sie oftmals vom Morgengrauen bis zum Einbruch der Dunkelheit arbeiten mußten und nur notdürftig versorgt wurden. Für den Staat war es kostengünstiger, die Gefangenen den Unternehmern, die sich sowohl um die Unterbringung als auch um die Versorgung kümmerten, gegen Gebühr zu überlassen als alle zerstörten Gefängnisse wiederaufzubauen und die Straffälligen auf Staatskosten unterzubringen. Bei dieser Form des „lease-system" handelte es sich tatsächlich um eine neue Art der Sklaverei, genannt „penal slavery". Der Staat übertrug zum einen seine Verantwortung für Häftlinge auf private Unternehmen, die diese unterbringen, kleiden, versorgen und sogar „strafen" sollten. Zum anderen erhielt er darüber hinaus noch beachtliche Gebühren, die häufig einen erheblichen Teil des Haushaltbudgets ausmachten.[95]

Im gesamten Land zeigte sich, daß das Strafvollzugssystem durch seine Einbindung in die Wirtschaft immer mehr von Profitinteressen sowohl des Staates als auch der Unternehmer geleitet wurde.[96] Bestand zu Beginn der Einführung der Besserungsanstalten die Funktion der Gefangenenarbeit in der Disziplinierung, Buße, Reue und Reformation der Häftlinge, so galt es später nur noch, die Wirtschaft mit billigen und gefügigen Arbeitern zu bedienen und die eigenen wirtschaftlichen Interessen zu befriedigen. Die Produktion von Gütern und die Profitinteressen der verschiedenen Parteien wurden zu Eckpfeilern des Strafsystems. Dadurch geriet die Rehabilitierung in den Hintergrund.[97] Die Gewinnorientierung führte zwangsläufig dazu, daß die Bedürfnisse der Häftlinge zunehmend an Bedeutung verloren. Neben der oft harten und unmenschlichen Arbeit wurden die Gefangenen unzureichend ernährt und erhielten nur notdürftige medizinische Versorgung. Die Bedingungen in den Anstalten wurden selten von staatlichen Beamten kontrolliert, so daß das ganze System offen war für Korruption und Mißbrauch.[98] Diese Zeit stellte einen Tiefpunkt des amerikanischen Strafvollzugs dar.[99]

---

[95] Silverman/Vega S. 94ff.
[96] Durham, Federal Probation 1989, S. 43, 46.
[97] Durham, Federal Probation 1989, S. 43, 48f.
[98] Shichor, S. 29ff.
[99] Silverman/Vega, S. 96.

c. Das Ende des industriellen Gefängnisses mit Verabschiedung des „Hawes Cooper Act" 1929

Das Ende der privaten Beteiligung am Strafvollzug in den USA leitete die Verabschiedung des „Hawes-Cooper Act" im Jahre 1929 ein. Dieser bestimmte, daß in Gefängnissen hergestellte Produkte, die in andere Bundesstaaten versandt wurden, mit dem Namen der Anstalt gekennzeichnet werden mußten, aus der sie stammten. Darüber hinaus durften sie nicht in Bundesstaaten verschickt werden, deren Landesgesetze die Einfuhr von Produkten aus anderen Bundesstaaten verboten. 1940 wurde die staatenübergreifende Versendung von Gefängnisprodukten verboten. Die schlechte Wirtschaftslage, die mit dem Börsencrash von 1929 begann und bis 1940 andauerte, führte dazu, daß 33 Staaten den Verkauf von Gefängnisprodukten auf dem offenen Markt gesetzlich verboten. Diese Gesetze trugen zum Ende des industriellen Gefängnisses erheblich bei.[100]

Darüber hinaus hatte die schlechte wirtschaftliche Situation eine hohe Arbeitslosenquote zur Folge. Um diese zu bekämpfen, mußten alle verfügbaren Arbeiten von Arbeitslosen ausgeführt werden, so daß auch kein Bedarf mehr an Gefangenen als Arbeitskräften bestand. Die Produktion in den Gefängnissen wurde daher nur noch von staatlichen Agenturen genutzt oder die Häftlinge wurden zum Bau von öffentlichen Straßen und Eisenbahnlinien eingesetzt.[101] Für die Häftlinge bedeutete diese Entwicklung keine wesentliche Veränderung, vor allem keine Verbesserung ihrer Lebensqualität; jedoch wurde – wie *Shichor*[102] feststellt – ein wesentlicher Mißbrauchsfaktor, nämlich die Ausnutzung der Häftlinge zur wirtschaftlichen Bereicherung, aus dem Strafvollzugssystem entfernt.

---

[100] Allen/Simson, S. 45.
[101] Shichor, S. 42.
[102] Shichor, S. 43.

5. Zusammenfassung

Im Rahmen des historischen Abrisses hat sich gezeigt, daß sowohl in Europa als auch in Amerika private Akteure in verschiedener Weise und unterschiedlichem Ausmaß am Strafvollzugssystem beteiligt waren. Straftäter wurden den Unternehmen als billige Arbeitskräfte überlassen. Haftanstalten degenerierten regelrecht zu Manufakturbetrieben. Das Gewinnstreben privater Unternehmer führte regelmäßig dazu, daß Insassen zunehmend als Arbeiter mißbraucht, Haftanstalten in einen desolaten Zustand gerieten und Vollzugsziele wie Besserung und Rehabilitierung in den Hintergrund gedrängt wurden. Sowohl private Unternehmer als auch der Staat betrachteten Straftäter als wirtschaftliche Einnahmequelle. Bezeichnenderweise fand das industrielle Gefängnis in Amerika nicht etwa wegen der schlechten Haftbedingungen, sondern wegen mangelnder Nachfrage nach Gefangenenarbeit und der allgemein schlechten wirtschaftlichen Situation im Jahre 1929 sein Ende.

II. Privatisierung des Strafvollzugs als Folge staatlicher, gesellschafts- und kriminalpolitischer Wandlungsprozesse seit Ende der 70er Jahre des 20. Jahrhunderts

Erwägungen, auch den Strafvollzug als Teil der sozialen Kontrolle zu privatisieren, sind keine isolierten Erscheinungen, sondern Folge einer Gesamtentwicklung, die von einem Zusammenspiel aus erfahrungswissenschaftlichen, gesellschafts- und kriminalpolitischen sowie staatstheoretischen Aspekten beeinflußt wird. Diese bilden freilich keine abgerundete Theorie, sondern allenfalls theoretische Ansätze, die zum Verständnis von Privatisierungserscheinungen in unterschiedlicher Weise beitragen können. Als erstes stellt sich die Aufgabe, die einzelnen Entwicklungsstränge freizulegen, die den Rahmen für Privatisierungstendenzen geformt haben.

1. Der Sozialstaat auf dem Rückzug

Liest man die ersten Zeilen von Beiträgen, die sich mit dem Thema der Privatisierung auseinandersetzen, so stößt man häufig auf Aussagen wie: „Der Staat muß auf den

Kern seiner Aufgaben zurückgeführt werden".[103] Es ist von „Privatisierungsrausch" die Rede und davon, die Devise der letzten Zeit habe „Mehr Markt, weniger Staat" geheißen.[104] Der Staat wird als „overloaded" bezeichnet, worunter man eine Überbelastung des Staates mit sozialen Ansprüchen versteht.[105] Er laufe Gefahr, sich zu einem „Sisyphus" zu entwickeln, der mit einem sich ständig vergrößernden Kräfteeinsatz immer geringere Resultate erziele, da er der wachsenden Anspruchsdynamik, die er selbst durch wohlfahrtliche Tätigkeit gefördert habe, nicht länger standhalten könne.[106] Ein Buchtitel lautet „Zuviel Staat"[107], die Privatisierung von Staatsaufgaben wird als eine Möglichkeit betrachtet, den Staat zu verschlanken.[108] Zitate dieser Art ließen sich beliebig fortführen; im Kern aber drücken sie alle ähnliches aus. Der Sozialstaat ist finanziell an seine Grenzen gelangt und muß nun zur Erfüllung seiner Aufgaben entweder Hilfe bei privaten Lösungen suchen[109] oder seine Aufgaben neu bestimmen und einen Teil davon ganz auf den privaten Bereich übertragen[110].

Die Ära des Wohlfahrtsstaates, der das 20. Jahrhundert in weiten Zügen mitbestimmt hat, scheint zu Ende.[111] Zu vernehmen sind Verlautbarungen, der Staat solle und könne sich nicht mehr als „Generalagent" der Lebenszufriedenheit und des Glücks seiner Bürger gerieren, vielmehr müßten diese wieder verstärkt selbst in die Verantwortung genommen werden.[112] Ein sich allmählich vollziehender Wandel vom Keynesischen „welfare-state" zum „workfare-state", der – anders der Wohlfahrtsstaat – darauf ausgerichtet ist, eine möglichst hohe Flexibilität zu erreichen sowie konkurrenzfähig zu sein, wird konstatiert.[113] Der Abbau von Staatsinterventionismus und bürokratischen Struk-

---

[103] Lecheler, BayVBL. 1994, S. 555ff. unter Bezugnahme auf die Leitlinien der Regierungspolitik von Altbundeskanzler Kohl.
[104] Püttner, LKV 1994, S. 193ff.
[105] Klages, S. 28.
[106] Klages, S. 36.
[107] Ellwein/Wehling, S. 186ff.
[108] Peine, DÖV 1997, S. 353ff.
[109] Walter, Sicherheitsgewerbe, S. 65, 80.
[110] Peine, DÖV 1997, S. 353ff.
[111] Ambrosius, S. 265, 270f.
[112] Klages, S. 32f, 36.
[113] Jessop, S. 43, 57.

turen zugunsten einer Stärkung der Marktmechanismen sind Teil einer neoliberalen/neoklassischen Wirtschaftsauffassung, die Deutschland bereits Ende der 70er Jahre erreicht hat.[114]

Die neuen Schlagwörter heißen Deregulierung, Dezentralisierung und Kommerzialisierung. Beinahe jede Staatsaufgabe steht – unter dem Damoklesschwert der wachsenden Staatsverschuldung – auf dem Prüfstand. Mehr Flexibilität, Effizienz und Ressourcen verspricht man sich von der Beteiligung Privater.[115] Auch der Strafvollzug wird in dieser Zeit einschneidenden Reformbewegungen, die auf eine Verschlankung des Staates abzielen, gleich anderen öffentlichen Institutionen einer Revision unterzogen.[116] Wird die Frage aufgeworfen, wie der Staat bei der Summe seiner Investitionen noch rentabel sein könne, oder analysiert man, ob er sich überhaupt noch rechne, steht jedes Mal auch der Strafvollzug zur Diskussion. Offen werden Fragen nach den Kosten im Vergleich zu seinem Nutzen, nach Kostenträgern, der Möglichkeit einer Eigenfinanzierung, der Notwendigkeit staatlicher Führung, der Ausgliederung, Privatisierung und Ökonomisierung einzelner Teile des Vollzugs gestellt.[117] Unter dem Druck zu Verwaltungsreformen ziehen Analysten, Berater und Sanierer in den Strafvollzug ein.[118] Dabei scheint es nicht relevant zu sein, daß diese ihre Methoden nicht aus den Reservaten des Vollzugs, sondern aus modernen Managementschulen erlangt haben.[119] Konsequenterweise sind Vokabeln des privaten Wirtschaftssektors auch für den Vollzugsbereich kein Tabu mehr. Der Strafvollzug wirft seine statisch-unbewegliche Kruste ab. Leitbilder, Zielvorgaben, Kosten- und Leistungsrechnung sowie Controlling, Vollzugs- und Personalmanagement sind nur einige der neuen Instrumente einer wirkungsorientierten Steuerung, die Schritt für Schritt Einkehr in den Strafvollzug hal-

---

[114] Ambrosius, S. 265, 270f.
[115] Jung, Privatisierung, S. 69, 71f.
[116] Deppe, KrimPäd 1997, S. 17ff.
[117] NeuKrim 1995, S. 28f. mwN.; Jung, Privatisierung, S. 69, 72.
[118] Dammann, KrimPäd 1997, S. 19ff. zur Organisationsuntersuchung des Vollzugs- und Verwaltungsdienstes des Landes NRW durch die Kienbaum-Unternehmensberatungs GmbH.
[119] Weitekamp/Herberger, NeuKrim 1995, S. 16, 18.

ten.[120] Oberstes Ziel aller Maßnahmen ist die Reduktion der Kosten. So erhofft man sich auch von der in Hessen geplanten Errichtung eines privatwirtschaftlich finanzierten und betriebenen Gefängnisses sowie der in Planung stehenden privaten Abschiebehaftanstalt vor allem eine Kostensenkung.[121]

Bestrebungen, im Hinblick auf die Staatsfinanzen und die gesamt-wirtschaftliche Situation auch im Bereich der Sozialkontrolle nach Wegen der Kostenersparnis zu suchen, sind übrigens durchaus bekannt. So stellt *Scull* in seiner kritischen Analyse zur Diversionspolitik fest, daß die „Entkerkerung"(„decarceration") verschiedener Häftlinge in den USA weniger Ergebnis humanitärer Bestrebungen als vielmehr Folge staatlicher Sparprogramme war, die man an den schwächsten Gliedern der Gesellschaft am einfachsten zu realisieren vermochte.[122]

2. Der Staat im Spannungsverhältnis gesellschaftspolitischer und supranationaler Entwicklungen

Abgesehen davon, daß der Staat aus den genannten Gründen Aufgaben delegiert, werden ihm auf anderer Ebene weitere Kompetenzen streitig gemacht. Dies liegt zum einen an dem sich stetig wandelnden Verhältnis von Staat und Gesellschaft und zum anderen an dem zunehmenden Einfluß supranationaler Institutionen.

In der politischen Diskussion ist so gut wie unbestritten, daß das klassische Modell des Hoheitsstaates, das auf Souveränität nach außen und dem Monopol der Rechtssetzung, der Rechtsdurchsetzung und der Sanktionierung nach innen aufbaut, nicht mehr der vorzufindenden Staatswirklichkeit entspricht.[123] Es wird festgestellt, der Staat sei einer Zangenbewegung von innen und außen ausgesetzt.[124] Gemeint ist damit der Bedeutungsverlust, den der Staat sowohl von innen als auch von außen erleidet. Es bilden sich neue meta-, supra- und internationale Strukturen: Anders als noch im 19. Jh., als

---

[120] Maelicke, ZfStrVo 1999, S. 73.
[121] FAZ vom 25.03.1999, S. 7.
[122] Ludwig-Mayerhofer, S. 39; Voß, KrimJ 1981, S. 247, 253f., beide unter Bezug auf Scull.
[123] Funk, S. 38, 40.
[124] Jung, Privatisierung, S. 69, 75.

die Staatengemeinschaft die Souveränität ihrer Mitglieder unbedingt akzeptierte, kennt sie heute internationale Angelegenheiten, die auch von internationalen Institutionen, wie dem Europäischen Gerichtshof für Menschenrechte oder dem Internationalen Gerichtshof entschieden werden. Im Forum des Sicherheitsrates der Vereinten Nationen wird erörtert, ob eine Friedensgefährdung vorliegt und wie auf eine solche zu reagieren ist.[125] Aber auch „non-governmental" (nichtstaatliche) Organisationen, wie etwa „*amnesty international*" wirken auf internationaler Ebene.[126] Hinzu kommt, daß die informationstechnisch unterstützten und liberal geordneten globalen Märkte des 20. Jahrhunderts der Wirtschaft und der Politik neue Vorgaben diktieren. Staaten sind zunehmend von der Leistungsfähigkeit ihrer Wirtschaft abhängig geworden. Ihre Politik dient daher primär der Verbesserung ökonomischer Standortfaktoren, damit international operierende Wirtschaftskonzerne (sog. „global players"), die den internationalen Wettbewerb forcieren, nicht in Drittländer abwandern.[127]

Auf der anderen Seite ist die Beziehung von Staat und Gesellschaft zunehmend dadurch gekennzeichnet, daß Hierarchien abgebaut oder nicht mehr anerkannt werden. Es besteht keine „top-down"-Beziehung mehr, in der die Gesellschaft die Befehle oder Weisungen des Zentralorgans entgegennimmt und ausführt. Stattdessen finden sich vermehrt „horizontale" Beziehungen, die durch Verhandlungen und Austauschprozesse gekennzeichnet sind.[128] Zur Durchsetzung seiner politischen Ziele ist der Staat zunehmend auf eine konsensuale Einigung mit den gesellschaftlichen Interessenverbänden angewiesen (sog. Neokorporatismus). Vielfach befindet sich der Staat sogar in einem Verhandlungszwang, wenn etwa indirekte Steuerungsmittel (z.B. finanzielle Anreize) nicht durch imperative Steuerungsmittel (z.B. Erlaß einer Verordnung) zu ersetzen sind.[129] Die industrielle Massengesellschaft und die ihr von Verbänden und

---

[125] Weinacht, Staatsbürgerlexikon, S. 838, 841.
[126] Walter, Sicherheitsgewerbe, S. 65, 81.
[127] Walter Sicherheitsgewerbe, S. 65, 81; Weinacht, Staatsbürgerlexikon, S. 838, 840.
[128] Ludwig-Mayerhofer, Diversion, S. 287, 297; ferner Guggenberger, S. 185, 195f.; Ellwein, S. 11.
[129] Grimm, S. 613, 628.

Parteien vermittelte soziale Teilhabe an Regierung, Gesetzgebung und Verwaltung haben den Staat in die organisierte Gesellschaft zurückgeholt.[130]

Die Gründe, die zu diesem Beziehungsgeflecht geführt haben, sind vielseitig.[131] Angeführt wird u.a., der liberale Rechtsstaat habe im Verhältnis zur demokratischen Industriegesellschaft seine Handlungsfelder in fast allen Bereichen der Daseinsvorsorge und Angleichung sozialer und regionaler Lebensbedingungen ausgeweitet mit der Folge, daß der Staatshaushalt weit über seine Einnahmen hinaus aufgebläht worden sei, um die steigenden Ansprüche der Bevölkerung erfüllen zu können.[132] Infolgedessen sei er an die Grenzen der Ressourcenbeschaffung gestoßen und habe die Fähigkeit verloren, die Probleme selbständig zu lösen.[133]

Die Verschränkungen zwischen Staat und Gesellschaft und der damit einhergehende Machtverlust des Staates haben dazu geführt, daß der Staat nicht mehr als vorgegebene obrigkeitliche Ordnung, sondern verstärkt als Leistungsträger betrachtet wird.[134] Infolgedessen hat sich auch die Einstellung zu staatlichen Monopolen grundlegend verändert. Sie sind weitgehend zu Auslaufmodellen geworden. Weite Bereiche der einst einseitig hoheitlichen Verwaltung werden gekennzeichnet von Entmonopolisierung[135] und Entstaatlichung.[136] Das neue Miteinander zwischen Staat und Gesellschaft sowie die Aufhebung von Monopolen schaffen ein neues Erscheinungsbild der internen Machtbalance. Vor diesem Hintergrund erscheint auch eine Aufweichung des Strafvollzugsmonopols bei der Führung von Haftanstalten möglich. Im Bereich der strafrechtlichen Präventions- und Sanktionspolitik hat sich an anderer Stelle bereits gezeigt, daß Pri-

---

[130] Weinacht, Staatsbürgerlexikon, S. 838.
[131] Grimm S. 613, 627ff., Kaufmann, S. 15, 28ff.
[132] Vgl. oben C II 1.
[133] Weinacht, Staatsbürgerlexikon, S. 838, 840.
[134] Walter, ZfStrVo 1995, S. 67; Lange, DöV 2001, S. 898.
[135] Viele Staaten verzichten beispielsweise auf die Geltendmachung ihres Gewaltmonopols im Inneren, haben ihr Rechtssetzungsmonopol zugunsten gesellschaftlicher Gruppen geöffnet (z.B. Tarifhoheit) und enthalten sich der Geltendmachung ihrer Gerichtshoheit gegenüber eigenen Staatsbürgern (z.B. indem auf die Stellung von Auslieferungsansprüchen an fremde Staaten verzichtet wird), vgl. Weinacht, Staatsbürgerlexikon, S. 838f.
[136] Stober, S. 35, 43.

vate vor Ort mit ihren Ideen und Modellen ganz unmittelbar auf den Gesetzgebungsprozeß eingewirkt haben.[137] Die Implementierung von Diversionsprogrammen sei – so *Ludwig-Mayerhofer*[138] – nicht von der Legislative, insbesondere nicht von dem für die Strafgesetzgebung eigentlich zuständigen Bundesgesetzgeber ausgegangen. Entscheidend sei die „heterarchische" Verflechtung von Administration, Exekutive und sozialpädagogisch orientierten Initiativen gewesen.

3. Kriminalpolitische Wandlungsprozesse

a. Problem der Erweiterung sozialer Kontrolle durch Privatisierung

Wie bereits oben gesehen, gibt es mittlerweile eine Vielzahl von Privatisierungsformen im Sanktionssystem. Skeptiker befürchten als Folge einer zunehmenden Einbindung privater Akteure in den Bereich der Verbrechensbekämpfung die Gefahr einer Erweiterung und Ausdehnung der Sozialkontrolle.[139]

Diese Problematik wird insbesondere im Zusammenhang mit präventiver Sozialkontrolle[140] sowie Diversionsprogrammen[141] diskutiert: Mit der Integration gesellschaftlicher Gruppen, angefangen bei sozialen Diensten, über Nachbarschaftsbande bis hin zu den Familien, beziehe der Staat private Handlungsbereiche ein, zu denen er zuvor keinen Zugang gehabt habe. Dies geschehe u.a. durch Projekte der kommunalen Prävention. Die Kooperationen ermöglichten dem Staat eine subtilere und umfassendere Sozialkontrolle. Daher meint *Ludwig-Mayerhofer*[142], an die Stelle der von *Goffmans* kritisch beschriebenen „totalen Institution" trete die „totale Gesellschaft". Diese verstärke den von Pädagogen, Psychologen und Psychiatern betriebenen therapeutischen Zugriff auf die innere Natur des Menschen. Öffentliche und private Kräfte vermischten sich so

---

[137] Jung, Privatisierung S. 69, 74 mwN.
[138] Ludwig-Mayerhofer, S. 36 mwN.
[139] Darstellend Walter, Sicherheitsgewerbe, S. 65, 82 mwN.; Stern, BewHi 1990 S. 335ff.; anders Lindenberg/Schmidt-Semisch, KrimJ 1995, S. 2ff. die im wesentlichen von einer Verlagerung der reaktiven zur aktiven sozialen Kontrolle unter Beteiligung Privater ausgehen.
[140] Vgl. dazu ausführlich Pilgram, NeuKrim 1991, S. 22, 24.
[141] Vgl. zum sogenannten „net-widening" Effekt bei Diversion etwa Blau, Jura 1987, S. 25, 33; Kaiser/Kerner/Sack/Schellhoss - Kaiser S. 88, 92; Walter ZStW 1983, S. 32, 39f.

gewollt zu einem dichten Geflecht der Sozialkontrolle. Entsprechend sieht ein auf *Foucault* rekurrierender Ansatz den Zugriff auf den Menschen nicht mehr ausschließlich durch den Staat realisiert, sondern durch eine steuernde Ordnungspolitik, in der sich private und öffentliche Momente miteinander vermischen.[143] Seien vormals noch private von öffentlichen Räumen getrennt gewesen, so stelle man zunehmend fest, daß diese Trennung in der postmodernen Gesellschaft Diffundierungsprozessen unterworfen sei.[144] Der Bewachte werde zugleich Wächter. Anders als die polizeiliche Überwachungstätigkeit, die auf öffentliche Räume beschränkt sei und an der Grenze zum privaten Besitz ihre Schranke finde, setze die Privatüberwachung dort erst ein.[145] Andere[146] wiederum sehen durch den Einsatz von Sicherheitsdiensten und hoch technisierten Überwachungsinstrumenten eine noch stärkere soziale Kontrolle heraufziehen. In Rahmen dieser richte sich der Kontrollanspruch weniger sanktionierend auf die Seele des Individuums[147], als vielmehr auf Orte, wie etwa Wohnungsanlagen, Einkaufszentren oder Freizeitparks, in denen sich das Individuum aufhalte. Der disziplinierende Charakter bleibe der gleiche, nur orientiere sich dieser nicht an den üblichen moralischen Kategorien des Strafrechts, sondern an der Ordnung, die in einem bestimmten Umfeld vorgegeben und aufrechtzuerhalten sei.

Eine ähnlich disziplinierende Ordnungspolitik sehen *Feeley* und *Simon*[148] auch für den Bereich des Strafvollzugs entstehen. Die „new penology" ersetze Vollzugskonzepte, die auf strafrechtliche Kategorien wie individuelle Schuld und Behandlung aufbauten, durch Klassifizierungsmaßnahmen, bei denen es darum gehe, Häftlinge entsprechend ihrer Sicherheitsprofile („risk profiles") zu kategorisieren und in einer, ihrem Profil entsprechenden Anstalt zu „managen".

---

[142] Ludwig-Mayerhofer, S. 36 mwN.
[143] Darstellend Walter, Sicherheitsgewerbe, S. 65, 81.
[144] Voß, Privatisierung, S. 81, 89.
[145] Voß, Privatisierung, S. 81, 94.
[146] Feltes, BewHi 1990, S. 324, 326ff.; Lindenberg/Schmidt-Semisch, KrimJ 1995, S. 2.
[147] Foucault, S. 28.
[148] Feeley/Simon, Criminology 1992, S. 449, 457.

Privatisierung des Strafvollzugs erscheint im Zuge dieser Entwicklung als eine konsequente Fortführung des Weges zur Erweiterung sozialer Kontrolle. Vermag der Staat seine Sozialkontrolle sogar im Bereich präventiver Verbrechenskontrolle durch die Beteiligung Privater auszudehnen, so erscheint es umso leichter, eine solche Ausdehnung im Bereich des Strafvollzugs zu erzielen, der – spätestens seit *Foucault*[149] – als Spitze einer Disziplinar- und Kontrollwelt angesehen wird. Darüber hinaus sehen etwa *Lindenberg* und *Schmidt-Semisch*[150] die entmoralisierte-technokratische Kontrolle besser durch private Sicherheits- und Kontrolldienste als durch die staatlichen „(Moral) Agenturen" gewährleistet. Wird das von *Feeley* und *Simon* entworfene Bild, in dem es im Strafvollzug wesentlich um ein „kontrolliertes Management" von Häftlingen geht, auch hierzulande zunehmend Realität, so ist denkbar, daß private Sicherheits- und Kontrolldienste ihre Leistungen auch im Bereich des Strafvollzugs, ähnlich wie im Bereich der präventiven, technokratischen Kontrolle, (überzeugender) anbieten[151].

b. Privater Strafvollzug als Folge einer Kritik am staatlichen Strafsystem

Legt man die theoretischen Wurzeln der Privatisierung im Bereich der sozialen Kontrolle frei, so lassen sich im wesentlichen zwei Entwicklungsstränge ausmachen, die unter dem Dach der Privatisierung zusammenlaufen.[152] Einerseits sind es Überlegungen, auch das System der sozialen Kontrolle an Wirtschaftlichkeit und Effizienz zu messen und dieses auf den Prüfstand zu stellen, wenn es um die Reduktion von Staatsaufgaben geht.[153] Andererseits wird die Diskussion gefördert durch grundsätzliche Zweifel am organisierten Strafsystem und damit auch am Strafvollzug.[154] Von diesen Zweifeln genährt, werden Alternativen zur Strafjustiz, wie etwa TOA, Schadenswiedergutmachung, Mediation und abolutionistische Forderungen. Trotz aller Unterschiedlichkeit ist den genannten Ansätzen eine generelle Systemkritik immanent. Sie

---

[149] Foucault, S. 300f.
[150] Lindenberg/Schmidt-Semisch, KrimJ 1995, S.2, 4.
[151] Vorbehaltlich der juristischen Legitimation.
[152] Jung, Privatisierung, S. 69, 71.
[153] Vgl. oben C II 1.
[154] Jung, Privatisierung, S. 69, 71.

eint die Vorstellung, der repressive Strafvollzug habe ausgedient.[155] Ganz im Gegensatz dazu ist eine solche Vorstellung dem privaten Strafvollzug in der hier geltenden Definition fremd. Dieser wird zuvorderst getragen von Wirtschaftlichkeitserwägungen.[156] Privater Strafvollzug benötigt sogar repressive Strafpolitik zur Sicherstellung seiner Marktbeständigkeit. Eine Privatisierung des Strafvollzugs kann daher nicht als Folge einer grundsätzlichen Kritik am staatlichen Strafsystem verstanden werden.

4. Zusammenfassung

Unter dem Diktat der Kostensenkung und Deregulierung steht beinahe jede Staatsaufgabe, so auch der Strafvollzug, auf dem Prüfstand. Zur Erfüllung seiner Aufgaben sucht der Staat zunehmend Hilfe bei privaten Lösungen. Gleichzeitig höhlt der wachsende Einfluß gesellschaftlicher Gruppen den Nationalstaat mehr und mehr aus. Durch internationale Strukturen und supranationale Institutionen werden dem Staat ebenfalls Kompetenzen streitig gemacht. Dies führt zu einem Bedeutungsverlust des Zentralstaates nach innen und nach außen. Darüber hinaus ist zu beobachten, daß der Staat seine sozialen Kontrollmechanismen ausbaut, indem er private Akteure einbezieht. Zu diesem Zweck eignet sich der Strafvollzug in besonderem Maße, da er schon seiner Natur nach ein Ort höchster Kontrolle ist. Sich gegenseitig ergänzend, bilden diese Entwicklungen den Rahmen für Privatisierungstendenzen.

---

[155] Jung, Privatisierung, S. 69, 71.
[156] Vgl. unten D IV 1.

D. Privatisierung des Strafvollzugs in den USA in den letzten Jahrzehnten

I. Einleitung

Aufgabe dieses Teils der Arbeit ist es, die Privatisierung im Strafvollzug am Beispiel der USA darzustellen und Problematiken aufzudecken. Zunächst sind die Entstehungsbedingungen und Entwicklungen zu erörtern, welche die Privatisierung im Strafvollzug in den USA ermöglicht und gefördert haben. Im Anschluß daran wird aufgeführt, wie sich der amerikanische „Gefängnismarkt" seit seiner Entstehung entwickelt hat und welche Privatisierungsmodelle derzeit verwandt werden. Berücksichtigt werden dabei auch das öffentliche Ausschreibungsverfahren sowie die vertraglichen Bindungen zwischen Staat und Unternehmen. Fortgesetzt wird dieser Teil mit einer Erörterung juristischer Fragestellungen, die in den USA an die Privatisierung von Haftanstalten geknüpft werden. Daran schließt sich ein Überblick der in den USA kontrovers geführten übrigen Diskussion dieser Thematik an.

Wacquant[157] beginnt seine Abhandlung über die Entwicklung des amerikanischen Staates mit der Feststellung, das Land habe sich in den letzten dreißig Jahren auf ein soziales und politisches Experiment eingelassen. Es gehe um den schrittweisen Umbau eines Semi-Wohlfahrtsstaates in einen Straf- und Polizeistaat, der die Kriminalisierung und die „punitive Ausgrenzung" sozialer Randgruppen zu einem zentralen Bestandteil seiner Sozialpolitik mache. Amerika scheine sich zu einem hybriden Staat neuen Typs zu entwickeln, der weder ein Wohlfahrtsstaat im europäischem Sinne noch ein nichtinterventionistischer „Minimalstaat" sei.

Die Bezeichnung der USA als „Semi-Wohlfahrtsstaat" läßt sich vor dem Hintergrund eines liberalen Staatsverständnisses, das den USA immanent ist, begreifen:

---

[157] Wacquant, NeuKrim 1997, S. 17.

Soweit die Staatsentwicklung und auch das Staatsverständnis europäische Wurzeln haben, die von Entdeckern und Gründungsvätern in die Neue Welt exportiert worden waren, haben sie sich doch zugunsten einer liberalen Einstellung zum Individuum und insbesondere dessen wirtschaftlicher Macht entwickelt.[158] Ineffizienz, Stagnation und Korruption sind die Begriffe, mit denen der staatlich organisierte Bereich belegt wird.[159] Das Heil einer Nation, so heißt es, liege in der Kraft, Stärke und Freiheit des einzelnen. Von den Pilgervätern bis heute haben sich die Amerikaner immer als autonomes Volk verstanden, das gegen jede über der Gesellschaft stehende Autorität, mit Ausnahme der göttlichen, rebelliert hat.[160]

Dieses Staatsverständnis geht zurück auf die protestantische Ethik des 16. Jahrhunderts. Sie sah Fleiß und Arbeit als oberstes Gebot an, Genuß und Nichtstun hingegen verstand sie als Beleidigung Gottes. Die Arbeit selbst war das höchste zu erreichende Gut. Die Ideen der Aufklärung und des Humanismus, die den individuellen Rechten zu mehr Geltung verhalfen, entwickelten diesen Ansatz weiter, indem sie Handeln und Beeinflussung des Staates auf ein Minimum zu reduzieren suchten: der Mensch selbst bestimme die Lebensmaßstäbe, nicht der Staat.[161] Die staatsphilosophische Theorie des Gesellschaftsvertrages, nach denen der Staat keine originäre, sondern nur eine vom Volk abgeleitete Macht besitzt, prägte das Staatsverständnis in weiten Zügen. Sie hat auch heute noch wesentlichen Einfluß auf die Definition von Staatsaufgaben in den USA.[162] Amerikaner werden daher auch als „natürliche *Locke*aner" bezeichnet. Sie lassen sich überwiegend von Wertvorstellungen wie dem Schutz der individuellen Freiheit, dem Erwerb und der Sicherung von Eigentum leiten: Den Staat halten sie nur für verpflichtet, die Individualrechte zu gewährleisten – ein Gedanke, den *Locke* zur „raison d'être" seines „body politic" gemacht hat.[163]

---

[158] Shichor, S. 2.
[159] Shichor, S. 5.
[160] Wacquant, NeuKrim 1997, S. 17.
[161] Shichor, S. 2f.
[162] Cass, Marquette Law Review 1987, 449, 462f.
[163] Vorländer, S. 39, 44f.

Die Theorie des Liberalismus von *Adam Smith* (1723-1790) verfestigte das laissez-faire, die größtmögliche Ausweitung individueller Freiheit und Aufrechterhaltung individueller Rechte sowie das Vertrauen in die Funktion des freien Wettbewerbs und in die Philosophie des wirtschaftlichen Individualismus. Diese Ideen haben die amerikanische Wirtschafts- und Staatsphilosophie geprägt und tiefe Wurzeln in der amerikanischen Kultur, Wirtschafts- und Sozialpolitik geschlagen.[164] So liegt der staatlichen Sozialfürsorge auch heute noch die moralistische Vorstellung zugrunde, Armut sei auf individuelles Verschulden des Betroffenen zurückzuführen. Öffentliches Handeln wird weniger durch Solidarität als durch Mitleid bestimmt und ist nicht darauf gerichtet, soziale Bindungen zu stärken und Ungleichheit zu beseitigen, sondern allenfalls die schlimmste Not zu lindern.[165]

Anders als in vielen europäischen Ländern verläßt sich der Staat in diversen Bereichen auf die Privatwirtschaft. Schon seit Jahren werden private Unternehmen vom Staat mit Aufgaben der Daseinsvorsorge wie z.B. Bereitstellung öffentlicher Verkehrsmittel, Wasserversorgung, Unterhaltung von Museen und Bibliotheken betraut.[166] Das Ausmaß, in dem private Unternehmen in die Erfüllung staatlicher Aufgaben in den USA einbezogen sind, übersteigt europäische Maßstäbe. Nach einer von *Savas*[167] durchgeführten Studie wurden im Durchschnitt ca. 25 von 95^{168} der untersuchten, dem Staat obliegenden Aufgaben (u.a. öffentliche Transporte, Feuerwehr, Verkehrskontrollen, medizinische Versorgung, Wartung öffentlicher Einrichtungen, Tierheime) von privaten Unternehmen im Auftrag des Staates ausgeführt.[169]

---

[164] Shichor, S. 5.
[165] Wacquant, NeuKrim 1997, S. 17.
[166] Gold, The Urban Lawyer 1996, S. 359, 362.
[167] Aus dem Jahre 1982; vgl. Savas, Vanderbilt Law Review 1987, S. 889, 890, mit weiteren Einzelheiten.
[168] = 27%.
[169] Vgl. auch die Auflistung erfolgreich durchgeführter Privatisierungsprojekte die Darstellung von Miller/Tufts, National Civic Review 1988, S. 100, 104f.; zur Darstellung des Privatisierungswachstums in den 80er Jahren vgl. Poole/Rixler, Policy Analysis and Management 1987, S. 612ff.

Diese Rollenverteilung ist nicht zuletzt Ausfluß der tatsächlichen Verteilung der Macht und der Gewalten in den USA. Der Staat wird weniger als Institution und Machtinhaber gesehen, vielmehr stehen die Bürger selbst und insbesondere die Interessengruppen im Vordergrund.[170] Der Staat wurde nie als die Übermacht angesehen; schon *Lincoln*[171] wollte einen Staat schaffen, der nicht so stark war, daß er die Freiheit der Bürger gefährden, aber auch nicht so schwach, daß er sich nicht verteidigen könnte. Insofern wird die Natur des amerikanischen Staatswesens nicht gekennzeichnet durch die Nation, repräsentiert durch den Präsidenten, sondern durch eine föderalistische Struktur und das Parteiwesen.[172] Der amerikanische Staat ist in der Praxis charakterisiert durch ein dezentralisiertes Netz von (mangelhaft) koordinierten Verwaltungsbehörden, deren jeweilige Machtbefugnisse wegen der Aufsplittung ihrer Kompetenzen und wegen des überproportionalen Gewichts lokaler Institutionen begrenzt sind.[173]

Auch das Rechtssystem, das aus dem common law stammt, ist Ausprägung dieses Staatsverständnisses der USA. Das common law hat sich in den USA im 18. Jahrhundert durchgesetzt, was auf den englischen Ursprung und die englische Sprache der Bewohner der Kolonie Amerika zurückzuführen ist. Unterschiede zwischen dem common law von Großbritannien und dem der USA erklären sich daraus, daß im Föderalismus die Interessen der gesamten Nation mit den Sonderinteressen der einzelnen Staaten in Einklang gebracht werden mußten. Recht wird in erster Linie von der Rechtsprechung bestimmt. Daher hat sich in den USA auch nie ein formelles Rechtsdenken wie in Europa durchgesetzt. Einer rechtsphilosophisch als Realismus zu bezeichnenden Einstellung gilt das Recht nicht als etwas vom Staat, sondern als etwas von Menschen, die das Richteramt ausüben, Erzeugtes.[174]

---

[170] Heller, S. 101.
[171] Heller, S. 105.
[172] Heller, S. 113.
[173] Wacquant, NeuKrim 1997, S. 17.
[174] Heller, S. 114.

Die liberale Staatsauffassung der US-Amerikaner betrachtet den Schutz der persönlichen Freiheit als oberstes Gut und ebnet den Boden für eine Vielzahl von Privatisierungen. Die im folgenden geschilderten spezifischen Entstehungsbedingungen sind daher stets im Lichte dieses Staatsverständnisses zu begreifen.

II. Entstehungsbedingungen, Entwicklung und Ausgestaltung des privaten Strafvollzugs

1. Entstehungsbedingungen

In der amerikanischen und deutschen Literatur werden als Hauptgründe für die erneute Beteiligung privater Firmen am Strafvollzug vorwiegend die alarmierende Überfüllung der Vollzugsanstalten zu Beginn der 80er Jahre und die hohen Kosten des staatlichen Vollzugsapparats genannt.[175] Daneben gibt es jedoch eine Reihe anderer Faktoren, die für diese Entwicklung verantwortlich gemacht werden können: die neo-liberale Wirtschaftspolitik unter der Präsidentschaft von R. Reagan, das Zusammenwirken zwischen privaten und gesellschaftlichen Strukturen einerseits und dem Staat andererseits in Bereichen sozialer Kontrolle, das Interesse der Wirtschaft, in den Bereich des Strafvollzugs vorzudringen, und schließlich die politische „Lobbyarbeit" von Interessengruppen.

a. Anstieg der Gefangenenrate/Überfüllung der Strafvollzugsanstalten

Das amerikanische Strafvollzugssystem litt Mitte der 80er Jahre darunter, daß die Vollzugsanstalten durchweg überbelegt waren: Bereits 1984 waren die Strafvollzugsanstalten der Bundesstaaten bis zu 16% überfüllt, die Bundesgefängnisse sogar zwischen 10 und 37%.[176] 1988 waren sowohl Bundes- als auch Landesanstalten bis zu 72% überbelegt.[177] Infolgedessen verschlechterten sich die Haftbedingungen so dramatisch, daß allein zwischen Juni 1983 und Juni 1984 ca. 19.000 Klagen von Gefangenen eingereicht wurden. Sie rügten die mangelhafte Unterbringung als Verletzung ih-

---

[175] Vgl. etwa Haneberg, ZfStrVo 1993, S. 289; Jung, S. 377, 385 nur die Überfüllung aufgreifend; Pilgram, NeuKrim 1991, S. 22; Weigend, BewHi 1989, S. 289.
[176] Donahue, S. 4.

rer verfassungsmäßigen Rechte.[178] Die Gerichte hatten im Rahmen dieser Verfahren zu prüfen, ob die Unterbringung der klagenden Häftlinge noch mit dem 8. amendment U.S. Constitution[179] gegen „cruel and unusual punishment" zu vereinbaren war. Wegen der Zustände, die in den Haftanstalten herrschten, wurde diesen in 42 Staaten (sowie dem District of Columbia) Anfang 1989 gerichtlich auferlegt, die Überbelegungen abzubauen und zugleich die Haftbedingungen für die Insassen zu verbessern.[180]

Ursache der Überbelegung war ein drastischer Anstieg der Gefangenenzahlen in den vorangegangenen Jahrzehnten, der bis in die neunziger Jahre unverändert geblieben ist:

Abb. 1[181]: Entwicklung der Anzahl der Häftlinge in State und Federal Prisons 1970-1996

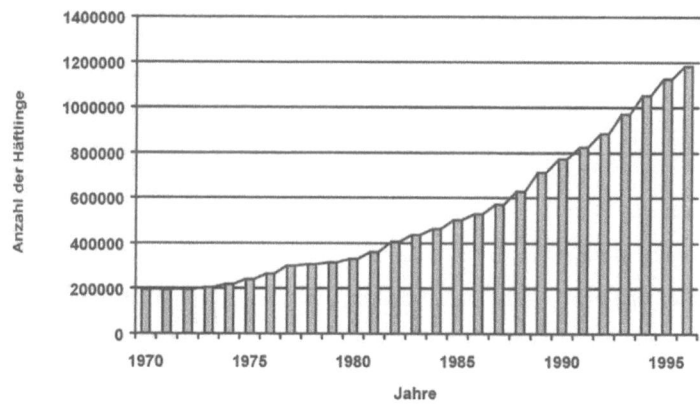

---

[177] Chi, The Journal of State Government 1989, S. 70.
[178] Donahue, S. 5.
[179] „Excessive bail shall not be required, nor excessive fines imposed, nor cruel and unusual punishments inflicted."
[180] Beyens/Snacken, S. 240f.; Chi, The Journal of State Government 1989, S. 70; Joel, S. 51, 57, der von 45 Staaten, die 1989 unter „court order" standen, ausgeht; Weiss, S. 26.
[181] Quelle: US Department of Justice, Bureau of Justice Statistics, Total U.S. Prison Population; Internetadresse: http//www.ojp.usdoj.gov./bjs/prisons.htm (v. 24.7.1999).

Zwischen 1970 und 1980 stieg die Zahl der Insassen von 196.429 auf 329.621 an, also um 167,8 % in zehn Jahren.[182] Bis 1990 steigerte sich die Anzahl der Häftlinge auf 773.519, also um weitere 226,8 %. Im Jahre 1996 betrug ihre Anzahl 1.182.169, was gegenüber 1990 einer neuerlichen Steigerungsrate von 152,9 % entspricht. Allein von 1980 bis 1996 ist also ein Zuwachs von 359,2 % zu verzeichnen.

aa. Veränderungen in der Strafrechtspolitik

Als Ursache für den Anstieg der Gefangenenrate wird wiederum eine Reihe von Faktoren genannt. Die ansteigende Geburtenrate in den 70er Jahren und der damit verbundene Bevölkerungszuwachs,[183] die wachsende Drogenkriminalität[184], aber auch die zunehmende Enttäuschung über die Strafpolitik, die zu einer Wiederbelebung konservativer Ideologien und zur Implementierung neuer strafrechtlicher Konzepte geführt hat, werden für die Zunahme der Gefangenenzahlen verantwortlich gemacht.[185]

Mitte der 70er Jahre breitete sich in den USA eine Desillusionierung im Hinblick auf die auf Rehabilitation ausgerichtete Strafpolitik aus, die mit der vielfach zitierten Schlagzeile „nothing works" beschrieben wurde.[186] Diese erfaßte insbesondere den Strafvollzug, der bis dahin weitestgehend als Behandlungsvollzug ausgestaltet war. Studien vermochten nicht zu belegen, daß durch die Behandlung der Häftlinge im Vollzug die Rückfälligkeit nach der Freilassung vermindert werden konnte. Dies führte zu einer Wiederbelebung konservativer Strafrechtsideologie, geleitet von Zielen der Abschreckung, Unschädlichmachung und Vergeltung.[187] Unter „Unschädlichmachung" versteht man in der modernen amerikanischen Gesellschaft[188] das „Wegsperren" von Verbrechern für einen bestimmten Zeitraum, in dem sie keinen Schaden für die Gesellschaft anrichten können. Zusätzliche Kritik richtete sich gegen die Gedanken

---

[182] Index: 196.429 = 100%.
[183] Donahue S. 4.
[184] Tonry, Crime & Delinqency 1994, S. 475.
[185] Weitekamp, S. 67.
[186] Weitekamp, S. 68; Palumbo, Policy Studies 1986, S. 598, 600.
[187] Vgl. die umfassende Darstellung von Benekos/Merlo, S. 251, 252.
[188] Shichor, S. 10.

einer zwangsweisen Behandlung und gegen die Legitimation von Strafe als Hilfe.[189] Dies hatte zur Folge, daß zunehmend darauf verzichtet wurde, Strafe unter resozialisierenden Aspekten zu rechtfertigen und Maßnahmen entsprechend auszugestalten.[190]

Die Abkehr vom rehabilitativ ausgerichteten Vollzug[191] zugunsten des Zweckes der Unschädlichmachung, läßt sich auch an der neuen Klassifikation von Strafvollzugsanstalten feststellen: Diese werden entsprechend der Sicherheitsprofile der Häftlinge bezeichnet, die im Rahmen eines erfolgreichen Risikomanagements in der Anstalt „verwaltet" werden sollen. Während Anstalten in Kalifonien vor zwanzig Jahren entsprechend ihrer Funktion Namen wie „California Rehabilitation Center for drug users" oder „California Medical Prison at Vacaville for the mentally ill" trugen, werden sie heute nur noch als „low-security" bis „high-security"-Vollzugsanstalten benannt.[192] Soziale Dienste werden vermehrt zur Kontrolle der neuen „gefährlichen Klassen" genutzt mit dem Ziel, Randgruppen zunehmend aus der Gesellschaft zu drängen, um so von der Nachlässigkeit und dem Versagen der sozialen Einrichtungen abzulenken.[193]

Die kriminalpolitischen Veränderungen im Hinblick auf die Strafziele haben dazu geführt, daß bereits in den 70er Jahren verschiedene Bundesstaaten das Konzept der unbestimmten Freiheitsstrafe, das der Behandlungsideologie entsprach, zugunsten von festen Strafen („mandatory sentences") für bestimmte Straftaten aufgegeben haben.[194] Mittlerweile verfügen alle 50 Bundesstaaten der USA über „mandatory" sentences für Gewaltstraftaten mit Schußwaffengebrauch, Drogen- und Vermögensdelikte sowie das Fahren unter Alkoholeinfluß.[195] Es wird angenommen, daß die Einführung dieser festen Freiheitsstrafe nicht unwesentlich zum Anstieg der Gefangenenzahlen beigetragen

---

[189] Pollock, S. 260; Shichor, S. 10.
[190] Feltes, BewHi 1990, S. 326f.
[191] Obwohl es gewichtige Gegenstimmen gab, die vertraten, daß obwohl die Behandlung nicht den gewünschten Erfolg zeige, sie dennoch ein wichtiges Strafziel bleiben müsse; Vgl. Shichor, S. 10 mwN.
[192] Feeley/Simon, Criminology 1992, S. 449, 459.
[193] Wacquant, NeuKrim 1997, S. 17, 19, 21 unter Hinweis auf Feeley/Simon, Criminology 1992, S. 449, 459.
[194] Weigend, BewHi 1989, S. 290.
[195] Weitekamp, S. 67, 73.

hat.[196] Bei den fixen Freiheitsstrafen handelt es sich jedoch nur um eine einzelne Maßnahme im Rahmen der auf Strafschärfung gerichteten „get-tough"[197]-Strafrechtsreform.[198] Daneben sind kennzeichnend für die Pönalisierungstendenz in der Kriminalpolitik zum einen das Konzept der selektierten Inhaftierung („selective incapacitation"), in dessen Vordergrund die Unschädlichmachung bestimmter Personengruppen steht, zum anderen die Verabschiedung des Violent Crime Control-Gesetzes. Dies schließt eine Regelung ein, wonach der Täter, nachdem er dreimal rückfällig geworden ist, im Grundsatz eine lebenslange Haft zu erwarten hat („three strikes"-Regelung). Das „Truth in Sentencing"-Gesetz sieht vor, daß mindestens 85% der verhängten Freiheitsstrafe auch in Haft verbüßt werden müssen.[199] Im Rahmen der aktuellen konservativen Strafrechtsideologie wird die Verhängung von Freiheitsstrafe forciert und Gefängnishaft zunehmend als Synonym für Strafe aufgefaßt.[200]

bb. Vermarktung der Freiheitsstrafe

Mit dieser Strafpolitik entsprach der Gesetzgeber einem Sicherheitsdenken, wie es sich seit Mitte der 70er Jahre in der amerikanischen Bevölkerung ausgebreitet hat. Aufgeheizt von Medienkampagnen, die von einer Kriminalitätswelle berichteten, sowie von Fernsehbeiträgen, die mit Gewaltszenen spektakulär präsentiert wurden, nahmen die Bürger immer mehr Kriminalität wahr.[201] Kriminalität beherrschte aber nicht nur die Schlagzeilen sämtlicher Medien, sondern wurde auch Thema politischer Werbekampagnen, in denen Politiker versprachen, im Sinne der neuen Kriminalpolitik hart durchzugreifen. Aus der in der Bevölkerung geschürten Angst gegen Gewalt konnte „politisches Kapital" geschlagen werden, indem man versprach, die angsteinflößende Kriminalität hart zu attackieren.[202] Politiker überzeugten die Öffentlichkeit von ihrer un-

---

[196] Johnson/Bennett/Flanagan, Crime & Delinquency 1997, S. 24f.; Weitekamp, S. 67, 72; ablehnend Weigend, BewHi 1989, S. 291 gleichzeitig mwN für Vertreter der aA..
[197] Weiss, Privatizing Criminal Justice 1989, S. 26.
[198] Benekos/Merlo, S. 251, 253f.
[199] Weitekamp/Herberger, NeuKrim 1995 S. 16ff, 18, mit den Veränderungen der Strafrechtspopulation zwischen 1980 und 1990.
[200] Benekos/Merlo, S. 251, 254.
[201] National Criminal Justice Commission, Jahrbuch für Rechtssoziologie 1998, S. 41ff.
[202] National Criminal Justice Commission, Jahrbuch für Rechtssoziologie 1998, S. 41, 46.

nachgiebigen „anti-crime" Politik, indem sie Bilder von Opfern schwerer Kriminalität präsentierten und forderten, die Täter hinter unüberwindlichen Gefängnisgittern für lange Zeit einzuschließen. Dagegen war es wesentlich schwerer, die Bevölkerung mit der Argumentation zu überzeugen, Kriminalität habe umfassende gesellschaftliche und soziologische Gründe und diese seien nicht einfach dadurch zu beseitigen, daß man Straftäter wegschließe. Für die Politiker war es populärer und medienwirksamer, den starken, durchgreifenden Staat gegen das Verbrechen zu symbolisieren, als mit subtilen Argumenten, die nur langfristige Lösungen versprachen, um Zustimmung der Wähler zu werben.[203]

Wie wirksam sich lange Haftstrafen im Kampf gegen die Kriminalität erwiesen, sollte der Bevölkerung anhand von ausgewählten Untersuchungen und Statistiken verdeutlicht werden. Dazu wurde erneut das Bild des gewalttätigen Mehrfachtäters („chronic habitual offender") bemüht, den man als Karrierekriminellen schnell hätte identifizieren und möglichst lange unschädlich machen müssen.[204]

Beeinflußt durch Medien und Politik forderten auch die amerikanischen Bürger eine härtere, dem Prinzip „law and order" entsprechende Strafpoli-tik.[205] Eine von *Farrington* und anderen in Oregon durchgeführte Erhebung zu Beginn der 90er Jahre zeigte, daß die Bevölkerung die Haftstrafe als ein wirksames Mittel gegen Kriminalität begriff. So stimmten 85% der Befragten der Aussage zu, Gefängnis sei das beste Mittel, das derzeit gegen Kriminalität zur Verfügung stehe.[206]

b. Steigende Vollzugskosten

Die aufgezeigten Entwicklungen erforderten zusätzlichen Haftraum. Ende der 80er Jahre befanden sich daher 130 neue Strafvollzugsanstalten im Bau, und die bestehen-

---

[203] Tonry, Crime & Delinquency 1994, S. 475, 489.
[204] Vgl. die Darstellung bei Weitekamp, S. 67f.
[205] Weitekamp/Herberger, NeuKrim 1995, S. 16.
[206] Farrington, Crime & Delinquency 1992, S. 6, 9: „Like it or not, prisons are probably the best means....".

den Anstalten wurden, soweit möglich, erweitert.[207] Allein zwischen 1985 und 1989 wurden 77.000 neue Haftplätze geschaffen und für das folgende Jahrzehnt waren weitere 104.688 neue Plätze geplant.[208] Dies führt unmittelbar zu dem zweiten Grund, der als Ursache für die Privatisierung im Strafvollzug genannt wird.

Die jährlichen Ausgaben des Bundes und der einzelnen Staaten für Vollzugsanstalten stiegen zwischen 1980 und 1990 von US$ 12 auf 20 Mrd., was einer Steigerungsrate von 66% entspricht.[209] Anderen Quellen[210] zufolge beliefen sich die Vollzugskosten aller fünfzig Staaten 1990 sogar auf US$ 28 Mrd. *Durham*[211] beziffert die Baukosten pro Haftplatz mit durchschnittlich US$ 50.000; *Joel*[212] geht von US$ 60.000 – 80.000 für die Errichtung und weiteren US$ 12.500 – 18.000 für die jährliche Unterhaltung eines Haftplatzes aus. Aus diesen Zahlen wird die Kostenbelastung des Staates deutlich.

Erschwerend kam hinzu, daß die Bevölkerung nicht bereit war, für die steigenden Kosten von Gefängnisneubauten und für den Unterhalt der Gefangenen aufzukommen.[213] Dies belegt eine Umfrage, die 1985 in Florida durchgeführt wurde; nahezu alle Befragten zeigten sich besorgt im Hinblick auf Verbrechen. Die Verwendung von Steuergeldern zur Finanzierung von Haftplätzen wurde jedoch als letzte von 12 Alternativen, wie man öffentliche Gelder einsetzen könnte, gewählt. Ähnliche Ergebnisse brachte auch eine Untersuchung in Kentucky zum selben Zeitpunkt hervor. Dort lehnten zwei von drei Befragten eine Entschärfung der Gesetze ab, die lange Freiheitsstrafen für Wiederholungstäter vorsahen; weniger als die Hälfte hingegen befürworteten höhere öffentliche Ausgaben für das Vollzugssystem in Kentucky.[214]

---

[207] Durham, Journal of Criminal Justice 1989, S. 441f.
[208] Weiss, S. 26f.
[209] Anderson, America 1991, S. 519.
[210] Wacquant, NeuKrim 1997, S. 17, 20.
[211] Durham, Journal of Criminal Justice 1989, S. 441f.
[212] Joel, S. 51f.
[213] Haneberg, ZfStrVo 1993, S. 289; Weiss, S. 26.
[214] Beide Untersuchungen darstellend Donahue, S. 4f.

Die Regierung befand sich also in einem Dilemma: auf der einen Seite stand die durch Medienauftritte und politische Kampagnen lancierte Forderung der Bevölkerung nach einer rigorosen „anti-crime" Politik,[215] auf der anderen Seite war es unpopulär, Steuergelder zu verwenden, um eine solche Politik durchzusetzen.[216] Hier bot der Zugriff auf private Lösungen einen willkommenen Ausweg – umso mehr, als sich zu diesem Zeitpunkt liberal-konservative wirtschaftspolitische Tendenzen mit der Präsidentschaft *Reagan*'s durchsetzten, die ohnehin ein privatisierungsfreundliches Klima schufen.

c. Wandel wirtschafts- und sozialpolitischer Paradigmen

Zu Beginn der 80er Jahre machte sich ein Stimmungswechsel in der amerikanischen Bevölkerung bemerkbar. Der Enthusiasmus und Idealismus der 60er Jahre wich einer zunehmend kritischen Haltung gegenüber staatlichen Wohlfahrtsprogrammen. Unter den Bürgern verbreitete sich der Eindruck, daß – obgleich horrende Summen von Steuergeldern für soziale Einrichtungen und Programme ausgegeben worden waren – soziale Mißstände sich nicht wesentlich verbessert hätten.[217] Die Bevölkerung verlangte von ihrer Regierung, Ausgaben und Steuern deutlich zu senken und staatliche Organisationen zugunsten privater Initiativen zu reduzieren.[218]

Die *Reagan*-Regierung entsprach der gegenüber dem Wohlfahrtsstaat und den bürokratischen Strukturen zunehmend feindlichen Haltung, indem sie sich, entsprechend ihrer konservativ-liberalen Einstellung, für eine Verkleinerung des Staatsapparates und den Abbau bürokratischer Strukturen aussprach.[219] Der Wohlfahrtsstaat – nach *Wacquant*[220] der „wohltätige" oder „Semi-Wohlfahrtsstaat" – mutierte zunehmend zum „*workfare*" oder „*leanfare*"-state, in welchem ein Sozialhilfeempfänger seinen Anspruch auf Sozialhilfe ganz oder zum Teil verliert, wenn er eine Arbeit, gleich wel-

---

[215] Bowditch/Everett, Justice Quarterly 1987, S. 441f.
[216] Anderson/Davoli/Moriarty, The Prison Journal 1985, S. 32f.
[217] O'Shea, S. 61.
[218] Sellers, S. 4.
[219] O'Shea, S 61f.; Priest, Yale Law & Policy Review 1988, S. 1, 30.
[220] Wacquant, NeuKrim 1997, S. 17, 19.

cher Qualität und Güte, ablehnt, oder wenn seine Kinder nicht regelmäßig zur Schule gehen.

Die in den 80er Jahren eingeleitete Entwicklung setzte sich auch in den 90er Jahren fort. Der wohltätige Staat zog sich auf breiter Ebene zurück. Zuletzt, unter der Präsidentschaft *Clinton*'s, wurde im August 1996 eine „Reform" der Sozialhilfe verabschiedet. Deren erklärtes Ziel war es, nicht die Armut, sondern die Abhängigkeit der von den Sozialprogrammen unterstützten Familien zu reduzieren. Dazu wurde u.a. die Verantwortung für Sozialhilfeprogramme dezentralisiert, ohne jedoch finanzielle Mittel für die Staaten bereitzustellen. Falls die Staaten die Sozialhilfeempfänger nicht entsprechend bestimmter Vorgaben minimierten,[221] hätten sie finanzielle Sanktionen zu befürchten. Auf diese Weise wurden die Staaten mittelbar veranlaßt, rigorosere Vergabekriterien festzulegen.

Weiteres Ziel der *Reagan*-Regierung war es, bestimmte Dienstleistungen des Staates zu externalisieren. Es wurde eine Kommission[222] eingesetzt um zu untersuchen, welche Dienstleistungen, die der Staat bisher in Eigenregie für seine Bürger erbrachte, effizienter und kostengünstiger vom freien Markt erbracht werden könnten.[223] Die sogenannte *Grace*-Commission – benannt nach dem Namen ihres Vorsitzenden – kam zu dem Ergebnis, durch Privatisierungsmaßnahmen bis zum Jahr 2000 könne der Staat eine Kostenentlastung in Höhe von US$ 1,966 Mrd. erzielen.[224] Insgesamt war die Politik der Regierung gekennzeichnet durch deregulative Maßnahmen. Monopolstellungen wurden aufgegeben und der Wettbewerb hielt Einkehr auch in Bereiche, die einst staatlich ausgefüllt wurden und daher keinem Vergleich am Markt ausgesetzt waren.[225]

Die Politik *Reagan*'s sah ferner vor, im Rahmen eines neuen Föderalismus („new federalism") Bundesstaaten und Kommunen stärker in die Bereitstellung sozialer Leistun-

---

[221] Wacquant, NeuKrim 1997, S. 17, 20.
[222] President's Private Sector Survey on Cost Control, Sellers, S.7.
[223] Sellers, S. 7.
[224] O'Shea, S. 63ff.; Sellers, S. 4.
[225] Shichor, S. 6f.

gen einzubeziehen. In Abkehr von der zentralstaatlichen Versorgung sollte eine enge Zusammenarbeit zwischen Gemeinden und Bürgern, insbesondere im sozialen Bereich, gefördert werden. Durch die Selbstbeschränkung, die sich der Bund auferlegte, sollten die Gemeinden als kleine Einheiten mit Bürgernähe in ihrer Funktion und Verantwortung gestärkt werden. Zielsetzung war, ein neues Miteinander zwischen den Menschen und der Gemeinde zu schaffen.[226] Der moderne Staat habe vielfach den Wert privater Organisationen wie private Selbsthilfegruppen, informeller Schlichterstellen oder kirchliche Gemeinschaften, die oftmals eine sehr menschliche Ausrichtung hätten, verkannt und sie durch bürokratische Strukturen ersetzt. Die in den Hintergrund geratenen Einrichtungen und die alten Werte gelte es nun wiederzubeleben.[227] Diese neue Bewegung, die deutliche Bezüge zum Kommunitarismus aufweist, schreibt wieder kleinen sozialen Einheiten (vor allem der Familie) für die Sozialisation einzelner große Bedeutung zu und räumt ihnen eine überlegene Kompetenz bei der Bewältigung sozialer Probleme ein.[228]

d. Staatliches und privates Zusammenwirken im Bereich sozialer Kontrolle

Die allgemeinen politischen Entwicklungen nahmen auch Einfluß auf die Kriminalpolitik und Ausgestaltung der sozialen Kontrolle. Auch hier sollte eine stärkere Zusammenarbeit zwischen privaten und staatlichen Kräften gefördert werden. Wie bereits eingangs erwähnt, werden Private schon seit vielen Jahren in verschiedene Bereiche sozialer Kontrolle einbezogen und stehen unterstützend in Form von privaten Schlichtungsstellen bei der Lösung von Konflikten in Nachbarschafts- oder Familienstreitigkeiten staatlichen Stellen zur Seite.[229] Die seit den 80er Jahren – zum Zeitpunkt der *Reagan*-Präsidentschaft – in den mittelgroßen Städten wirksame Kommunitarismus-

---

[226] O'Shea, S. 63f.
[227] Priest, Yale Law & Policy Review 1988, S. 1, 28f.
[228] Keller, S. 88, 95.
[229] Zu Einzelheiten Savas, Vanderbilt Law Review 1987, S. 889, 893.

Bewegung erfordert, daß die community und der Bürger noch stärker zusammenarbeiten, um Jugend-, Drogen- und Kriminalitätsprobleme zu lösen.[230]

Über die präventiven Bereiche hinaus hielt die anvisierte Zusammenarbeit auch Einzug auf der Sanktionsebene:

Im Gegensatz zu den geschlossenen Strafvollzugsanstalten des Bundesstaats- und des Föderal-Systems[231] sehen alternative Programme, die auf kommunaler Ebene angesiedelt sind, die Teilhabe von Straftätern am Leben in der Gemeinde vor. Auf diese Weise soll eine bessere Reintegration erzielt werden. Teil des „community-based-systems" sind die „community-correction-centers", die 1983 in Washington D.C. ins Leben gerufen wurden. Mittlerweile existieren ca. 600 dieser Einrichtungen in den USA. Verwaltet werden sie vom Federal Bureau of Prisons Community and Detention Division. Es hat seinen Sitz als Teil des Federal Bureau of Prisons (BOP) in Washington D.C. und verfügt über eine ausgedehnte regionale Struktur.[232]

Im Rahmen dieser Einrichtungen werden vielfältige alternative Programme wie Gemeindedienste („community-services"), Diversionsprogramme oder Therapien angeboten. Sie dienen als Begegnungsstätte zwischen Täter und Opfer im Rahmen von Wiedergutmachungsprogrammen. Die „community-correction-center" sind eng an die Kommune angebunden; sie sind überwiegend als offene Anstalten ausgestaltet und sollen die Kommunikation zwischen Bürgern und Straftätern fördern. Ca. 80% aller Straftäter durchlaufen vor ihrer Entlassung „community-based"-Programme (z.B. „work/study-release"). Diese erlauben dem Straftäter außerhalb der Anstalt in der Ge-

---

[230] Trenczek/Pfeiffer, S. 11, 17 mwN; zu Einzelheiten bzgl. community-corrections- programms im Rahmen der Privatisierung vgl. Palumbo, Policy Studies Review 1986, S. 598, 602f.
[231] Das amerikanische Vollzugssystem unterscheidet zwischen dem State-System und dem Federal-System. Das State System wird verwaltet durch separate Strafvollzugsbehörden (separate departments of corrections) der einzelnen Bundesstaaten, die entweder selbständig organisiert oder Teil einer Landesbehörde (division within a larger state department) sind. Demgegenüber wird das Federal System verwaltet von dem Federal Bureau of Prisons (BOP), welches 1930 durch Präsident Hoover innerhalb des Department of Justice errichtet wurde. Im Rahmen des Federal System werden nur Häftlinge aufgrund einer Verurteilung wegen Verletzung eines Bundesgesetzes untergebracht. Vgl. Allen/Simson, 519f., 537, 540.
[232] Allen/Simson, S. 545, 549.

meinde zu arbeiten oder an Unterrichtsmaßnahmen teilzunehmen. Einer Arbeit in der Gemeinde nachzugehen, bietet den Vorteil einer höheren Integration und erlaubt dem Straftäter, seine Familie mit dem Arbeitslohn finanziell zu unterstützen. Im Rahmen dieser Maßnahmen werden die Straftäter auf eine Wiedereingliederung in die Gemeinde vorbereitet.[233]

Bereits vor Errichtung der ersten „community-correction-center" gab es eine Reihe kommunaler Einrichtungen wie z.B. „halfway-houses" oder „community-treatment-centers". 1960 wurden die ersten Verträge zwischen dem BOP und privaten Anbietern zur Führung dieser Einrichtungen geschlossen. In den darauffolgenden Jahren verstärkte sich die Zusammenarbeit[234]. Seit 1981 hat das BOP begonnen, die Führung von „pre-release" Anstalten nahezu vollständig in die Hand privater Betreiber zu legen. 1986 standen bereits 330 „community center", die ca. 3000 Insassen unterbringen konnten, bei BOP unter Vertrag. Die jährlichen Kosten lagen bei etwa US$ 29 Mio., was ca. US$ 31 pro Tag und Insasse entsprach, gegenüber US$ 39,50 für die Unterbringung in staatseigenen Anstalten.[235] 1989 waren bereits 94% aller Bundes-Häftlinge vor ihrer Entlassung in einer privat geführten kommunalen Einrichtungen untergebracht.[236]

Die Beteiligung Privater an der Führung verschiedener Anstalten wie „halfway-houses", „residential treatment programs", „work release facilities" etc. wird heute allgemein akzeptiert und kaum mehr kontrovers diskutiert, da es sich um sog. „sanften" Vollzug handelt.[237]

Neben diesen Enrichtungen hat sich ein stetig wachsendes Sicherheitsgewerbe etabliert, welches im Bereich Personen- und Besitzschutz tätig ist und sowohl von Priva-

---

[233] Allen/Simson, S. 555ff, 563.
[234] McDonald, Crime and Justice 1992, S. 361, 381.
[235] Press, S. 19, 26.
[236] Logan, S. 16 mit weiteren Einzelheiten.
[237] McDonald, Crime and Justice 1992, S. 361, 362.

ten als auch vom Staat in Anspruch genommen wird.[238] Die Sicherheitsunternehmen bewachen öffentliche Gebäude und kontrollieren deren Besucher, nehmen Sicherheitsfunktionen auf Flughäfen wahr oder bewachen private Unternehmen, wie Einkaufscenter, Banken und Hotels. Sie kooperieren häufig mit der staatlichen Polizei. 1980 lagen die Ausgaben für private Sicherheitsbedienstete bei US$ 21,7 Mrd. Im Vergleich dazu wurden nur US$ 13,8 Mrd. für die staatliche Polizeikräfte ausgegeben.[239] Im Jahr 1990 lagen die gesamten jährlichen Ausgaben für den privaten Sicherheitsbereich bereits bei US$ 52 Mrd., wohingegen der öffentliche Sektor Ausgaben von US$ 30 Mrd. verzeichnete. 1,5 Mio. Beschäftigten im Bereich der privaten Sicherheitsanbieter stehen 600.000 Bedienstete in öffentlichen Einrichtungen gegenüber.[240]

Außerdem wird seit Beginn der 80er Jahre eine Reihe von Dienstleistungen, wie z.B. Reinigung, Essensversorgung, medizinische Versorgung, Ausbildungsprogramme für Gefangene, von privaten Unternehmen im Auftrag des Staates erbracht.[241] Nach einer Umfrage des Criminal Justice Institute (CJI) aus dem Jahre 1983, präsentiert von *Camp und Camp*[242], arbeiteten alle befragten 52 Gerichtsbezirke mit privaten Unternehmen zusammen.[243]

Der Überblick über das Zusammenwirken des privaten und des öffentlichen Sektors in unterschiedlichen Formen und Segmenten sozialer Kontrolle zeigt, daß zwischen diesen Bereichen keinerlei Berührungsängste mehr bestehen. Eine solche Zusammenarbeit ist in der Regel jedoch nur dann möglich, wenn beide Seiten daran ein gegenseitiges Interesse haben. Das Interesse des Staates an einer Beteiligung Privater liegt, wie bereits gesehen, vornehmlich darin, sich selbst zu entlasten und damit die Steuerbela-

---

[238] Vgl. ausführliche Übersicht bei Obergfell-Fuchs, S. 30.
[239] Savas, Vanderbilt Law Review 1987, S. 889, 892.
[240] Walter, Sicherheitsgewerbe, S. 65, 76 mwN; ausführlich zur Beteiligung privater Sicherheitsdienste in den USA Obergfell-Fuchs, S. 30ff.
[241] Dunham, Columbia Law Review 1986, S. 1457; Grant, Hamline Journal of Public Law and Policy 1986, S. 23; McDonald, Crime and Justice 1992, S. 361 mwN.
[242] Camp/Camp, The Prison Journal 1985, S. 12, 15.
[243] Zu Einzelheiten vgl. Camp/Camp, The Prison Journal 1985, S. 12ff.

stung für den Bürger so gering wie möglich zu halten und dennoch den expandierenden Bedarf an Haftplätzen zu decken.

e. Wirtschaftliches Interesse privater Unternehmen

Das Interesse der Privatseite an dieser Zusammenarbeit ist wirtschaftlicher Natur. Die privaten Unternehmen eröffneten einen neuen Geschäftszweig, der lukratives wirtschaftliches Wachstum verspricht.[244] Ein Repräsentant eines privaten Vollzugsunternehmens bestätigt, das Unternehmen werde nicht aus humanitären Gründen tätig, sondern aus wirtschaftlichen.[245]

Ganze Unternehmenszweige profitierten bereits vor Entstehen der ersten privaten Haftanstalt von dem wachsenden Wirtschaftsbereich „Gefängnis". Architekten, Bauunternehmer, Ausrüster von Sicherheitssystemen und Dienstleistungsunternehmen ziehen schon seit einiger Zeit wirtschaftlichen Nutzen aus dem Bedarf an neuen Haftplätzen.[246] Die Privatwirtschaft präsentiert sich, unterstützt von zahlreichen geschickt angelegten Werbefeldzügen[247], als idealer Rettungsanker für den Staat, um die kritische Situation, der man sich angesichts der angespannten Vollzugssituation und der enormen Kosten neuer Haftplätze ausgesetzt sieht, zu entschärfen.[248]

Folgende Beispiele können zur Illustration der Marketingkampagne privater Unternehmen genannt werden: Auf einem ganzseitigen Werbespot der Zeitschrift *Corrections Today*, das monatliche erscheinende Magazin der *American Correction Association* (ACA), findet sich im August 1990 eine Anzeige, in der das Thema Gefängnisüberfüllung werbewirksam aufgenommen und verarbeitet ist. Eine Zeichnung im oberen Teil der Anzeige zeigt einen Richter mit einem kleinen Hammer in angehobener

---

[244] Vgl. Cikins, Notre Dame Journal of Law 1985, S. 445, 455, der den Präsidenten der Gewerkschaft Federation of State, Country and Municipal Employees zitiert: „ ...there is only one thing behind corporate America's sudden interest in prisons. Money, profits. Suddenly corrections is not just part of the criminal justice system. It is growth industry, new profit center".
[245] Zitiert von Frazier-Stacy, Nebraska Law Review 1991, S. 917: „We'll hopefully make a buck at it. I'm not going to kid any of you and say that we're in this for humanitarian reasons."
[246] Anderson, America 1991, S. 516.
[247] Weiss, S. 26, 38.

Hand. Die Anzeige ist mit der Überschrift versehen: „Legt die Gefängnisüberfüllung ihrer Anstalt Daumenschrauben an? Nehmen sie die Dienste von *Gelco Space* in Anspruch. Dies erspart ihnen Zeit und Geld."[249] Die Marketinganzeige eines privaten Gefängnisunternehmens in der New York Times im Februar 1985 verspricht, daß ein Vertragsabschluß mit ihm sogar von den Gerichten als wohlwollende Bemühung in die richtige Richtung gewertet werde.[250]

f. Einfluß verschiedener Interessenverbände – Politisches Lobbying

Die Einbeziehung privater, gewinnorientierter Unternehmer in den Strafvollzug bedeutet Kommerzialisierung des Strafvollzugs mit der Folge, daß die damit befaßten Unternehmer zur Sicherung und Ausdehnung ihrer Geschäftstätigkeit den neu erschlossenen Markt zu erweitern suchen.[251]

Christie stellt dies bildlich und zugleich erschreckend dar:
Firmen im Dienste des Strafvollzugssystems benötigten eine ausreichende Zufuhr von Rohstoffen, d.h. von Häftlingen. Die Wirtschaft werde alles daran setzen, um eine stete Zufuhr dieser Rohstoffe zu sichern. Um diese Zufuhr zu steigern, müsse die Strafjustiz mehr inhaftierte Amerikaner bereitstellen, ungeachtet dessen, ob die Kriminalität steige oder die Inhaftierung notwendig sei.[252]

Der Ausbau des Strafvollzugssystems liegt ebenso im Interesse des Staates,[253] entspricht er doch der neuen, populistischen „get-tough" Strafpolitik und scheint die Kampfansagen, die der Staat an die Kriminalität gerichtet hat, zu bestätigen.

---

[248] Anderson, America 1991, S. 516; Weiss, S. 26f.
[249] Originaltext: „Is prison overcrowding putting the squeeze on your correctional facility? Let Gelco Space provide mobile and modular facilities quickly, with significant savings in time and money."
[250] Evans, Emory Law Journal 1987, S. 253f.
[251] Maelicke ZfStrVo 1999, S. 73, 76.
[252] Dargestellt von National Criminal Justice Commission, Jahrbuch für Rechts- und Kriminalsoziologie 1998, S. 41, 59.
[253] National Criminal Justice Commission, Jahrbuch für Rechts- und Kriminalsoziologie 1998, S. 41, 59.

Die Vereinigung privater und staatlicher Interessen, ausgerichtet an dem Ziel der Erweiterung des Strafvollzugssystems, wird gefördert durch eine Interessengemeinschaft, die als Gefängnis-Industrie-Komplex („correctional-commercial-complex") bezeichnet wird. Es wird behauptet, hinter der Interessengemeinschaft stehe ein „eisernes Dreieck" aus Regierungsbürokratie[254], Privatindustrie[255] und Politikern – ähnlich der Lobbyistenstruktur[256] der Rüstungsindustrie.[257] Diese Interessenvereinigung verfüge über ein dichtes Netz von Verknüpfungen, über welches sich politische Meinungsbildung (Lobbying) betreiben lasse.[258] Die Strafpolitik und damit auch das Strafvollzugssystem würden schon heute in wesentlichen Zügen von den aufgezeigten Lobbyistenstrukturen

---

[254] Dazu zählen staatliche Einrichtungen wie das Bureau of Justice Assistance (BJA), Bureau of Justice Statistics (BJS), Office of Victims of Crime (OVC) und National Institute of Justice (NIJ). Diese Organisationen wurden unter der Regierung Reagans ins Leben gerufen, als dieser 1984 den Justice Act, als Teil des Comprehensive Crime Control Act zur Verbrechensbekämpfung zu einem seiner wichtigsten Themen machte. Diesen Einrichtungen sollten tragende Aufgaben in der Verbrechensbekämpfung zukommen. Eine der wesentlichen Funktionen des NIJ sollte darin bestehen, neue Arten von Kooperationsmöglichkeiten zwischen privaten Unternehmen und dem Staat zu entwickeln, vgl. Lilly/Knepper, Prison Service Journal 1992, S. 43ff.

[255] Zu diesen zählen einige der größten Anleger der Wall Street: Golman Sachs and Co., Smith Barney Shearson Inc., die den Bau von Haftanstalten finanzieren; Westinghouse Electric und Alliant Techsystem Inc. stellen ihre Produktion auf den Strafrechtssektor um, CCA und Wackenut Corporation wetteifern um die Führung von Vollzugsanstalten; vgl. National Criminal Justice Commission, Jahrbuch für Rechts- und Kriminalsoziologie 1998, S. 41, 59. Nicht der Privatindustrie direkt zurechenbar, jedoch ihre Interessen als sogenannten Lobbyistenorganisationen vertretend, sind Verbände, wie die American Bar Association (ABA), in der Rechtsanwälte organisiert sind, die große Wirtschaftsunternehmen vertreten, oder American Correctional Association (ACA), die auch als „a lobby, professional standards-setter" bezeichnet wird. ACA führt teure Akkreditierungsverfahren, denen sich Haftanstalten freiwillig unterziehen können, durch. ACA schreibt Mindeststandards fest, die erfüllt sein müssen, damit eine Anstalt eine ACA-Akkreditierung erhält. Es handelt sich dabei nicht um ein staatliches Verfahren; vgl. Keating, S. 130, 146f. Die Akkreditierung der Anstalt durch ACA wird häufig in Verträgen mit privaten Unternehmen vorausgesetzt; vgl. Gold, The Urban Lawyer 1996, S. 359, 377 und Lilly/Knepper, Prison Service Journal 1992, S. 43, 49.

[256] Diese wird in den USA als „political action committes" (PAC) bezeichnet, die durch modernste Managementmethoden erheblichen Einfluß insbesondere auf die Regierungsarbeit ausüben; so haben sie zwischen 1970 und 1980 wesentlich zur Deregulierungspolitik beigetragen und die Position der Unternehmen erheblich gestärkt; vgl. Shichor, Crime, Law and Social Change 1993, S. 113, 123.

[257] Lilly/Deflem, Crime & Delinquency 1996, S. 3, 5; Lilly/Knepper, Prison Service Journal 1992 S. 43, 47ff.

[258] Zu den Verknüpfungen im einzelnen und der Vorgehensweise der Interessengemeinschaft vgl. die umfassende Darstellung von Lilly/Deflem Crime and Delinquency 1996, S. 3, 5; Lilly/Knepper, Prison Service Journal 1992 S. 43, 47ff; Stolz, The Prison Journal 1997, S. 92ff., 95 mw.Nachw. Es wird beispielsweise von Lilly/Knepper, aaO, S. 48 berichtet, daß leitende Angestellte privater Vollzugsdienste zuvor in behördlichen Schlüsselpositionen oder für ACA tätig waren.

mitgestaltet und entsprechend deren Interessen ausgerichtet; auch in Zukunft werde die politische Richtung durch Ziele der Lobbyisten gekennzeichnet sein.[259]

g. Zusammenfassung

Die Privatisierungsbewegung im Bereich des amerikanischen Strafvollzugs wurde durch verschiedene Entwicklungen ermöglicht. Die konservative Wirtschaftspolitik unter *Reagan* erlaubte, daß im Zuge einer „Entstaatlichung" private Unternehmen die Möglichkeit bekamen, bislang nur dem Staat vorbehaltene Aufgaben kommerziell auszuführen. Eine breit angelegte Deregulierung stärkte die Verantwortung der Gemeinden und setzte auf eine zunehmende Beteiligung privater Kräfte im sozialen Bereich (Kommunitarismus).

Darüber hinaus veränderte sich in der Mitte der 70er Jahre die Kriminalpolitik. Der Resozialisierungsgedanke wurde zugunsten von Sicherung, Abschreckung und Vergeltung immer mehr aus dem Strafvollzug verdrängt. Der überwiegende Teil der Bevölkerung, der infolge medienwirksamer Inszenierungen ohnehin die starke Hand und eine durchgreifende Strafpolitik des Staates forderte, nahm die neue Politik positiv auf.

U.a. bedingt durch eine Reihe strafverschärfender gesetzlicher Maßnahmen, stieg die Anzahl der Häftlinge zwischen 1980 und 1990 um 225%, bis 1996 sogar um 360% an. Die Haftanstalten waren hoffnungslos überfüllt und die Haftbedingungen so unmenschlich, daß im Jahre 1989 42 Staaten gerichtlich eine Verbesserung der Haftsituation auferlegt wurden. Um dem Druck, der nunmehr auch durch die Gerichte ausgeübt wurde, zu entkommen, mußte der Staat neue Haftplätze schaffen, was zu einer erheblichen Kostenbelastung führte. Die Bereitstellung von Steuergeldern für diese Plätze stieß in der Öffentlickeit auf Widerwillen. Man wollte zwar eine härtere Strafpolitik, war jedoch nicht bereit, für die entsprechenden finanziellen Belastungen aufzukommen. Lösungen wurden in einer Kooperation mit der Privatwirtschaft gesucht.

---

[259] Lilly/Deflem, Crime & Delinquency 1996, S. 92ff.; Lilly/Knepper, Prison Service Journal 1992 S. 3ff; Stolz, The Prison Journal 1997, S. 92; National Criminal Justice Commission, Jahrbuch für Rechts- und Kriminalsoziologie 1998, S. 41ff.

Interessengruppen, an denen die Privatwirtschaft, die Politik und administrative Organisationen beteiligt waren, forcierten seit den 80er Jahren eine Kriminalpolitik, die den Ausbau des Strafjustizsystems unterstützte.

2. Entwicklung des privaten Strafvollzugs

Seit 1984 werden in den USA Strafvollzugsanstalten wieder privat betrieben. Im Rahmen einer Bestandsaufnahme wird im folgenden dargestellt, wie sich die Branche entwickelt hat.

Bereits 1979 brachte der US Immigration and Naturalization Service (INS), das amerikanische Amt für Einwanderung und Einbürgerung, mangels ausreichender Unterbringungsmöglichkeiten illegale Einwanderer in einem bis zu diesem Zeitpunkt auf gemeinnütziger Basis geführten „halfway house" unter. Dieses Haus wurde von *Ted Nissen*, einem ehemaligen Vollzugs- und Bewährungshelfer, geleitet. Im Laufe der Zeit intensivierte sich die Zusammenarbeit zwischen INS und *Nissen*, was dazu führte, daß dieser seine gemeinnützige Einrichtung in ein gewinnorientiertes Unternehmen umwandelte, welches heute unter dem Namen „*Behavioral Systems Southwest*" firmiert. Im Jahre 1986 wurde schon ¼ aller Abschiebe-Häftlinge in privaten Haftanstalten untergebracht.[260]

Gegen Mitte der 80er Jahre konnte die Privatwirtschaft ein weiteres Marktsegment erschließen, nämlich den Bereich der „klassischen Strafvollzugsanstalten" für erwachsene Straftäter. Den Grundstein legte das Unternehmen *Corrections Corporation of America* (CCA) mit der Eröffnung des Houston Processing Center in Texas im April 1984 und der Übernahme der Silverdale Detention Facility, einer sog. „work farm", in Hamilton County, Tennessee, im selben Jahr.[261] CCA hatte 1998 einen Marktanteil von etwa 41% (bezogen auf die Anzahl der privaten Anstalten) und beherrscht damit den amerikanischen Gefängnismarkt.[262] Gegründet wurde CCA 1983 in Nashville,

---

[260] Press S. 19, 25.
[261] Vgl. Eigendarstellung CCA im Internet: http://www.correctionscorp.com vom 15.07.1999.
[262] Zur Darstellung der einzelnen Anstalten vgl. Nibbeling, S. 289.

Tennessee, von *T.W. Beasley, R. Crants* und *T.D. Hutto.* Politische Unterstützung erhielt das Unternehmen von einem ehemaligen Parteifreund *Beasley's*, dem republikanischen Gouverneur des Staates Tennessee, *L. Alexander.* Das Startkapital in Höhe von US$ 35 Mio. stellte die Firma *Nashville's Jack Massey*, Teil der *Massey Birch Investment Group of Nashville*, zu der u.a. die Unternehmensgruppe *Kentucky Fried Chicken*[263] gehört, bereit.[264] Neben CCA konnte sich ein weiteres großes Unternehmen am Markt (1998 mit ca. 20% Marktanteil, bezogen auf die Anzahl der privaten Anstalten), die Firma *Wackenhut Corrections Corporation* (Wackenhut) positionieren. Der Konzern *Wackenhut Corporation*, der in weiten Feldern der Sicherheitsbranche tätig ist, erschloß 1984 das Geschäftsfeld „Corrections". 1988 wurde aus diesem Bereich das eigenständige Tochterunternehmen Wackenhut gegründet, das seit 1994 unabhängig von der Muttergesellschaft börsennotiert ist.[265] Sowohl CCA als auch Wackenhut sind international operierende Unternehmen. Weltweit stellt CCA mehr als 71.000 Haftplätze in 81 Anstalten zur Verfügung.[266] Wackenhut hält international 54 Anstalten mit ca. 36.700 Haftplätzen bereit.[267]

In den USA belief sich die Anzahl der privat geführten Anstalten 1999 auf 137, in denen 93.789 Haftplätze bereitgestellt wurden. Davon unterhielt CCA mit 49.935 Haftplätzen, verteilt auf 57 Anstalten einen Anteil von 53,3 %. Wackenhut stellte im Jahre 1999 insgesamt 21.133 Haftplätze (22,5%) zur Verfügung, verteilt auf 27 Anstalten. Der restliche Teil entfiel auf sonstige kleinere Unternehmen (22.721 = 24,2%, verteilt auf 53 Anstalten).[268]

---

[263] Eine amerikanische Fast-Food-Gruppe.
[264] Weiss, S. 24, 30; Press, S. 19, 28: die Geschäftsidee zur Gründung von CCA sei auf einer Cocktail-Party entstanden, in der *Beasley* es als Herausforderung bezeichnet habe, das Gefängnisproblem des Staates zu lösen und gleichzeitig viel Geld damit zu verdienen.
[265] Vgl. Eigendarstellung Wackenhut im Internet: http://www.wackenhut.com/wcc/wcc-org.htm vom 15.07.1999.
[266] Vgl. Eigendarstellung CCA im Internet: http://www.correctionscorp.com/facilitylist.html vom 15.07.1999.
[267] Vgl. Eigendarstellung Wackenhut Internet: http/www.wackenhut.com vom 15.07.1999 mit aktuellen Informationen.
[268] Zahlenangaben beruhen auf Internetdaten zu privaten Vollzugsunternehmen unter http.//web.crim.ufl.edu. vom 20.11.1998.

Die folgende Abbildung (Abb. 2: Entwicklung der Anzahl der privaten Anstalten 1984-1999) zeigt das quantitative Wachstum der privaten Vollzugsbranche nach Anzahl der Anstalten. Das genannte Jahr gibt an, wann die privaten Anstalten erstmalig Häftlinge aufgenommen haben. Danach ist dem zunächst zögerlichen Beginn des privaten Vollzugssystems ein deutlicher Anstieg in den 90er Jahren gefolgt. Besonders hohe Zuwachsraten sind in der zweiten Hälfte der 90er Jahre zu verzeichnen. Zwischen 1994 und 1999 hat sich die Anzahl der Strafanstalten von 52 auf 137 erhöht. Während zwischen 1984 und 1994 durchschnittlich 5,2 Anstalten pro Jahr entstanden sind, wurden zwischen 1995 und 1999 durchschnittlich 14 neue Anstalten eingerichtet. Die Anzahl der jährlich hinzukommenden privaten Gefängnisse hat sich im Vergleich zu den 80er und Beginn der 90er Jahren im Durchschnitt mehr als verdreifacht.

Abb. 2:[269] Entwicklung der Anzahl der privaten Gefängnisse in den Jahren 1984-1999

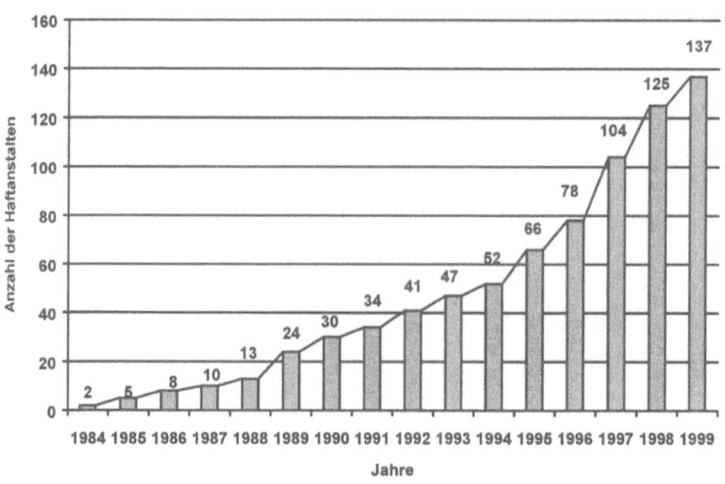

Eigentümer der Haftanstalten ist – unabhängig von der Führung – überwiegend der Staat (88 Anstalten), lediglich 51 Haftanstalten gehören den privaten Unternehmen.

---

[269] Beruht auf Internetdaten zu privaten Vollzugsunternehmen unter http//web.crim.ufl.edu vom 20.11.1998. Bei zwei von insgesamt 139 Haftanstalten fehlen Angaben zum Zeitpunkt der Inbetriebnahme der Anstalt, sie werden daher in der Grafik nicht berücksichtigt.

CCA ist bei 25 von ihr geführten Anstalten selbst Eigentümer, 32 Anstalten gehören dem Staat. Wackenhut führt 8 Anstalten in eigenem und 19 Anstalten in staatlichem Eigentum. Die restlichen Unternehmen sind selbst Eigentümer von 18 Anstalten, 37 entfallen auf den Staat.[270] Insgesamt liegen über 95% aller (staatlichen und privaten) Haftplätze noch in staatlicher Hand, der Gesamtanteil privater Vollzugsbetreiber wird zwischen 2%[271] und 5%[272] geschätzt.

3. Ausgestaltung des Verhältnisses zwischen Staat und Unternehmen

Die Beteiligung privater Unternehmer ist, abgesehen von der Bereitstellung diverser Dienstleistungen, in unterschiedlicher Form denkbar. Grundlage einer jeden Beteiligungsform ist ein Vertrag zwischen dem Staat und dem ausführenden Unternehmen. Keine Haftanstalt ist rein privat im Sinne einer völligen Unabhängigkeit vom Staat. Durch die Unternehmen werden staatliche Aufgaben wahrgenommen. Sie handeln „quasi staatlich", ohne jedoch in die staatliche Organisation eingebunden zu sein[273] und entsprechen daher der im deutschen Recht bestehenden Form der Beleihung. Im folgenden sollen verschiedene Privatisierungsmodelle sowie die Ausgestaltung der Geschäftsbeziehung zwischen den beteiligten Vertragspartnern vorgestellt werden.

a. Privatisierungsmodelle

Im Laufe der Privatisierungsentwicklung im Strafvollzug haben sich zwei Ausgestaltungen, das „lease-purchase" und das „management"-Modell durchgesetzt; das dritte, das sogenannte „take-over"-Modell, wird derzeit nicht praktiziert.

aa. „lease-purchase"-Modell

Das „lease-purchase"-Modell beruht auf dem üblichen Leasing-Modell: Das private Unternehmen ist Eigentümer der Haftanstalt und ihrer Einrichtungen. Der Staat least

---

[270] Zahlenangaben beruhen auf Internetdaten zu privaten Vollzugsunternehmen unter http.//web.crim.ufl.edu. vom 20.11.1998.
[271] Allen/Simson, S. 575.
[272] Vgl. Eigenangabe CCA im Internet: http://www.correctionscorp.com/overview.html#2 vom 15.07.1999.

das fertiggestellte Anstaltsgebäude für einen bestimmten Zeitraum. Wurde der Kaufpreis bereits mit Ablauf der Leasingzeit vollständig durch den Staat entrichtet, geht die Anstalt ohne weiteres in sein Eigentum über, andernfalls hat er die Möglichkeit den Restkaufpreis zu entrichten und damit Eigentümer der Anstalt zu werden. Der Vorteil dieser Form der Privatisierung für das Unternehmen besteht darin, daß die Einnahmen, die das Unternehmen durch die Leasingraten erzielt, von der Besteuerung ausgenommen sind. Selbst die große Steuerreform im Jahr 1986 ließ diesen Steuervorteil für die Unternehmen unberührt.[274]

Die Leasingraten, die der Staat an das Unternehmen entrichtet, werden rechtlich nicht als Kapitalausgaben („capital expenditures") bewertet. Im Gegensatz zu den „general obligation bonds", die üblicherweise zur Finanzierung von Haftanstalten genutzt werden, unterliegen diese keiner Genehmigung durch die Bürger („citizen approval"). Insbesondere unter Berücksichtigung der Tatsache, daß der Staat in den 80er Jahren für mehr als 50% seiner Haftanstaltsprojekte, die mit Hilfe der „bonds" finanziert werden sollten, die Genehmigung der Bürger nicht erhalten hat, ist diese Art der Finanzierung auch für den Staat von Interesse.[275]

bb. „management"-Modell

Bei dieser Art der Privatisierung wird die wirtschaftliche und organisatorische Führung einer Anstalt, einschließlich der Bereitstellung des gesamten Personals, durch ein privates Wirtschaftsunternehmen vorgenommen. Im Gegenzug erhält das Unternehmen vom Staat ein Entgelt, welches sich nach der Anzahl der Gefangenen und der Dauer der Unterbringung jedes Häftlings bemißt. Dieses Entgelt wird regelmäßig so

---

[273] Logan, S. 14.
[274] Leonard, S. 71; zu Einzelheiten hinsichtlich der steuerlichen Vorteile vgl. auch McDonald, Crime and Justice 1992, S. 361, 391.
[275] Joel, S. 51, 58; McDonald, Crime and Justice 1992, S. 361, 393f., diese Art der Finanzierung wurde sowohl politisch, als auch rechtlich kritisiert, da sie das übliche Verfahren, welches der Genehmigung durch die Bürger bedarf, unterläuft; vgl dazu Brakel, S. 254, 259.

berechnet, daß sowohl die anfänglichen als auch die laufenden Instandhaltungs- und Unterhaltskosten sowie der kalkulierte wirtschaftliche Gewinn abgedeckt werden.[276]

cc. „take over"-Modell

Das „take-over"-Modell sieht vor, daß ein privates Unternehmen im Rahmen einer Leasing und Management-Vereinbarung, alle Haftanstalten in einem Bundesstaat führt und, soweit notwendig, neue Anstalten errichtet. Die Aufgaben der Vollzugsbehörde beschränken sich im Rahmen dieses Modells auf die Bedarfsplanung, die Überwachung des ausführenden Unternehmens und die Entwicklung sowie Festlegung von Vollzugsinhalten und Programmen.[277]

Derzeit hat kein amerikanischer Bundesstaat eine solche Vereinbarung mit einem Unternehmen getroffen, obgleich CCA dem Staat Tennessee 1985 ein Angebot auf der Grundlage dieses Modells unterbreitet hat. Hintergrund dieses Angebotes war die dramatische Situation, in der sich das Strafvollzugssystem damals befand; Gerichte drohten damit, Häftlinge aus den Anstalten zu entlassen, falls der Staat nicht die Überbelegung in den Anstalten reduziere.[278] Das Angebot von CCA sah vor, alle 17 Haftanstalten des Staates für einen Zeitraum von 99 Jahren zu übernehmen. Das Unternehmen bot an, US$ 100 Mio., davon US$ 50 Mio. sofort und weitere US$ 150 Mio. in Verbesserungen zu investieren, einschließlich der Errichtung eines neuen 500 Personen-Gefängnisses. Dafür verlangten sie den gesamten jährlichen Etat des Staates für den Strafvollzug in Höhe von US$ 200 Mio.[279]

b. Rechtsverhältnis zwischen Staat und Unternehmen

Wie bereits festgestellt, werden Strafvollzugsanstalten auf der Grundlage des „lease-purchase-„ und des „management"-Modells privatisiert. Beide Modelle werden auch kombiniert angewandt. Gegenstand der weiteren Untersuchung wird das „manage-

---

[276] Cikins, Notre Dame Journal of Law 1985, S. 445, 450.
[277] Chi, The Journal of State Government 1989, S. 70, 72.
[278] Vgl. oben D II 1 a.
[279] Press, S. 28.

ment"-Modell sein. Dabei bleibt weitgehend außer Betracht, ob dieses mit dem erstgenannten Modell kombiniert worden ist oder ob es um die Führung einer Anstalt geht, die von Anfang an im Eigentum des Staates steht. Im Rahmen des „management"-Modells beauftragt der Staat das private Unternehmen auf der Grundlage eines Vertrages, in dem umfassend die Rechte und Pflichten der Unternehmen geregelt sind. Ergänzende gesetzliche Spezialvorschriften bestehen – wenn überhaupt – nur bezüglich einzelner Fragen. Die Unternehmen werden nach öffentlicher Ausschreibung und Eignungsprüfung ausgewählt.

aa. Öffentliche Ausschreibung

Das öffentliche Ausschreibungsverfahren („request for proposals")[280] verläuft nach allgemeinen Prinzipien: Der Staat schreibt zunächst öffentlich aus und beschreibt die zu übernehmende und zu erfüllende Aufgabe. Die interessierten Unternehmen geben daraufhin geheimgehaltene Angebote ab, aus denen der Staat eine Auswahl trifft. Neben den Angaben, die in dem Ausschreibungsverfahren üblicherweise verlangt werden (z.B. die Höhe des vom Staat zu entrichtenden Betrages pro Häftling und Tag der Unterbringung sowie Zahlungsbedingungen[281]), müssen die Unternehmen ihre Qualifikationen, ihre Erfahrungen im Bereich des Strafvollzugs sowie ihre Liquidität selbst darstellen,[282] um ihre Eignung nachzuweisen. Das staatliche Auswahlverfahren ist – je nach Behörde (INS oder BOP) – in Einzelheiten unterschiedlich ausgestaltet. Üblicherweise wird in Gremien entschieden.[283] Erstes Auswahlkriterium ist, ob die Unternehmen in ihrem Angebot mit dem vom Staat zu entrichtenden Entgelt pro Tag und Häftling unter einem von der Behörde vorgegebenen Betrag bleiben. Dieser wird nach dem finanziellen Aufwand errechnet, den der Staat aufbringen müßte, wenn er die Anstalt selbst betreiben würde. Die danach verbleibende Anzahl der Angebote wird anhand eines Punktesystems bewertet, das gewährleistet, daß nicht zwangsläufig das

---

[280] Vgl. zum Ablauf Joel, S. 51, 60f.; Gemignani, S. 281, 286.
[281] Was mit der vom Staat (üblicherweise pro Tag und Häftling zu berechnenden) zu zahlenden Rate im einzelnen abgedeckt ist, hängt wiederum davon ab, ob der Staat eine bereits bestehende Anstalt übernimmt oder diese noch errichten muß.
[282] Crants, Journal of Contempory Criminal Justice 1991, S. 49, 51f.

Unternehmen mit dem preisgünstigsten Angebot, sondern das mit dem besten Preis-/Leistungsverhältnis den Zuschlag erhält.[284]

Gegen dieses – dem Anschein nach – objektive Verfahren bestehen in der amerikanischen Literatur verschiedene Bedenken. Da die Entscheidung von der Meinung und der Integrität eines sehr kleinen Gremiums abhängig ist, wird insbesondere befürchtet, das Ausschreibungsverfahren laufe nicht immer frei von persönlichen Interessenentscheidungen ab.[285] Die Praxis habe dies bestätigt: Mit zwei Mitgliedern des Entscheidungsgremiums, die für eine Verlängerung des Vertrages der CCA zur Führung des Hamilton County Jails gestimmt hätten, habe CCA anderweitig in Geschäftsbeziehung gestanden.[286]

bb. Vertragliche Vereinbarung, Regelungsschwerpunkte

Nachdem im Ausschreibungsverfahren ein Unternehmen ausgewählt worden ist, wird zwischen diesem und der Behörde (z.B. INS oder BOP) ein Vertrag geschlossen, der schwerpunktmäßig folgende Regelungen enthält:

(1) Leistungsbeschreibung

Die vom Unternehmer zu erbringenden Leistungen werden umfassend beschrieben. Es wird präzise festgelegt, wie die Führung der Strafanstalt auszusehen hat. Vertraglich geregelt werden insbesondere: Anzahl und Ausbildung des Wachpersonals, Qualifikationen der Beschäftigten, die Sicherheitsstandards, Größe der Räumlichkeiten für jeden Häftling, Ausstattung der Versorgungseinrichtungen (z.B. Küche, medizinische Versorgung), Anzahl und Ausgestaltung der sanitären Einrichtungen, Bildungs-, Resozialisierungs-, Freizeitprogramme, Arbeitsmöglichkeiten für Häftlinge in der Haftanstalt, Umsetzung von Disziplinarentscheidungen und Maßnahmen[287] und auch die Art der

---

[283] Bei INS bspw. liegt die Größe des Gremiums zwischen 3 und 5 Mitarbeitern.
[284] DiIulio, S. 155, 161f.
[285] DiIulio, S. 155, 162; Merlo, Corrections, S. 23, 25f.
[286] Zu weiteren Kritikpunkten vgl. Merlo, Corrections, S. 23, 25f.
[287] Shichor, S. 114f.

Belegung (Sicherheitsstufen, Behandlungsnotwendigkeit)[288]. Daneben werden die Verantwortungsbereiche des Staates von denen des Unternehmers abgegrenzt und die Kontroll-, Aufsichts- und Eingriffsbefugnisse des Staates benannt und festgelegt.[289]

Die Gesetze einiger Bundesstaaten (z.B. New Mexico oder Tennessee) sehen vor, daß das betreibende Unternehmen umfangreiche Haftpflichtversicherungen abschließt, welche das Unternehmen selbst und den Staat von Ansprüchen Dritter freistellen. Diese Freistellung wird im Vertrag für das Innenverhältnis aufgenommen.[290]

(2) Vertragsdauer

Die Verträge werden für bestimmte Dauer geschlossen. Die Interessen beider Seiten sind auf eine möglichst lange Laufzeit des Vertrages gerichtet. Für die Unternehmer müssen sich die Anfangsinvestitionen rentieren; der Staat will nicht in kurzen Abständen neue Ausschreibungsverfahren durchführen. Darüber hinaus fördern lange Vertragslaufzeiten die Bereitschaft der Unternehmen zu Investitionen, was letztlich der Qualität der Anstalten zugute kommt.[291]

Andererseits vermindern lange Vertragslaufzeiten den Wettbewerb zwischen den privaten Gefängnisunternehmen. Das Bewußtsein, sich nach bestimmter Zeit wieder neu um eine Erneuerung oder Verlängerung des Vertrages bewerben zu müssen, hält die Unternehmen dazu an, leistungsorientiert und innovativ zu operieren. Auch bietet eine kurze Vertragsdauer Schutz für den Fall, daß nicht alle Umstände bei Abschluß des Vertrages bedacht worden sind. Aus diesen Gründen wird z.B. in New Mexico gesetzlich die vertragliche Laufzeit auf drei Jahre begrenzt.[292] In der Literatur finden sich Stimmen, die eine Vertragsdauer von 2-4 Jahren für ausreichend erachten.[293] Trotz fixer Vertragslaufzeit wird empfohlen, jedenfalls für den Staat, die Möglichkeit einer

---

[288] Shichor, S. 115.
[289] Grant, Hamline Journal of Public Law and Policy 1986, S. 123, 137.
[290] Ring, S. 46.
[291] Ring, S. 44.
[292] Ring, S. 44.
[293] Gentry, The Yale Law Journal 1986, S. 353, 368f.; Brakel, S. 254, 267.

vorzeitigen Vertragsbeendigung bei Vorliegen eines wichtigen Grundes zu vereinbaren. Ein wichtiger Grunde liegt z.B. vor, wenn die Leistungen des Unternehmens den festgelegten Anforderungen nicht entsprechen und die Führung des Gefängnisses dadurch stark beeinträchtigt wird. In einigen Staaten ist ein entsprechendes Kündigungsrecht des Staates sogar gesetzlich geregelt.[294]

(3) Entgeltbemessung

In dem Vertrag zwischen dem Staat und dem privaten Unternehmen wird schließlich vereinbart, welches Entgelt der Unternehmer vom Staat für die Führung des Gefängnisses erhält. Üblicherweise wird ein bestimmter Betrag festgelegt, den der Staat an das Unternehmen für jeden Häftling pro Unterbringungstag zu entrichten hat. Die Einnahmen des Unternehmens richten sich damit in erster Linie nach Dauer und Umfang der Belegung der Einrichtung.[295] Da dem Staat die Entscheidung obliegt, in welchem Gefängnis die verurteilten Straftäter untergebracht werden, ist mit dieser Entgeltberechnung ein vom Unternehmer zu tragendes Risiko der Unterbelegung verbunden. Dieses wird in vielen Verträgen durch sogenannte Mindestbelegungsklauseln aufgefangen und auf den Staat verlagert.[296]

Umgekehrt werden in die Verträge auch Maximalbelegungsklauseln aufgenommen. Dadurch kann der Staat eine „Rücklage" für Haftplätze schaffen, so daß eine bestimmte Anzahl ständig verfügbar ist, eine dauernde Überbelegung aber ausgeschlossen wird. Einige Verträge enthalten auch Staffelungen der zu zahlenden pro Kopf Entgelte. Falls die Belegung eine Kapazität von 100% übersteigt, werden so die dadurch verursachten höheren Kosten (z.B. höhere Personalkosten) kompensiert.[297]

---

[294] Z.B.in Tennessee sieht das Gesetz ein einseitiges Kündigungsrecht des Staates mit einer Frist von drei Monaten vor; vgl. Ring, S. 47.
[295] Cikins, Notre Dame Journal of Law 1985, S. 445, 450.
[296] Shichor, S. 114f.
[297] Shichor, S. 115.

c. Kontrollfunktion des Staates

Der Staat kann sich indes nicht vollständig aus dem Strafvollzug zurückziehen, indem er privaten Unternehmen die Führung von Strafvollzugsanstalten überantwortet. Er bleibt verpflichtet, ein ausreichendes und funktionierendes Kontroll- und Überwachungssystem bereitzustellen, mit dem überprüft wird, ob das Unternehmen die ihm übertragene Aufgabe wie vertraglich festgelegt erfüllt.[298] Die Verpflichtung, dieses Wächteramt sorgfältig auszuüben, gilt umso mehr, als im Bereich des „ausführenden Freiheitsentzuges" Mängel in den Gefängnissen oder der Anstaltsführung nicht in dem Maße an die Öffentlichkeit gelangen wie dies in anderen Bereichen der Fall ist, in denen die Privatwirtschaft für den Staat tätig wird.[299] Denn der Strafvollzug ist nicht öffentlich zugänglich und Beschwerden der Insassen werden mangels einer mächtigen Interessenvertretung von der Öffentlichkeit nur wenig beachtet.[300] *Nibbeling*[301] bezeichnet die Kontrollaufgabe des Staates daher zurecht als „Achillesferse", weil ein reibungsloser Ablauf den Überwacher verführe, sich auf eine formale Rolle zurückzuziehen.

Hinzu kommt, daß die im Vertrag vereinbarte Leistung, die Führung des Gefängnisses, nicht gegenüber der Vollzugsbehörde und deren Mitarbeitern, erfüllt wird. Diese kommen damit nicht unmittelbar in Berührung. Betroffene und direkte Kontaktpersonen sind vielmehr die Insassen. Nur sie sind unmittelbare Empfänger der einzelnen Vertragsleistungen (sog. „hidden delivery").[302] Diese Sachlage, gekoppelt mit dem Gewinnstreben der Unternehmen, führt zu der Sorge, die Betreiber könnten die ihnen obliegenden vertraglichen Verpflichtungen schlecht oder in einzelnen Fällen gar nicht erfüllen. Eine funktionierende staatliche Aufsicht ist notwendig, um zu verhindern, daß Unternehmen ihren Gewinn dadurch vergrößern, daß sie Kosten zu Lasten der Häft-

---

[298] Ring, S. 44.
[299] Shichor, S. 119.
[300] Shichor, S. 119.
[301] S. 283
[302] Shichor, Crime, Law and Social Change 1993, S. 113, 115.

linge einsparen.[303] Dazu bedarf es eines umfassenden Kontrollsystems mit diversen Kontrollmechanismen (wie beispielsweise Überwachungsprogramme, Routine- und auch Überraschungsinspektionen, Gespräche mit Insassen), mit dessen Hilfe der Staat die privaten Einrichtungen überwachen kann.[304] Wesentlich ist dabei, daß die Kontrollergebnisse auf objektiven Untersuchungen beruhen. Allein die Informationen der Angestellten oder den Inhalt der Häftlingsakten zu vertrauen, die von den Angestellten geführt werden, genügt dem Objektivitätskriterium nicht.[305]

In der Diskussion über die Notwendigkeit einer Kontrolle findet sich vereinzelt der Hinweis auf das sogenannte Akkreditierungsverfahren, das die Haftanstalten durch die *American Correctional Association* (ACA) durchführen lassen können. Die Durchführung des Akkreditierungsverfahrens ist jedoch kostspielig und bescheinigt nur das Bestehen von Mindeststandards für den Zeitraum der Akkreditierung, der in der Regel nach wenigen Jahren erneuert werden muß.[306] Zudem ist ACA eine privatrechtliche Trägerorganisation und keine staatlich durchgeführte Untersuchungsbehörde.

d. Zusammenfassung

Im Bereich des privaten Strafvollzugs haben sich zwei Privatisierungsformen durchgesetzt: Das „lease-purchase" und das „management"-Modell. Während das erstgenannte Modell im weitesten Sinne ein Finanzierungsmodell für den Staat darstellt, sieht das zweitgenannte die vollständige Führung einer Haftanstalt durch ein privates Wirtschaftsunternehmen vor. Dieses Unternehmen wird mit Hilfe einer öffentlichen Ausschreibung ausgewählt. Im weiteren wird ein Vertrag zwischen der Vollzugsbehörde und dem Unternehmen geschlossen, in welchem detaillierte Leistungen des Unternehmens, die Laufzeit und das Entgelt festgelegt werden. Die wichtigste Aufgabe des Staates ist seine Kontroll- und Aufsichtsverpflichtung. Diese Aufgabe gewissenhaft zu

---

[303] Porter, The Howard Journal 1990, S. 65, 73f.
[304] Zur ausführlichen Darstellung von verschiedenen Überwachungsmaßnahmen vgl. Keating, S. 130, 144ff..
[305] Travis III/Latessa/Vito, Federal Probation 1985, S. 11, 15.
[306] Keating, S. 130, 148.

erfüllen, ist er um so mehr verpflichtet, als Freiheitsentzug nicht transparent ist und notwendig die Rechte der Insassen einschränkt.

III. Probleme der Privatisierung des Strafvollzugs vor dem Hintergrund US-amerikanischen Rechts

Die Privatisierung von Gefängnissen wirft angesichts des staatlichen Strafanspruchs und der mit dem Strafvollzug verbundenen Beschränkung fundamentaler Menschenrechte die Frage der Rechtmäßigkeit auf. Der folgende Überblick über die juristische Auseinandersetzung mit diesem Thema in den USA sowie die anschließende Darstellung der kriminalpolitischen Diskussion werden jedoch zeigen, daß weniger die Rechtsfragen als überwiegend wirtschaftliche Erwägungen, wie Kostenersparnis und Effizienz, im Vordergrund der nordamerikanischen Debatte stehen.

Die Rechtmäßigkeitserörterungen beginnen mit der Frage, ob die Übertragung des Strafvollzugs auf private Unternehmen im Hinblick auf die mögliche Verletzung der „non-delegation-doctrine" und bestimmter Verfahrensrechte verfassungsrechtlich haltbar sei. Im Hinblick auf den Vollzug werden die Haftung des Unternehmens bei Rechtsgutsverletzungen gegenüber Gefangenen sowie die Zulässigkeit der Gewaltanwendung diskutiert. Nicht unbeachtet bleibt darüber hinaus, was im Konkursfall des privaten Unternehmens zu geschehen habe.

1. Verfassungsrechtliche Problemstellungen

Einzelne Bundesstaaten mit privat geführten Gefängnissen haben zum überwiegenden Teil spezifische gesetzliche Grundlagen zur Führung von Haftanstalten durch private Unternehmen geschaffen; in anderen Staaten wird die Zulässigkeit dagegen aus anderen allgemeinen Vorschriften abgeleitet.[307]

307

Alaska	ALASKA STAT. § 33.33.031 (a) (1997).
Arizona	ARIZ.REV.STAT. § 41 - 1609 et seq. (1997).
Arkansas	AR.ST. § 12 - 50 - 101 et seq. (1997).
California	CAL.PENAL CODE § 6256 (1997).
Colorado	COLO.REV.STAT. § 17 - 26.5 - 101 et seq. (1997).

Die Gesetzgebungskompetenz der einzelnen Bundesstaaten zur Regelung des Strafvollzugs ergibt sich aus Art. X U.S. Constitution, der besagt, daß Gesetzgebungsbereiche, die die Verfassung oder Erklärung der Bundesstaaten nicht ausdrücklich dem Bund zugewiesen haben, den Bundesstaaten selbst obliegen.[308]

a. „non-delegation doctrine"

Aus der allgemeinen Gesetzgebungskompetenz der Bundesstaaten ergibt sich jedoch noch nicht die Erlaubnis, die ihnen obliegenden Aufgaben an private Unternehmen zu delegieren. Im Vordergrund der Rechtmäßigkeitsprüfung steht daher die Frage, ob die Bundesstaaten verfassungsrechtlich gehindert seien, den Strafvollzug privaten Unternehmen entgeltlich zu überlassen.

District of Columbia	D.C. CODE ANN. § 24 - 495.1 et seq. (1997).
Florida (Department of Corrections)	FLA.STAT.ch. 944.105(1) (1997).
Florida (Correctional Privatization Commission)	FLA STAT. ch. 957.01 et seq. (1997).
Georgia	Herleitung aus allgemeinen Gesetzen
Hawaii	Herleitung aus allgemeinen Gesetzen
Idaho	IDAHO CODE §§ 20-209 (2), 20-241 et seq. (1997).
Indiana	Herleitung aus allgemeinen Gesetzen
Kansas	Herleitung aus allgemeinen Gesetzen
Kentucky	KY. REV. STAT. ANN. § 197.500 et seq. (Baldwin 1997).
Louisiana	LA. REV. STAT. ANN. § 39:1800.1 et seq. (West 1997).
Michigan	MICH. COMP. LAWS ANN. § 791, Prec. (West 1997).
Minnesota	Herleitung aus allgemeinen Gesetzen
Mississippi	MISS. CODE ANN. § 47-5-1101 et seq. (1997).
Montana	MONT. CODE ANN. § 53-30-106(3).
Nevada	NEV. REV. STAT. ANN. § 21-H:8(VI) (1997).
New Mexico	N.M. STAT. ANN. § 33-1-17 (A) (1997).
North Carolina	N.C. GEN. STAT. § 148-37 (g) (1997).
Oklahoma	OKLA. STAT. ANN. tit. 57, § 561 (1997).
Oregon	Herleitung aus allgemeinen Gesetzen
Puerto Rico	P.R. LAWS ANN. tit. 4 § 1112 (o) (1997).
Tennessee	TENN. CODE ANN. § 41-24-101 et seq. (1997).
Texas	TEX. GOV'T CODE ANN. § 496.001 et seq. (West 1997).
Utah	UTAH CODE ANN. § 64-13-26(1) (1997).
Virginia	VA. CODE ANN. § 53.1-261 et seq. (1997).
Wisconsin	WIS. STAT. §301.08(1)(b)(1) (1997).

Quelle: Homepage des private corrections project, Center for Studies in Criminology and Law, University of Florida vom 14.9.1998 – http://web.crim.ufl.edu/pcp/html/statelaw.html.

[308] „The powers not delegated to the United States by the Constitution, nor prohibited by it to the States, are reserved to the States respectively, or to the people."

Aus Art. 1 S.1 U.S. Constitution[309], wonach die gesamte Gesetzgebungsgewalt beim Kongress liegt, wird die sogenannte „non-delegation doctrine" abgeleitet. Nach dieser Doktrin ist es dem Kongreß als Gesetzgebungsorgan grundsätzlich verboten, jegliche Art legislativer Befugnisse auf eine andere Institution zu übertragen.[310] Teilweise[311] wird aus dieser Doktrin, die zunächst für die Gesetzgebung gilt, weiter abgeleitet, der Strafvollzug als eine wesentliche Aufgabe des Staates dürfe von diesem nicht delegiert werden; anderenfalls werde gegen Art. 1 S. 1 U.S. Constitution verstoßen.

Im Ergebnis wird jedoch überwiegend[312] die Ausführung staatlicher Aufgaben durch Private für zulässig erachtet. Seit der Entscheidung *Carter vs. Coal Company*[313], in der der Supreme Court der Bundesregierung die Übertragung von Befugnissen auf den privaten Sektor gestattete hatte, sei dies nach Auffassung von *McDonald* und *Logan* kein rechtliches Problem mehr gewesen.[314] Ob hoheitliche Befugnisse auf den privaten Sektor verlagert werden dürfen, sei ohnehin keine Frage der amerikanischen Verfassung.[315] Hinsichtlich privater Haftanstalten sei bislang noch keine höchstrichterliche Entscheidung ergangen, die sich mit deren verfassungsrechtlicher Zulässigkeit auseinandergesetzt habe,[316] obwohl – so *McDonald*[317] –, die Gerichte in einigen Verfahren z. B. *Medina vs. O'Neill*[318] die Möglichkeit gehabt hätten, die Zulässigkeit zu überprüfen und gegebenenfalls abzulehnen.

---

[309] „All legislative power herein granted shall be vested in a Congress of the United States, which shall consist of a Senate and House of Representatives."
[310] Evans, Emory Law Journal 1987, S. 253, 277.
[311] ACLU zit. von Evans, Emory Law Journal 1987, S. 253, 276, ähnlich auch ABA, die 1989 eine Resolution verabschiedeten, in der sie starke Bedenken gegen die Verfassungsmäßigkeit der Privatisierung äußerten: „...there can be no doubt that an attempt to delegate total operational responsibility for a prison or jail would raise grave questions of constitutionality under both the federal constitution and the constitution of the fifty states." zitiert von McDonald, Crime and Justice 1992, S. 361, 405.
[312] Cripe, S. 391; Lawrence, Indiana Law Journal 1985/86, S. 647f.; McDonald, Government, S. 179, 183.
[313] Supreme Court 289 U.S. 238 (1936).
[314] McDonald, Crime and Justice 1992, S. 361, 405; Logan, Privatizing Correctional Institutions, S. 213, 222.
[315] Lawrence, Indiana Law Journal 1985/86, S. 647, 649 mwN.
[316] Cripe, S. 391.
[317] McDonald, Government, S. 179, 181.
[318] 589 F. Supp. 1028 (S.D. Tex. vom 07.05. 1984); vgl. auch Robbins, Judicature 1986, S. 325, 327.

Die herrschende Meinung in der amerikanischen Literatur führt weiterhin folgende Argumente an, die gegen einen Verstoß gegen Art. 1 S. 1 U.S. Constitution sprächen: Zum einen sei es erforderlich, zwischen dem Recht zu bestrafen und dem Recht, den Strafvollzug zu beaufsichtigen und zu verwalten, eine dogmatische Trennlinie zu ziehen.[319] Während die Befugnis, rechtsetzend tätig zu werden, Strafen zu verhängen und die Art und Weise des Vollzuges festzulegen, als grundlegendes Recht des Staates nicht übertragen werden dürfe, könne der Vollzug selbst, seine Durchführung und Verwaltung sehr wohl Dritten überlassen werden. Dieser Bereich sei nur noch insoweit von der „non-delegation doctrine" erfaßt, als der Staat sich durch die Übertragung der Aufgabe nicht vollständig der juristischen Verantwortung entledigen könne, sondern stets Sorge dafür zu tragen habe, daß die Aufgaben gesetzestreu erfüllt würden.[320]

Zum anderen wird die Auslegung des Art. 1 S. 1 U.S. Constitution als Quelle der „non-delegation-doctrine" als überholt angesehen. Angesichts fortschreitender gesellschaftlicher und soziologischer Veränderungen, z.B. des schwindenden Obrigkeitsdenkens, sei es nicht mehr geboten, Art. 1 S. 1 U.S. Constitution streng auszulegen. Die „non-delegation-doctrine" sei daher heutzutage kaum mehr anzuwenden und habe der „state action-doctrine" im Rahmen des 14. amendment U.S. Constitution[321] Platz gemacht. Demnach sei es nicht verfassungswidrig, exekutive Befugnisse auf private Unternehmer zu übertragen. Vielmehr seien bestimmte Anforderungen an den Vollzug zu stellen.[322]

Im Ergebnis bestehen in der amerikanischen Literatur keine durchgreifenden verfassungsrechtlichen Bedenken dagegen, den Strafvollzug privaten Unternehmen zu übertragen. Die Privatisierung wurde praktisch in die Wege geleitet, ohne daß juristische Widerstände erkennbar geworden wären. Diese Feststellung steht freilich unter dem

---

[319] Darstellend Evans, Emory Law Journal 1987, S. 253, 277.
[320] McDonald, Government, S. 179, 183; Evans, Emory Law Journal 1987, S. 253, 277.
[321] Vgl. unten Fußn. 311.
[322] Evans, Emory Law Journal 1987, S. 253, 276 f.

Vorbehalt, daß bisher – trotz der genannten verfassungsrechtlichen Diskussion – noch keine gerichtliche Entscheidung zur Verfassungsmäßigkeit ergangen ist.

b. Verfahrensrechte – „due process of law" –

Neben verfassungsrechtlichen Bedenken steht die Frage, inwieweit private Unternehmen die im Rahmen des Strafvollzuges geltenden und aus der Verfassung abgeleiteten Rechte im gleichen Maße gewährleisten können wie eine staatliche Gefängnisverwaltung. Es gibt in der amerikanischen Verfassung drei Regelungen, die die Gefangenen auch in der Haft vor willkürlicher und mißbräuchlicher Behandlung schützen: Die 5. und 14. Verfassungszusätze (amendments) der U.S. Constitution[323], die beide eine ordentliche und faire Behandlung garantieren, und das 8. amendment U.S. Constitution[324] zum Schutz gegen „cruel and unusual punishment".

aa. 5. und 14. amendment U.S. Constitution

Das Recht auf eine faire und ordnungsgemäße Behandlung entsprechend dem 14. und 5. amendment U.S. Constitution entfaltet für den Häftling einen verfahrensrechtlichen und einen materiellen Schutz:[325] Verfahrensrechtlich wird garantiert, daß nur unter Einhaltung eines fairen und ordnungsgemäßen Verfahrens der Staat das Recht eines Menschen auf Leben, Freiheit, körperliche Unversehrtheit und Eigentum einschränken darf. Dies gilt auch im Rahmen des Strafvollzugs.

---

[323] 5. amendment U.S. Constitution: „No person shall be held to answer for a capital, or otherwise infamous crime, unless on a presentment or indictment of a Grand Jury, except in cases arising in the land or naval forces, or in the Militia, when in actual service in time of War or public danger; nor shall any person be subject for the same offence to be twice put in jeopardy of life or limb; nor shall be compelled in any criminal case to be a witness against himself, nor be deprived of life, liberty, or property, without due process of law; nor shall private property be taken for public use, without just compensation";
14. amendment § 1 U.S. Constitution: All persons born or naturalized in the United States, and subject to the jurisdiction thereof, are citizens of the United States and of the State wherein they reside. No State shall make or enforce any law which shall abridge the privileges or immunities of citizens of the United States; nor shall any State deprive any person of life, liberty, or property, without due process of law; nor deny to any person within its jurisdiction the equal protection of the laws.
[324] 8. amendment U.S. Constitution: „Excessive bail shall not be required, nor excessive fines imposed, nor cruel and unusual punishments inflicted."
[325] Matthews vs. Eldridge, 424 U.S. 319, 332 (1976); Dunham, Columbia Law Review 1986, S. 1475, 1481.

Im materiellen Sinn müssen alle Entscheidungen, die im Strafvollzug getroffen werden, auf bewiesenen Tatsachen beruhen; eingeräumtes Ermessen darf nicht mißbräuchlich, willkürlich oder sonst fehlerhaft ausgeübt werden. Ermessensentscheidungen sind vom Gericht überprüfbar, wobei die Gerichte allerdings oft nur zögerlich den Ermessensmißbrauch oder -fehler feststellen.[326]

Im Hinblick auf die Frage, ob durch die Beteiligung privater Firmen am Strafvollzug der formelle und materielle Schutz des 4. und 15. amendment beeinträchtigt wird, stehen folgende Konfliktfelder im Mittelpunkt:

(1) Disziplinarverfahren und -entscheidungen

Im Zusammenhang mit der disziplinären Ahndung schuldhafter Pflichtverletzungen ist fraglich, ob (1) private Betreiber von Haftanstalten befugt sein dürfen, Vorschriften zur Disziplin und Ordnung einschließlich der Sanktionen aufzustellen, und ob (2) ihnen die Kompetenz zustehen kann, einen Verstoß gegen die von ihnen aufgestellten oder generell geltenden Vorschriften festzustellen und zu ahnden.[327]

Erklärend ist darauf hinzuweisen, daß die Sanktion im Rahmen eines Disziplinarverfahrens gleichzeitig den Entzug von sogenannter „good time" bedeuten kann, die maßgeblich zur Berechnung der Zeit, die der Häftling von seiner Freiheitsstrafe in der Haftanstalt zu verbüßen hat, beiträgt.[328] Die „good-time" Regelung im amerikanischen Recht sieht vor, daß Straftäter während der Verbüßung ihrer Freiheitsstrafe partiellen Strafzeiterlaß (good-time) erhalten können. „Good-time" erhält man entweder automatisch durch die bereits verbüßten Tage in Haft (z.B. ein gutgeschriebener Tag für zwei Wochen Haft) oder durch eigenes Verhalten (z.B. durch die Teilnahme an Haftprogrammen). In ihrer Summe werden diese Tage als „good-time" von der Gesamthaftdauer abgezogen.[329]

---

[326] Dunham, Columbia Law Review 1986, S. 1475, 1481f.
[327] Dunham, Columbia Law Review 1986, S. 1475, 1486f; Ryan/Ward, S. 35.
[328] Dunham, Columbia Law Review 1986, S. 1475, 1485; Ryan/Ward, S. 35.
[329] Silverman/Vega, S. 566.

Wird nun dem privaten Unternehmen die Möglichkeit gegeben, zum einen festzusetzen, welches Verhalten mit einer Disziplinarmaßnahme geahndet werden soll, und zum anderen zu entscheiden, ob ein schuldhafter Verstoß gegen eine disziplinarrechtliche Vorschrift vorliegt, kann es mittelbar Einfluß auf die tatsächliche Dauer des Freiheitsentzugs nehmen. Dabei ist in Betracht zu ziehen, daß private Unternehmen – wie gesehen[330] – ein wirtschaftliches Interesse daran haben können, daß die Haftanstalt möglichst vollzählig belegt ist.[331]

Nach *Mayer*[332] können zwar Verträge zur Führung von Haftanstalten mit privaten Betreibern geschlossen werden, keinesfalls jedoch dürfe diesen die Befugnis eingeräumt werden, disziplinäre Sanktionen festzulegen. Eine Vorschrift, die Privatpersonen die Befugnis einräume zu bestimmen, welche Strafe für ein Vergehen verhängt werden solle, sei verfassungswidrig.[333] Dieser Grundsatz müsse auch im Rahmen eines Disziplinarverfahrens gelten. Dem schließt sich im Ergebnis auch die von *Cripe*[334] vertretene Auffassung an, wonach privaten Betreibern der Haftanstalt zwar eingeräumt werden müsse, bestimmte Aufgaben und Zeitpläne auch in Form von Vorschriften, die für alle Häftlinge verbindlich seien, festzusetzen (z.B. Hausarbeiten, die durch die Häftlinge zu erbringen seien, bestimmte Arbeitsverpflichtungen oder Teilnahmeverpflichtung an Schulungsprogrammen), sie jedoch keine Befugnis hätten, Konsequenzen eines Verstoßes in Form von Disziplinarmaßnahmen festzulegen.

Diese Probleme aufgreifend enthalten einige Verträge zwischen den Staaten und den privaten Unternehmen Klauseln, die das Unternehmen dazu verpflichten, die Disziplinarvorschriften des Department of Corrections Administration (AOC) zu übernehmen und auch Disziplinarverfahren vom AOC oder den Gerichten durchführen zu lassen.[335]

---

[330] Vgl. oben D II 1 e.
[331] Ryan/Ward, S. 35.
[332] Mayer, Criminal Law Bulletin 1986, S. 309, 320.
[333] State of Nebraska v. Goodseal vom 29.01.1971, 183 N.W.2d 258, 263.
[334] Cripe, S. 391f.
[335] Gold, The Urban Lawyer 1996, S. 359, 376: „(the company shall) adopt the disciplinary ruels and procedures employes by the AOC, as such rules and procedures may be revised by AOC or by court orders..."

Auf diesem Wege wird den erheblichen Bedenken Rechnung getragen und die Problematik wesentlich entschärft.

Damit ist jedoch noch nicht abschließend die zweite Frage beantwortet, ob private Unternehmen an der Entscheidung über die Verhängung einer Disziplinarstrafe beteiligt werden dürfen. Dagegen wird eingewandt, daß durch eine solche Mitwirkung auf die Dauer der Haft Einfluß genommen werden könne (vgl. Ausführungen zur goodtime-Regelung).[336] Eine solche Entscheidung müsse daher – selbst wenn an ein Disziplinarverfahren nicht dieselben strengen verfahrensrechtlichen Anforderungen wie an ein Strafverfahren zu stellen seien – von einem unbefangenen Disziplinarausschuß gefällt werden. Dem Vorwurf der Befangenheit sei ein Ausschuß oder eines seiner Mitglieder ausgesetzt, wenn eine der entscheidenden Personen z.B. ein materielles Interesse an dem Ausgang der Entscheidung haben könne.[337] Ein solches Interesse sei bei den privaten Betreibern von Haftanstalten nicht von der Hand zu weisen.[338] Im Ergebnis besteht daher eine breite Einigkeit darüber, daß Disziplinarverfahren und -entscheidungen dem Staat vorbehalten bleiben müßten, damit die verfassungsrechtlichen Grundsätze des „due process of law" gewahrt blieben. Dem privaten Unternehmer könne allenfalls eine zeugenschaftliche Funktion eingeräumt werden.[339]

(2) Aussetzung der Reststrafe zur Bewährung

Auch wenn die Disziplinarverfahren weiterhin von staatlicher Seite geführt werden müssen, kann sich ein weiterer, damit zusammenhängender Konflikt ergeben:

Obwohl mit den Strafrechtsreformen eine feste Dauer der Freiheitsstrafen in vielen Staaten eingeführt und „mandatory sentences", „sentencing-" und „parole guidelines"

---

[336] Dunham, Columbia Law Review 1986, S. 1475, 1486; Ryan/Ward, S. 35.
[337] Dunham, Columbia Law Review 1986, S. 1475, 1486f.
[338] Dunham, Columbia Law Review 1986, S. 1475, 1486 mwN.
[339] Cripe, 392; Dunham, Columbia Law Review 1986, S. 1475, 1486; Mayer, Criminal Law Bulletin 1986, S. 309, 320; Press, S. 35; dennoch wird berichtet, daß ein Angestellter von CCA im Rahmen eines Interviews angegeben habe, er sei in das Disziplinarverfahren eingebunden, in dem er Maßnahmen die von einfachen Disziplinarmaßnahmen bis zur Anordnung einer Isolationshaft bis zu 72

aufgestellt wurden,[340] hängen die frühzeitige Entlassung des Straftäters und die Aussetzung der Reststrafe zur Bewährung weiterhin von dessen Verhalten in der Haft ab. Eine Einflußnahme privater Betreiber auf die Gewährung von „good time" und auf die Entscheidung der Bewährungskommission ist hier auf zwei Wegen denkbar: Unmittelbar als berufenes Mitglied der Bewährungskommission, dem sogenannten „parole board", welche über die frühzeitige Freilassung des Häftling entscheidet, und mittelbar als Zeuge vor der Bewährungskommission oder mittels Vermerken in den von den Unternehmen zu führenden Haftakten.

Die erstgenannte mögliche Einflußnahme ist nur als gering anzusehen, da durch Landesgesetze die Bewährungsentscheidungen ebenso wie Disziplinarentscheidungen und Entscheidungen über die „good time" nach wie vor dem Staat überlassen sind,[341] und dies auch regelmäßig in den Verträgen zwischen den Betreibern und dem Unternehmen festgelegt wird.[342] Dagegen kommt der mittelbaren Einflußnahme eine erheblich größere Bedeutung zu. Die Entscheidung der Kommissionen über die Bewährung ist stets davon abhängig, wie die Bediensteten der Anstalt das bisherige Verhalten der Häftlinge schildern.[343] Bedienstete in Haftanstalten werden – unabhängig davon, ob sie im öffentlichen oder privaten Vollzugsdienst stehen – regelmäßig von den Kommissionen als Zeugen gehört; zudem sind die Akten der Häftlinge Entscheidungsgrundlage für die Restaussetzung. Nicht nur Fehlinformationen, sondern auch bestimmte Wertungen und Darstellungen haben deshalb erheblichen Einfluß auf die Entscheidung.[344]

Stunden, verhängen könne. Wörtlich sagte er:„I review every disciplinary action. I'm the Supreme Court."; vgl. Weiss, S. 26, 35.
[340] Vgl. oben D II 1 a aa.
[341] Dunham, Columbia Law Review 1986, S. 1475, 1488f.
[342] Gold, The Urban Lawyer 1996, S. 359, 376 nennt als Beispiel die Verträge zwischen CCA und Wackenhut mit Puerto Rico, in denen es u § 10.1 u.a. heißt: „(the company) shall not have any authority to: (a) calculate Inmate release and parole eligibility dates or recommend that the parole board either deny or grant parole; (b) award or conduct good time to Inmates."
[343] Ryan/Ward, S. 35.
[344] Dunham, Columbia Law Review 1986, S. 1475, 1487f.

Es fragt sich also, ähnlich wie bei Disziplinarentscheidungen, ob das verfassungsmäßige Recht auf ein faires Verfahren noch gewahrt ist, wenn eine von materiellem Interesse beeinflußte Person, zumindest mittelbar an einer für den Gefangenen so wesentlichen Entscheidung mitwirken darf. Teilweise wird eingewandt, das Problem bestehe lediglich in der Theorie.[345] Die Gefahr einer unlauteren Einflußnahme bestehe praktisch schon deswegen nicht, weil die Gefangenenrate stetig steige. Die privaten Betreiber müßten also nicht fürchten, daß ihre Haftplätze nach der Entlassung eines Häftlings nicht neu belegt würden, so daß sie auch kein verstärktes Interesse daran haben könnten, den einzelnen Häftling so lange wie möglich in der Anstalt zu halten.[346] Überwiegend wird jedoch die Gefahr einer – wenn auch nur mittelbaren – Einflußnahme für erheblich und bedenklich gehalten.[347] So hält *Donahue*[348] es im Ergebnis für denkbar, die Einflußnahme privater Unternehmer durch manipulierte Berichte könne soweit reichen, daß solche Häftlinge, die schwer umgänglich oder gefährlich und daher teuer für das Unternehmen seien, aufgrund falscher Bekundungen frühzeitig entlassen würden und anstaltsadäquate und umgängliche Gefangene aufgrund falscher Tatsachenberichte erst später. Mag dieses Bild auch überzeichnet sein, so läßt sich doch nicht von der Hand weisen, daß die Gefahr eines Mißbrauchs als Folge des unternehmerischen Gewinnstrebens[349] besteht, zumal private Betreiber keinen Amtseid zu leisten haben und ihr persönlicher Hintergrund nicht in dem Maße abgefragt wird, wie dies bei Beamten der Fall ist.[350]

Der Vorschlag von *Dunham*[351], Insassen privater Anstalten im Fall einer ablehnenden Bewährungsentscheidung ein Recht auf Akteneinsicht zu gewähren und ihnen eine zweite Anhörung einzuräumen, kann das Problem schwerlich zufriedenstellend lösen: Fraglich ist bereits, ob dies für die Gefangenen tatsächlich eine Verbesserung darstellt,

---

[345] Gold, The Urban Lawyer 1996, S. 359, 377; Logan, S. 66.
[346] Logan, S. 66.
[347] Donahue, 22f.; Dunham, Columbia Law Review 1986, S. 1475, 1485 ff.; Mayer, S. 320; Press, S. 34f.; Ryan/Ward, S. 35.
[348] Donahue, S. 23.
[349] Zur Kollision zwischen Profitinteresse und Bewährungsentscheidungen, Merlo, Corrections, S. 29.
[350] Dunham, Columbia Law Review 1986, S. 1475, 1490.

da unzutreffende Tatsachenfeststellungen erfolgreich nur angegriffen werden können, wenn sich der zutreffende Sachverhalt substantiiert vortragen und beweisen läßt. Nach einem längeren Zeitraum wird das nur schwer möglich sein. Wenn keine weiteren Zeugen zur Verfügung stehen, wird zudem die Kommission regelmäßig vor der Frage stehen, wem sie mehr Glauben schenkt – dem Vollzugsbediensteten oder dem Gefangenen. Schließlich wird es für den Gefangenen schwer nachzuweisen sein, daß gerade der falsche Tatsachenvortrag kausal für die nachteilige Bewährungsentscheidung war.

Die vorgeschlagene Lösung lenkt von der eigentlichen, bislang ungeklärten Frage ab, ob es vor dem Hintergrund der verfassungsrechtlichen Garantie eines fairen Verfahrens hinnehmbar ist, daß ein Privater die beschriebenen Einflußmöglichkeiten hat. Das gleiche gilt für die Einschätzung *Logans* und *Golds*[352]. Sie wird hinfällig, sobald die Gefangenenzahlen rückläufig werden.

bb. 8. amendment U.S. Constitution

Schließlich könnten verfassungsmäßige Bedenken gegen eine Beteiligung privater Firmen am Strafvollzug im Hinblick auf das Verbot von „cruel and unusal punishment" gemäß 8. amendment U.S. Constitution bestehen. Dementsprechend haben alle Gefangenen das Recht auf ordnungsgemäße Unterbringung, angemessene Verpflegung, medizinische Versorgung einschließlich psychologischer Betreuung sowie auf andere Grundversorgungsleistungen.[353] Zwar werden diese Leistungen auch in den Verträgen zwischen dem Betreiber der Anstalt und dem Staat geregelt, jedoch sind diese Regeln oft unbestimmt und vermitteln für die Vollzugspraxis wenig Klarheit darüber, zu welchen detaillierten Leistungen das Unternehmen nun tatsächlich verpflichtet ist.[354] Das Gewinninteresse privater Unternehmer läßt befürchten, daß, sofern spezifische Leistungen nicht vertraglich geregelt werden, nur das zur Wahrung der Verfassung notwendige Mindestmaß an Versorgungsleistungen erbracht wird. Demgegenüber ist

---

[351] Dunham, Columbia Law Review 1986, S. 1475, 1490.
[352] Vgl. Fußn. 334.
[353] Dunham, Columbia Law Review 1986, S. 1475, 1493.
[354] Dunham, Columbia Law Review 1986, S. 1475, 1494.

Logan[355] der Ansicht, bereits der Wettbewerb mit anderen Firmen zwinge den Unternehmer dazu, beim Betrieb der Anstalt bestimmte Qualitätsstandards einzuhalten. Andernfalls riskiere er, daß sein Vertrag nicht verlängert oder sogar vorzeitig gekündigt werde. Jedoch wird diesem Argument entgegengehalten, daß auch die Beendigung eines Vertragsverhältnisses für den Staat nicht unproblematisch sei. Er müßte die Anstalt entweder selbst übernehmen oder auf einen anderen Anbieter zurückgreifen, so-fern sich überhaupt ein geeigneter fände.[356]

c. Zusammenfassung

Die „non-delegation doctrine", die aus Art. 1 S. 1 U.S. Constitution abgeleitet wird, wird restriktiv in dem Sinne interpretiert, daß durch die Übertragung des Strafvollzugs auf private Unternehmen kein Verfassungsverstoß zu sehen sei.

Umfassender diskutiert wird die Fragestellung, ob bei der Beteiligung Privater an Disziplinarverfahren und Bewährungsentscheidungen eine Verletzung des 14. und 5. amendment U.S. Constitution zu befürchten sei. Als Lösung wird angeboten, daß Private weder festlegen dürften, welche Handlungen mit Disziplinarmaßnahmen belegt würden, noch über eine solche Maßnahme entscheiden dürften. Die Einbindung Privater in die Bewährungskommission „parole board" wird abgelehnt. Begründet wird dies sowohl für das Disziplinar- als auch das Aussetzungs- oder Entlassungsverfahren damit, daß eine Befangenheit der Privaten aufgrund ihres wirtschaftlichen Interesses an der Auslastung ihrer Anstalt nicht ausgeschlossen werden könne. Darüber hinaus seien mittelbare Beeinflussungen, etwa durch Zeugenaussagen, im Rahmen der genannten Verfahren nicht auszuschließen. Bisher wurde jedoch gerichtlich nicht festgestellt, daß eine Mitwirkung Privater in der Bewährungskommission unzulässig ist.

---

[355] Logan, S. 120f.
[356] Dunham, Columbia Law Review 1986, S. 1475, 1496.

2. Einfachgesetzliche Problemstellungen

a. Rechtsgrundlage für die Gewaltanwendung gegenüber Häftlingen durch privates Anstaltspersonal

Gegenstand der Diskussion im US-amerikanischen Recht ist weiterhin die Frage, ob und in welcher Form Angestellte privater Vollzugsunternehmen Gewalt, die in letzter Konsequenz sogar den Tod des Insassen zur Folge haben können, gegenüber Häftlingen anwenden dürfen. Das Problem ist deswegen entschärft, weil Schusswaffengebrauch nur selten in den Haftanstalten vorkommt. Es sind jedoch Situationen denkbar (z.B. Ausbruchsversuche), in denen die Angestellten einer privaten Anstalt in die Lage kommen, mit massiver Gewalt gegen Gefangene vorzugehen, und dabei die Todesfolge in Kauf nehmen müssen.[357]

Im amerikanischen Recht wird diese Problematik schlicht durch die Anwendung des allgemeinen, jedermann zustehenden Festnahme- und Nothilferechts gelöst.[358] Dazu gehören das – limitierte – Festnahmerecht sowie das Recht zur Gewaltanwendung, wenn in Gegenwart des Bürgers eine Straftat verübt, der Täter also auf frischer Tat betroffen wird oder er unter Zugrundelegung vernünftiger Erwägungen annehmen darf, daß eine Straftat verübt worden ist. Das aus dem common law folgende Gewohnheitsrecht, welches in einigen Bundesstaaten sogar kodifiziert ist, erlaubt es, Gewalt bis hin zur Todesfolge anzuwenden, um eine Festnahme zu erzielen oder eine Flucht zu verhindern, sofern ein Verbrechen vorliegt.[359] Anders als im deutschen Recht stellt die Selbstbefreiung ein Verbrechen dar.[360] Konsequenterweise steht auch den Angestellten privater Vollzugsunternehmen nach US-amerikanischer Gesetzeslage das Recht zur Gewaltanwendung zu. Dem Grundsatz folgend durfte man zunächst davon ausgehen, daß private Vollzugsangestellte auf der Grundlage von „Jedermannsrechten" das not-

---

[357] Press, S. 36.
[358] Mayer, Criminal Law Bulletin, S. 309, 317.
[359] Mayer, Criminal Law Bulletin, S. 309. 317 unter Hinweis auf gesetzliche Vorschriften.
[360] Mayer, Criminal Law Bulletin 1986, S. 309, 317.

wendige Maß an Gewalt – selbst mit Todesfolge – zur Verhinderung einer Flucht gegenüber den Insassen anwenden dürfen.[361]

Dieses allgemeine Prinzip wurde allerdings durch die Entscheidung *Tennesse vs. Garner*[362] modifiziert. Der Supreme Court hielt das aus dem common law folgende Gewohnheitsrecht zur Anwendung von Gewalt mit Todesfolge als Rechtfertigungsgrundlage für Private nicht für ausreichend. Als Begründung führte das Gericht an, das 4. Amendment stelle sogar an Polizeibeamte wesentlich strengere Anforderungen als einige Landesgesetze für das Recht von Privaten zur Festnahme und Ausübung von Gewalt vorsähen. Gewalt bis hin zum Tod dürfe schließlich nur gegenüber einem fliehenden Verbrecher ausgeübt werden, wenn dies die einzige Möglichkeit sei, die Flucht zu verhindern und ernsthafter Grund zur Annahme bestünde, daß von dem Verdächtigen eine Gefahr für Dritte oder den Gewaltanwender selbst ausgehe. Mit dieser Entscheidung hebelte das Gericht sämtliche Landesvorschriften aus, die ihre Wurzeln im common law hatten und geringere Voraussetzungen aufgestellt hatten.[363]

Aus dieser Entscheidung sind nach *Mayer*[364] entsprechende Konsequenzen für private Vollzugsbeamte zu ziehen. Diese müßten sich nunmehr bei der Anwendung von Gewalt mit Todesfolge in den Vorgaben bewegen, die der Supreme Court in der Entscheidung *Tennesse vs. Garner* aufgestellt habe.

In New Mexico hat man eine rechtlich-praktische Lösung gefunden: die Angestellten des privaten Gefängnisses werden innerhalb der Anstalt und in Situationen mit Fluchtgefahr auch außerhalb des Gefängnisses staatliche Sicherheitsbevollmächtigte; sie sind dann einerseits für den privaten Arbeitgeber tätig und andererseits mit öffentlich-rechtlichen Befugnissen und entsprechender Verantwortung ausgestattet.[365]

---

[361] Mayer, Criminal Law Bulletin 1986, S. 309, 317.
[362] U.S. Supreme Court 471 U.S. 1, vgl. Mayer, Criminal Law Bulletin 1986, S. 309, 317.
[363] Mayer, Criminal Law Bulletin 1986, S. 309, 318.
[364] Criminal Law Bulletin 1986, S. 309, 317.
[365] Press, S. 36; Woolley, Dickinson Law Review 1985, S. 307, 323.

Die Problematik kann praktisch bis zu einem gewissen Grade entschärft werden, indem die Angestellten privater Anstalten gezielt auf die entsprechenden Situationen vorbereitet werden, damit unnötige Gewaltanwendung die Ausnahme bleibt (psychologische Schulungen, Krisenmanagement, Umgang mit Waffen).[366] Daneben wird vorgeschlagen, neben privaten Angestellten bewaffnete staatliche Angestellte einzusetzen.[367]

b. Haftung bei Verletzung der Rechtsgüter von Insassen

Einen weiteren wichtigen Aspekt in der juristischen Diskussion bildet die Frage, ob sich an dem – anerkannten – System der Staatshaftung etwas ändert, falls verfassungsmäßige oder sonstige garantierte Rechte der Insassen durch die Tätigkeit privater Unternehmen verletzt werden.[368]

aa. Haftungsgrundlage

Im Vordergrund steht dabei die Überlegung, ob die einschlägige zivilrechtliche Haftungsgrundlage 42 U.S.C. Section 1983[369] für Klagen eines Anstaltsinsassen anwendbar sei, wenn Angestellte privater Unternehmen seine per Verfassung oder Gesetz zugesicherten Rechte verletzten und ihm ein Schaden entstünde. Voraussetzung dieses Anspruchs, der in enger Anlehnung an das 14. amendment U.S. Constitution entwickelt wurde, ist dem Wortlaut nach, daß der unmittelbar Handelnde „under color of ... any State" die Rechtsgutsverletzung begangen hatte.[370] Das bedeutet, daß 42 U.S.C. Section 1983 zunächst als Haftungsnorm nur in Betracht kommt, wenn eine soge-

---

[366] Press, S. 36; Woolley, Dickinson Law Review 1985, S. 307, 324.
[367] Mayer, Criminal Law Bulletin 1986, S. 309, 319; Press, S. 36.
[368] Evans, Emory Law Journal 1987, S. 253, 260.
[369] „Every person who, under color of any statute, ordiance, regulation, custom, or usage, of any State or Territory, subjects, or cause to be subjected, any citizen of the United State or other person within the jurisdiction thereof to the deprivation of any rights, privilegis, or immunities secured by the Constitution and laws, shall be liable to the party injured in an action at law, suit in equity, or other proper proceedings for redress."; vgl. zu den Klagen daraus Thomas, Business & Professional Ethics Journal 1991, S. 3, 8.
[370] Thomas, Business & Professional Ethics Journal 1991, S. 3, 12; daneben muß der Kläger darlegen und beweisen, daß ein Recht verletzt wurde, daß ihm entweder aufgrund der Verfassung oder aufgrund eines als Schutzrecht ausgestatteten und ohne Schadensersatz-folge versehenen Bundesgesetzes zusteht und daß ein pflichtwidriges Tun oder Unterlassen vorliegt.

nannte „state action"[371] vorliegt; bei ausschließlich privatem Handeln kann ein Anspruch nicht auf diese Rechtsgrundlage gestützt werden. Handelt ein Beamter und Angestellter einer staatlich geführten Haftanstalt, so liegt regelmäßig eine „state action" im Sinne der Vorschrift vor.[372]

Bei Angestellten privater Haftanstalten kann dies nicht von vorneherein angenommen werden. Allein die vertragliche Bindung zwischen Staat und privaten Unternehmen über die Führung der Haftanstalt reicht nicht aus, um die Voraussetzung „state action" als erfüllt anzusehen.[373] Die amerikanischen Gerichte haben zu dem Tatbestandsmerkmal keine Kriterien, sondern nur Indikatoren entwickelt: eine „state action" liege nach der „public-function-doctrine" dann vor, wenn die schädigende Handlung einer Aufgabenerfüllung diene, zu der der Staat traditionell und ausschließlich verpflichtet war,[374] die er aber aus seinem direkten Verantwortungsbereich entlassen hat, in dem er sie z.B. an ein privates Unternehmen delegiert hat. Nach dem „close-nexus-test" können zudem der Zusammenhang zwischen dem Staat und der betreffenden Aufgabe[375] sowie die Verpflichtung des Staates zur Erfüllung der Aufgabe („state-compulsion-test") als Indikatoren herangezogen werden.[376]

In dem Fall *Medina vs. O'Neill*[377] wurden die Voraussetzungen einer „state action" als erfüllt und damit die Haftung des Staates aus 42 U.S.C. Section 1983 als begründet angesehen. Der Entscheidung liegt folgender Sachverhalt zugrunde: 26 „blinde" Passagiere wurden auf einem kolumbianischen Boot entdeckt, das auf dem Weg nach Houston, Texas war. Als das Schiff im Hafen einlief, wurde die zuständige Einwanderungsbehörde (INS) vom Kapitän über die Sachlage informiert. Das texanische Recht

---

[371] Evans, Emory Law Journal 1987, S. 253, 261; „state action" bedeutet, daß im Auftrag des Staates gehandelt wurde bzw. das Verhalten dem Staat zugerechnet werden kann.
[372] Thomas, Business & Professional Ethics Journal 1991, S. 3, 13.
[373] Thomas, Business & Professional Ethics Journal 1991, S. 3, 13.
[374] Thomas, Business & Professional Ethics Journal 1991, S. 3, 14.
[375] Evans, Emory Law Journal 1987, S. 253, 263.
[376] Robbins, Judicature 1986, S. 325, 327ff., vgl. zu den Haftungskriterien ausführlich Nibbeling, S. 107ff.
[377] 589 F. Supp. 1028 (S.D. Texas 1984); vgl. auch Robbins, Judicature 1986, S. 325, 327.

sieht für diesen Fall vor, daß die „blinden" Passagiere bis zu ihrer Abschiebung an Bord des Schiffes verbleiben. Da im Schiff jedoch nicht genügend Unterbringungsmöglichkeiten vorhanden waren, wurden 16 der 26 Flüchtlinge durch INS in einer privaten Anstalt der *Danner Inc.* untergebracht, wo man sie alle in einer Zelle, die für nur sechs Personen bemessen war, einquartierte. Da den Insassen keinerlei Austritt gewährt wurde, versuchten sie nach zwei Tagen zu entkommen; dabei wurde ein Flüchtling von einem Wachmann ohne Absicht getötet und ein weiterer schwer verletzt.

Die Flüchtlinge klagten daraufhin auf Schadensersatz. Dem Gericht stellte sich die Frage, ob auch INS im Rahmen der zivilrechtlichen Klage auf Schadensersatz in Anspruch genommen werden konnte. INS verteidigte sich damit, die Flüchtlinge hätten ausschließlich privater Aufsicht in einer privaten Anstalt unterstanden. Die Handlungen der *Danner Inc.* und deren Angestellten seien ihr daher nicht zuzurechnen.

Das Gericht schloß sich dieser Ansicht nicht an, sondern stellte fest, daß die Organisation der Unterbringung und die Unterbringung selbst, die von der *Danner Inc.* ausgeführt worden war, als „state action" zu qualifizieren seien. Dabei stützte es sich auf die „public-function-doctrine". Entscheidungen und Handlungen in Einwanderungsangelegenheiten unterlägen der legislativen und exekutiven Gewalt des Staates. INS als staatliche Behörde habe die Unterbringung der Flüchtlinge durch die *Danner Inc.* veranlaßt und müsse sich deswegen deren Handlungen zurechnen lassen.[378]

Dieses Ergebnis wird von Privatisierungsbefürwortern und -gegnern einvernehmlich als sachgerecht beurteilt. Beide Seiten sind darüber einig, daß der Staat sich seiner Haftungsverpflichtung nicht entziehen dürfe, indem er private Unternehmen mit der Führung von Haftanstalten betraut.[379] Angesichts dessen enthalten einige Verträge für

---

[378] Evans, Emory Law Journal 1987, S. 253, 269ff.
[379] Dunham, Columbia Law Review 1986, S. 1475, 1479; Evans, Emory Law Journal 1987, S. 254, 261; Gold, The Urban Lawyer 1996, S. 359, 380; Logan, S. 182; Robbins, Judicature 1986, S. 325, 328f.

das Innenverhältnis zwischen Staat und Unternehmen Freistellungsklauseln zugunsten des Staates für den Fall, daß er zum Schadensersatz verurteilt wird.[380]

bb. Ausschluß der Haftung nach dem „common law"

Im Hinblick auf den Haftungsumfang wird die Frage aufgeworfen, ob für private Unternehmer dieselben Haftungsausschlußgründe gelten wie für den Staat.

Die Einstandspflicht für schädigende Handlungen von Beamten oder Angestellten des Staates aus 42 U.S.C. Section 1983 gilt nicht uneingeschränkt. Das common law sieht zwei Haftungsausschlüsse vor („absolute" und „qualified immunity"). Absolute Immunität, die jegliche Haftung ausschließt, genießen nur vereinzelte Personengruppen bei der Ausübung ihrer Dienstverpflichtungen, regelmäßig nicht Teile der exekutiven Gewalt.[381] Diese unterfallen in der Regel nur einer qualifizierten Immunität, die einen Haftungsausschluß nur dann gewährt, wenn der Beamte in gutem Glauben gehandelt hat und unter Berücksichtigung aller Umstände, wie sie sich ihm zur Zeit der Handlung dargestellt haben, als vernünftig denkende Person annehmen durfte, sein Handeln sei rechtmäßig. Wußte der Beamte oder hätte er wissen müssen, daß seine Handlung gesetzlich verbriefte Rechte des Häftlings verletzt, greift dieser Haftungsausschluß nicht ein.[382]

Ob die Haftungsausschlußgründe auch Angestellten privater Vollzugsunternehmen und damit auch dem privaten Vollzugsunternehmen selbst zugute kommen sollen, ist umstritten. Gegen eine Anwendung der „qualified immunity" wird auf das besondere Interesse der privaten Vollzugsunternehmen hingewiesen, mit dem Strafvollzug Gewinne zu erwirtschaften. Es bestünde die Gefahr, daß Unternehmen, könnten sie den Haftungsausschluß für sich in Anspruch nehmen, die Verletzung der Gefangenenrechte

---

[380] Burright, FBI Law Enforcement Bulletin 1990 S. 1, 3; Logan, S. 191.
[381] Spurlock, Vanderbilt Law Review 1987, S. 983, 1007.
[382] Grant, Hamline Journal of Public Law and Policy 1986, S. 123, 137; Spurlock, Vanderbilt Law Review 1987, S. 983, 1007.

billigten, sofern sie dadurch ihren Gewinn steigern könnten. Der Schutz, den die Haftungsnorm den Häftlingen gewährleiste, laufe damit Gefahr, ausgehöhlt zu werden.[383]

Es ist nicht von der Hand zu weisen, daß hier ein Spannungsfeld besteht: Zum einen darf ein Haftungsausschluß keinesfalls dazu führen, daß die privaten Unternehmen z.B. die medizinische Versorgung kürzen und so ihr Gewinnstreben über die Rechte der Gefangenen stellen, was als Folge der Privatisierung nicht hingenommen werden kann. Andererseits kann den Unternehmen und deren Angestellten nicht zugemutet werden, stets einem Haftungsrisiko ohne Entlastungsmöglichkeit ausgesetzt zu sein, obwohl sie die gleichen Funktionen ausüben wie Angestellte in öffentlichen Gefängnissen.[384]

Die amerikanischen Gerichte haben sich bislang in vier Entscheidungen zu dieser Problematik geäußert. Drei haben sich für einen Haftungsausschluß und eines dagegen ausgesprochen. Im folgenden werden die Entscheidungen *Manis vs. CCA*[385], in der das Gericht die Berufung auf einen Haftungsausschluß versagte, sowie die Entscheidung *Citrano vs. Allen Correctional Center*[386], in welcher die Anwendung bejaht wurde, dargestellt.

(1) Manis vs. CCA

Manis war Insasse eines Gefängnisses, das von CCA geführt wurde. Mit der Behauptung, CCA habe seine Rechte aus dem 8. amendment U.S. Constitution verletzt, weil man ihn nicht ordnungsgemäß medizinisch versorgt und seinen Bedürfnissen gleichgültig gegenüber gestanden habe, strengte er eine Schadensersatzklage gegen CCA an. CCA berief sich auf den Haftungsausschluß der „qualified immunity". Das Gericht kam jedoch zu dem Ergebnis, nach dem common law gebe es keinen Haftungsausschluß für private Personen. Es bestehe die Gefahr, daß die Handlungsweisen des pri-

---

[383] Zu dieser Problematik ausführlich Schaffer, Duke Law Journal 1996, S. 1049, 1050f.
[384] Schaffer, Duke Law Journal 1996, S. 1049, 1050f.
[385] 859 F.Supp. 302 (M.D. Tennesse 1994).
[386] 891 F.Supp. 312 (W.D. Louisiana 1995).

vaten Unternehmens den öffentlichen Interessen zuwider liefen. Im Gegensatz zu Beamten stehe bei Angestellten privater Anstalten das Interesse im Vordergrund, im Sinne des Unternehmens zu handeln, das in erster Linie nach Gewinn strebe. Dementsprechend sei auch die Gefahr, finanziellen Schadensersatzansprüchen ausgesetzt zu sein, der einzige Anreiz für die privaten Haftanstalten, Gefangene ordnungsgemäß zu versorgen und ihre Rechte zu wahren. Die Möglichkeit, sich zu entlasten, würde dem zuwiderlaufen.[387]

(2) Citrano vs. Allen Correctional Center

Etwa ein Jahr nach dem Urteil *Manis vs. CCA* entschied der Western District Court of Louisiana entgegengesetzt. Der Fall war im Sachverhalt ähnlich gelagert. Das Gericht gestand dem Unternehmen jedoch zu, sich auf den Haftungsausschluß zu berufen. Als Begründung führte es an, nicht der Status des Haftenden – privates Unternehmen oder staatliche Anstalt – sei entscheidend für einen Haftungsausschluß. Maßgeblich sei, ob eine öffentliche Aufgabe erfüllt werde. Dabei komme auch privaten Unternehmen der Haftungssausschluß zugute. Das Gericht beschäftigte sich darüber hinaus mit den Gründen, die in der entgegengesetzten Entscheidung *Manis vs. CCA* gegen einen Haftungsausschluß angeführt worden waren: Die Gefahr, daß die Unternehmen aus Gewinninteressen die Rechte der Gefangenen kürzen und verletzen könnten, sah das Gericht nicht, da die Haftung ohnehin nur dann ausgeschlossen sei, wenn der Schädiger in „gutem schutzwürdigem Glauben" gehandelt hätte. Dieser Glaube sei in Zukunft bei ähnlichen Verhalten nicht mehr geschützt, nachdem der Angestellte des privaten Unternehmens einmal eine Rechtsverletzung begangen habe. Insoweit bestehe daher keine Wiederholungsgefahr. Das Gericht führte weiter an, die Anstalten seien vertraglich gebunden, dem Staat als Auftraggeber gegenüber zu gewährleisten, daß gewisse Standards eingehalten und insbesondere die Rechte der Gefangenen gewahrt würden. Schließlich sei auch das Argument, private Angestellte würden vorrangig im Interesse ihres Arbeitgebers tätig, nicht überzeugend: Dies bedeute nämlich, die Grundlage des

---

[387] Darstellend Schaffer, Duke Law Journal 1996, S. 1049, 1078f.

Haftungsausschlusses bei Beamten darin zu sehen, daß diese gerade der Öffentlichkeit einen Dienst erweisen wollten. Von einer solchen Intention der Beamten könne man jedoch nicht generell ausgehen.[388]

c. Konkurs privater Vollzugsunternehmen

Ein weiterer Themenkreis, der neben rechtlichen Fragestellungen eine Reihe wirtschaftlicher und praktischer Probleme beinhaltet, betrifft die Insolvenz privater Vollzugsunternehmen.[389]

Grundsätzlich besteht Einigkeit, daß der Staat – obwohl er seine Aufgaben auf ein privates Unternehmen übertragen hat – nach wie vor für den Bestand der Gefängnisse und für die Gefangenen verantwortlich ist und deswegen das Gefängnis auf seine Kosten fortführen muß, falls das Betreiberunternehmen wegen Insolvenz ausfällt.[390] Schon von Anfang an wird daher der Staat für die laufenden Forderungen gegen das Gefängnisunternehmen als Sicherungsgeber auftreten müssen.[391] *Gold*[392] sieht keine Besonderheiten in der Konstellation, in der private Unternehmen ein Gefängnis für den Staat führen; in jedem Konkurs führe die Zahlungsunfähigkeit zur Beendigung der Vertragsverhältnisse. Ein anderes Unternehmen müsse das ausscheidende ersetzen.

Diese Sichtweise vereinfacht die Probleme, die sich als Folge einer Insolvenz ergeben. Eine Erörterung aller juristischer Fragestellungen würde eine eingehende Erörterung des amerikanischen Konkursrechtes erforderlich machen, das nicht Gegenstand dieser Arbeit sein kann. Im Vordergrund der kriminalpolitischen Diskussion steht die Frage, ob der Staat berechtigt sei, den Vertrag wegen Vertragsbruchs („breach of contract") zu beenden, sobald ein Konkursantrag gestellt werde.[393] Verneint man dies, obliegen weitere Entscheidungen im Zusammenhang mit der Abwicklung des Konkurses dem

---

[388] Darstellend Schaffer, Duke Law Journal 1996, S. 1049, 1080f.
[389] Ausführlich zu diesem Problemkreis: Holley, Vanderbilt Law Review 1988, S. 317ff.; ferner Gold, The Urban Lawyer 1996, S. 359, 379; Logan, S. 229; Shichor, S. 104.
[390] Shichor, S. 107.
[391] Shichor, S. 107.
[392] Gold, The Urban Lawyer 1996, S. 359, 378.

gerichtlich eingesetzten Konkursverwalter, der auch über den Fortbestand der laufenden Verträge zu entscheiden hätte. Da dieses Ergebnis im Hinblick auf die Besonderheiten, die sich mit der Ausführung des Strafvollzugs ergeben, nicht interessengerecht sei, wird empfohlen, der Staat solle bereits in seine Verträge mit dem Unternehmen für den Fall eine Beendigungsklausel aufnehmen, daß das Unternehmen in gravierende finanzielle Engpässe gerate. Über solche sei der Staat von dem Unternehmen schon zu informieren, bevor es zur Insolvenz komme.[394]

Neben die juristischen Fragen treten praktische Probleme: Die Gefangenen müssen, selbst wenn sich kein Nachfolgeunternehmen zur Führung der Vollzugseinrichtung findet, weiterhin untergebracht werden. Die öffentliche Aufgabe „Strafvollzug" fällt nicht einfach weg und kann auch nicht ohne weiteres von einem anderen Unternehmen (etwa durch Übernahme der Gefangenen) erfüllt werden.[395] Übernimmt der Staat im Konkursfall die Führung der Anstalt zunächst selbst, muß für eine reibungslose Übergabe die Kooperation des insolventen Gefängnisunternehmens gewährleistet sein. Ansonsten bestünde die Gefahr, daß dem Staat nicht das erforderliche Personal oder die räumliche Ausstattung zur Verfügung steht, etwa wenn die Anstalt der Betreiberfirma[396] gehört. Beispielsweise könnte im Fall des Konkurses der überwiegende Teil der Aufsichtsmannschaft gekündigt haben.[397]

Logan[398] schlägt daher eine vorherige vertragliche Absicherung vor, in der im Rahmen eines Krisenplans die Versorgung und Bewachung der Häftlinge sichergestellt werde. *Shichor*[399] weist in diesem Zusammenhang (zutreffend) darauf hin, daß der Staat, wenn er die Weiterführung der Anstalt im Konkursfall garantieren wolle, letztlich die

---

[393] Holley, Vanderbilt Law Review 1988, S. 317, 319.
[394] Holley, Vanderbilt Law Review 1988, S. 317, S.338.
[395] Shichor, S. 107f.
[396] Dies ist 1999 bei 51 von insgesamt 139 privat geführten Anstalten der Fall, vgl. oben D II 2.
[397] Logan, S. 229.
[398] Gold, The Urban Lawyer 1996, S. 359 378 der in diesem Zusammenhang auf den Vertrag, der mit Puerto Rico über die Führung von privaten Haftanstalten geschlossen wurde und im Fall einer Beendigung vorsieht, daß innerhalb von 90 Tagen die Anstalt an den Staat übergeht und genaue Richtlinien enthält, wie der zeitliche Ablauf auszusehen hat, verweist; Logan, S. 230f.
[399] Shichor, S. 107.

ausstehenden Verbindlichkeiten zu begleichen oder entsprechende Bürgschaften zu leisten habe. Um dieses Problem zu lösen, wird vorgeschlagen, daß die Unternehmen vorab Sicherheiten leisten müßten, auf die dann im Krisenfall zurückgegriffen werden könne. So war beispielsweise Bestandteil des Vertrages zwischen CCA und Santa Fe die Verpflichtung von CCA, eine Ausfallbürgschaft in Höhe von US$ 325.000 zu stellen.[400]

3. Zusammenfassung

Als problematisch erwies sich zunächst die Frage der Gewaltanwendung gegenüber Gefangenen durch private Unternehmer. Gerechtfertigt wird die Gewaltanwendung der Bediensteten privater Anstalten mit den Jedermannsrechten aus dem common law, wie Notwehr- und allgemeines Festnahmerecht, die teilweise in einzelnen Bundesstaaten auch kodifizert sind. Für Gewaltanwendung, die bis zum Tod führt, gilt nach der Rechtsprechung die besondere Voraussetzung, daß von dem Betroffenen eine Gefahr für Leib oder Leben des Handelnden oder eines Dritten zum Zeitpunkt der Handlung entweder tatsächlich ausgegangen sein muß oder daß der Handelnde eine solche Gefahr aufgrund der Umstände und nach ernsthafter Erwägung annehmen durfte.

Schwerpunktmäßig geht es in den rechtlichen Auseinandersetzungen darum, ob der Staat für Rechtsgutsverletzung gegenüber Gefangenen durch Private haften muß. Im Ergebnis besteht Einigkeit darüber, daß der Staat sich einer Haftung auf der Grundlage von 42 U.S.C. Section 1983 nicht entziehen kann, sondern die Handlung des Privaten ihm regelmäßig als „state action" zugerechnet wird. Wesentlich kontroverser wird hingegen die Frage diskutiert, ob für private Gefängnisbetreiber dieselben Grundsätze eines Haftungsausschlusses gelten sollen, die nach dem common law für Beamte gelten. Danach besteht keine Haftung, wenn der Beamte in gutem Glauben an die Rechtmäßigkeit gehandelt hat. In einer gerichtlichen Entscheidung aus dem Jahre 1995 wurden die Grundsätze des Haftungsausschlusses – in Abkehr von einer Vorjahresent-

---

[400] Logan, S. 230f.

scheidung eines anderen Gerichts – auf private Bedienstete einer Vollzugsanstalt entsprechend angewandt.

Schließlich werden konkursrechtliche Fragen diskutiert. Dabei ist das Augenmerk im wesentlichen auf die Besonderheiten gerichtet, die sich aus dem Strafvollzug als konkret fortzuführender Aufgabe ergeben. Da das Konkursrecht den Besonderheiten des Strafvollzugs keine Rechnung trägt, sollte eine vertragliche Regelung erfolgen. Dazu werden Vertragsmodalitäten vorgeschlagen, die zum einen dem Staat im Konkursfall ein sofortiges Kündigungsrecht des Unternehmens einräumen und zum anderen die Modalitäten einer Übernahme der Anstalt durch den Staat regeln. Darüber hinaus sollen private Unternehmen Sicherheiten stellen, auf die im Krisenfall zurückgegriffen werden kann.

IV. Diskussion der Privatisierung des Strafvollzugs unter Kosten-, Leistungs-, Sicherheits- und Flexibilitätsgesichtspunkten

Der folgende Teil gibt einen Überblick über die politisch-ökonomisch kontrovers diskutierten Gesichtspunkte für und gegen eine Privatisierung des Strafvollzugs in den USA. Obgleich die erste private Haftanstalt bereits vor mehr als zehn Jahren entstanden ist, hat die Diskussion um private Strafvollzugsanstalten bis heute nicht nachgelassen. Als grundlegend für die USA kann der Beitrag von *Camp & Camp*[401] aus dem Jahre 1985 der Anfangszeit privater Haftanstalten, gewertet werden. In dieser Abhandlung wurde erstmals detailliert die Beteiligung von Privatunternehmen am amerikanischen Strafvollzugssystem aufgezeigt. Wirtschaftliche und organisatorische Verbesserungen, die man sich von der Privatisierung versprach, und auch die Bedenken, die sich im späteren Laufe der Diskussion noch verfestigten sollten, wurden dargestellt.

---

[401] Camp/Camp, The Prison Journal 1985, S. 14ff.

Den Schwerpunkt der Privatisierungsdebatte bildete von Anfang an die Diskussion um Kosten und Leistung.[402] Darüber hinaus wurden eine Reihe anderer Aspekte, wie schließlich auch philosophische oder ethisch-moralische Gesichtspunkte angesprochen.

1. Kosten

Einer der wesentlichen Streitpunkte in der Privatisierungsdiskussion ist die Frage, ob der Staat durch die Privatisierung von Haftanstalten Kosten einsparen kann.

a. Die Standpunkte

aa. Befürworter

Privatisierungsbefürworter vertreten die Auffassung, private Unternehmen könnten Anstalten kostengünstiger betreiben als der Staat. Behauptet wird, die Kostenersparnis liege etwa bei 20-25% des Strafvollzugsbudgets des Landes.[403]

Beachtliche Kostenreduzierungen seien zunächst durch eine erhebliche Senkung der Lohnkosten zu erreichen. Die vorhandene Arbeitskraft des einzelnen könne aufgrund moderner Management- und Schulungsmethoden effizienter und produktiver genutzt werden, was langfristig zur Reduktion des Personals führe.[404] Die Senkung der Lohnkosten sei zweitens auch dadurch zu erreichen, daß man Anstalten technisch hochwertig ausstatte, etwa mit Kameras oder zentraler Aussichtsplattform, so daß die Überwachung wenig Personal erfordere.[405] Schließlich rekrutierten Privatunternehmen bevorzugt nicht gewerkschaftlich organisierte Arbeitnehmer, um die Bindung an Tariflöhne

---

[402] „Leistung" im Rahmen der folgenden Diskussionsdarstellung ist stets im Hinblick auf die administrativen Tätigkeit, wie etwa Güte der Versorgung und Unterbringung zu verstehen; nicht erfaßt wird mit diesem Begriff das Erreichen von Vollzugszielen, z.B. der Resozialisierung.
[403] Burright, FBI Law Enforcement Bulletin 1990, S. 1f.
[404] McDonald, Costs, S. 86; Burright, FBI Law Enforcement Bulletin 1990, S. 1f.; zu Unterschieden in der Gehalts- und Versorgungsstruktur privater und staatlicher Vollzugsbedienstete vgl. Callabrese, S. 175, 179ff.
[405] Darstellend Gold, The Urban Lawyer 1996, S. 359, 382f.

zu vermeiden. Im übrigen zahle die Privatwirtschaft, anders als der öffentliche Dienst, weder Beihilfe im Krankheitsfall noch Altersversorgung.[406]

Man veranschlagt die Einsparung bei den Personalkosten auf 25%. Im Hinblick darauf, daß 80% der Betriebskosten einer Anstalt Personalkosten sind, wird dies als erheblicher Prozentsatz bewertet[407]

Weitere Kostenersparnisse ergäben sich aus flexibleren und unbürokratischeren Strukturen. So könnten private Unternehmen die Versorgungskosten (Verpflegung, Medizin etc.) senken, indem sie Güter in größeren Mengen und daher zu günstigeren Konditionen einkaufen könnten. Sie seien nicht aus verwaltungstechnischen oder politischen Gründen verpflichtet, Produkte aus der Region zu beziehen, sondern könnten stets den preiswertesten Anbieter auswählen.[408]

In der Regel errichte die Privatwirtschaft darüber hinaus eine Vollzugsanstalt schneller und kostengünstiger als der Staat. Im Durchschnitt dauere der Bau einer Anstalt durch die öffentliche Hand zwei bis fünf Jahre. Private Unternehmen benötigten durchschnittlich nur ein bis zwei Jahre. Die Konstruktionskosten seien daher um durchschnittlich 10-20% geringer.[409] Außerdem entstünden für den Staat erstmalig zum Zeitpunkt der Inbetriebnahme der Anstalt Kosten und nicht, wie im Falle einer eigenen Errichtung, bereits in der Planungs- und Bauphase.[410]

Schließlich müsse ein privates Wirtschaftsunternehmen die Ausgaben so niedrig wie möglich halten, um konkurrenzfähig zu bleiben.[411]

---

[406] Darstellend Johnson/Ross, Journal of Criminal Justice 1990, S. 351, 355; Gold, The Urban Lawyer 1996, S. 359, 383f.
[407] Crants, Journal of Contemporary Criminal Justice, 1991, S. 49, 53.
[408] Crants, Journal of Contemporary Criminal Justice, 1991, S. 49, 55; Callabrese, S. 175, 181.
[409] Gold, The Urban Lawyer 1996, S. 359, 383.
[410] Crants, Journal of Contemporary Criminal Justice 1991, S. 49, 53.
[411] Burright, Law Enforcement Bulletin 1990, S. 1f.

bb. Kritiker

Die Gegner der Privatisierung halten dem entgegen:

Zutreffend sei zwar, daß private Unternehmen bei den Personalkosten zunächst Einsparungen erzielen könnten, jedoch beschäftigten sie häufig schlecht qualifiziertes Personal.[412] Nach einer Studie *Donahues* hätten Angestellte im öffentlichen Dienst einen Durchschnittsverdienst von US$ 6,80/Stunde gegenüber US$ 6,50/Stunde, die in der Privatwirtschaft verdient würden. Allerdings hätten 87% der Angestellten in staatlichen Anstalten einen „high-school" Abschluß gegenüber 55% in privaten Einrichtungen.[413] Die Einsparung von Personalkosten infolge geringerer Löhne sei also nicht gleichbedeutend mit einem Effizienzgewinn. Geringere Löhne bedeuteten außerdem gleichzeitig eine Einbuße an qualifiziertem Personal.[414] Im übrigen kündigten Privatbedienstete oftmals wegen der schlechten Bezahlung und der mangelnden Sozialleistungen[415] und versuchten, in staatlichen Vollzugseinrichtungen eine besser bezahlte Stelle zu erhalten. Die sich daraus ergebende Fluktuation habe zur Folge, daß eine kontinuierliche Betreuung der Häftlinge durch ein konstantes Team nicht gewährleistet sei.[416]

Als weiteres Argument wird genannt, aufgrund des Abrechnungsmodus zwischen dem Staat und den privaten Betreibern nach Tag und Anzahl der Belegung, drohten die Kosten für den Staat unter Umständen unüberschaubar zu werden.[417] *Donahue* führt folgendes Beispiel an: Bevor die Hamilton County Farm durch CCA übernommen wurde, lagen die durchschnittlichen Kosten für 250 Insassen bei US$ 24 pro Insasse/Tag. CCA vereinbarte mit Tennessee eine pro Kopfrate von US$ 21 pro Insasse/Tag, was für den Staat zunächst wie eine Kostenersparnis von 12,5% ausgesehen habe. Auf-

---

[412] Porter, The Howard Journal 1990, S. 65, 74.
[413] Donahue, S.15.
[414] Donahue, S.15; Weiss, S. 24, 39.
[415] Zu den Bedenken, daß private Unternehmen niedrigere Löhne zahlten und Sozialleistungen kürzten, siehe bereits die 1987 von der Sheriff's Association verabschiedete Resolution gegen die Einführung privater Haftanstalten. Zitiert von Mayer, Criminal Law Bulletin 1986, S. 309f.
[416] Shichor, Crime, Law and Social Change 1993, S. 113, 126.
[417] Evans, Emory Law Journal 1987, S. 253, 259.

grund gesetzlicher Veränderungen stieg die Anzahl der Häftlinge, die in der Hamilton County untergebracht werden mußten, jedoch rapide an. Die an CCA zu zahlenden Gebühren überstiegen bald das im Staatshaushalt vorgesehene Budget. *Donahue* berichtet, daß sich die Durchschnittskosten pro Neuunterbringung für CCA nur auf etwa US$ 5 pro Kopf belaufen hätten, da der vertraglich festgelegte Betrag primär auf der Grundlage von Durchschnittsfixkosten errechnet worden sei, die unabhängig von der tatsächlichen Anzahl der Belegung ermittelt worden seien. Der Staat habe bei Abschluß des Vertrages übersehen, daß sich die Kostenbelastung erheblich zu seinen Lasten verschieben würde, sobald sich Veränderungen in der Belegungsquote ergäben.[418]

Weiterhin wird das Argument der Befürworter angezweifelt, der Wettbewerb führe zu Kostensenkungen. Hauptbetreiber von Haftanstalten sei trotz der Beteiligung Privater nach wie vor der Staat. Neben diesem teilten sich nur wenige Unternehmen (im Schwerpunkt CCA und Wackenhut) den restlichen Markt, so daß von einem wirklichen Wettbewerb nicht die Rede sein könne.[419] Es bestehe darüber hinaus die Gefahr, daß private Vollzugsunternehmer bei Abschluß des Vertrages zunächst einen finanziellen Verlust für die ersten Jahre in Kauf nähmen. Wenn sich der Staat aufgrund des mangelnden Wettbewerbs und mangelnder eigener Kapazität nicht mehr von dem Anbieter lösen könne, werde die Preisschraube erheblich angezogen.[420] Ferner wird argumentiert, die Kosten für die Ausübung der Kontrollfunktion des Staates würden in die Kostenkalkulationen Privater nicht einbezogen.[421]

Schließlich meinen Kritiker, daß auch das Argument, private Unternehmen könnten aufgrund moderner Managementmethoden eine Effizienzsteigerung erzielen, als Vergleichskriterium nicht überzeuge. Zum einen handele es sich bei einem erheblichen Teil der leitenden Angestellten privater Vollzugsunternehmen um solche, die zuvor in öffentlichen Anstalten das notwendige Fachwissen erworben hätten. Zum anderen

---

[418] Donahue, S.17.
[419] Shichor, Crime, Law and Social Change 1993, S. 113, 129.
[420] Dieser Punkt wird unter dem Stichwort „low-balling" diskutiert, vgl. Joel, S. 51, 67; darstellend Press, S. 22; Shichor, Crime, Law and Social Change 1993, S. 113, 122.

spreche nichts dagegen, modernen Führungsstil auch in öffentlichen Anstalten anzuwenden, so daß dort ebenfalls effizient gearbeitet werden könne. Es handele sich dabei nicht um ein Privileg des privaten Sektors. Gleiches gelte für die Neukonstruktion und Ausstattung von Anstalten. Auch hier könne es die öffentliche Hand privaten Anbietern gleichtun und ihre Anstalten so konzipieren, daß man Personal einspare.[422]

b. GAO Studie

Ob private Anbieter Haftanstalten tatsächlich kostengünstiger betreiben können als der Staat, untersuchte 1996 das United States General Accounting Office (GAO) in einer Studie[423]. Kosten und Leistungen privater und staatlicher Haftanstalten wurden einander gegenübergestellt.

Ziel der Untersuchung war es u.a. zu ermitteln, welche Studien seit 1991 zu dieser Thematik durchgeführt worden sind und welche Schlüsse aus diesen gezogen werden können.

Zu diesem Zweck wurden Literaturrecherchen durchgeführt, wobei man sich insbesondere auf den National Criminal Justice Reference Service und das National Institute of Corrections konzentrierte. Darüber hinaus wurden Beamte des BOP, des U.S. Marshals Service, der INS, der einzelnen State Correction Departments sowie der Direktor des „Private Corrections Project" der Universität Florida befragt. Ergänzende Informationen holte GAO bei Angestellten und Vertretern privater Haftanstalten ein.[424]

Im Ergebnis konnten fünf relevante Untersuchungen[425] ausfindig gemacht werden, die Grundlage der von GAO durchgeführten Studie sind. Drei dieser Studien wurden zur Eigenuntersuchung von den Staaten Texas, Kalifornien und Tennessee in Auftrag gegeben, eine Studie zu Anstalten in New Mexico von NIJ und BOP finanziert. Die

---

[421] Shichor, Crime, Law and Social Change 1993, S. 113, 121.
[422] Shichor, Crime, Law and Social Change 1993, S. 113, 125.
[423] Private and public prisons, GAO/GGD 96-185, B 261797, August 1996.
[424] Vgl. GAO-Report, S. 20f.
[425] Vgl. ausführliche Darstellung bei Nibbeling, S. 182ff.

letzte Studie gab der Staat Washington in Auftrag, wobei Anstalten in Tennessee, Lousiana und Washington State untersucht wurden.[426]

Bei der Auswertung der Studien wurden insbesondere folgende Punkte berücksichtigt: Die in den Einzelstudien gezogenen Schlußfolgerungen wurden im Hinblick auf ihre Untersuchungsgrundlage und -methodik bewertet. So wurde beispielsweise geprüft, ob die einander gegenübergestellten Anstalten angesichts ihrer Insassenstruktur, Sicherheitsstufe und bisherigen Betriebsdauer vergleichbar waren. Weiterhin fand Beachtung, welche Art von Kosten miteinander verglichen worden waren, z.b. tatsächliche mit tatsächlichen oder mit hypothetischen Kosten. Darüber hinaus bewertete man, ob die Untersuchungsmethoden bei privaten und staatlichen Anstalten gleich waren, z.b. ob gleiche Untersuchungsparameter für die verglichenen Haftanstalten festgelegt wurden. Schließlich war auch der Untersuchungszeitraum für die Gesamtbewertung der einzelnen Studie relevant.

Die Einzelstudien führten im Hinblick auf die Kosten zu nachstehendem Ergebnissen: Vier der fünf Studien (Texas, Kalifornien, Tennessee und Washington) verglichen die Kosten privat geführter mit denen staatlich geführter Anstalten. In dreien (Kalifornien, Tennessee, Washington) zeigten sich nur geringe Unterschiede in der Höhe der Kosten. Nur die Texas-Studie wies einen Kostenunterschied von 14-15% zugunsten der privaten Anstalten aus. Nach Ansicht von GAO können diese Ergebnisse jedoch nur eingeschränkt verwertet werden, da die tatsächlich entstandenen Kosten einer privaten Anstalt mit fiktiven Kosten einer staatlichen Anstalt verglichen worden seien.[427]

Die in Kalifornien durchgeführte Untersuchung ergab jährliche Durchschnittskosten von US$ 15578,- pro Insasse in der privaten Anstalt gegenüber US$ 13195,- und US$ 16627,- in den staatlichen Anstalten. Im Rahmen der Tennessee Studie wurden die täglichen Kosten pro Häftling untersucht. Diese beliefen sich in der privaten Anstalt auf US$ 35,39 gegenüber US$ 34,90 und US$ 35,45 in den staatlichen Haftan-

---

[426] Vgl. GAO-Report, S. 2.

stalten. Die Washington Studie, die u.a. Haftanstalten in Lousiana untersuchte, ergab tägliche Kosten pro Häftling in Höhe von US$ 23,75 und in einer zweiten privaten Anstalt von US$ 23,55 gegenüber US$ 23,34 in einer staatlichen Anstalt. Den täglichen Kosten für private Haftanstalten in Lousiana und in Tennessee wurden Kosten für ein staatliches Gefängnis in Washington gegenübergestellt. Diese betrugen US$ 44,52 pro Tag und Insasse.[428]

GAO kommt zu dem Schluß, auf der Grundlage dieser Studien könne man insgesamt nicht davon ausgehen, daß private Anstalten kostengünstiger als staatliche arbeiteten.[429] Die in den jeweiligen Studien gewonnenen Einzelergebnisse ließen sich darüber hinaus nicht generalisieren. Zwar seien die meisten einander gegenübergestellten Haftanstalten grundsätzlich vergleichbar z.B. im Hinblick auf Insassenstruktur, Kapazität etc., jedoch handele es sich nicht um eine repräsentative Auswahl von Haftanstalten.[430] Darüber hinaus seien auch methodische Schwächen zu verzeichnen. So habe man beispielsweise bei der in Kalifornien durchgeführten Studie unterschiedliche Kostenkomponenten miteinander verglichen.[431] Darüber hinaus sei in den Untersuchungen nicht die unterschiedliche Strafrechtspolitik der einzelnen Staaten berücksichtigt worden, die zu unterschiedlichen Anforderungen führe. Um taugliche und verläßliche Ergebnisse zu erhalten, seien längere Untersuchungszeiträume notwendig, da Verzerrungen häufig infolge speziell zu Beginn notwendig werdender Kosten und Investitionen (z.B. Ausbildungskosten für unerfahrenes Personal) einträten. Auch sei denkbar, daß privat geführte Anstalten in den ersten Betriebsjahren die Preise für den Staat niedrig hielten, damit ihre Verträge verlängert würden. Um jedoch später einen Deckungsbeitrag zu erzielen, müßten sie unter Umständen die Preise später anpassen. Der Untersuchungszeitraum von längstens einem Jahr sei zu kurz um Aufschluß über eine mögliche lang-

---

[427] Vgl. GAO-Report, S. 7.
[428] Vgl. GAO-Report, S. 24f.
[429] Vgl. GAO-Report, S. 7.
[430] Vgl. GAO-Report S. 11.
[431] Vgl. GAO-Report S. 24

fristige Entwicklung zu geben.[432] GAO hielt die in Tennessee 1995 durchgeführte Untersuchung für die aussagekräftigste Studie, da die drei gegenübergestellten Anstalten ein hohes Maß an Vergleichbarkeit im Hinblick auf die Betriebsdauer und Insassenstruktur aufwiesen. Ein erheblicher Kostenunterschied zwischen den zwei staatlichen und der privaten Anstalt war nicht zu verzeichnen.

2. Leistungsstandards

Die Diskussion geht weiterhin der Frage nach, ob es einem privaten Unternehmen gelingen kann, die Haftanstalten zu geringeren Kosten als der Staat zu betreiben, ohne Leistungen zu kürzen.

a. Die Standpunkte

aa. Befürworter

Privatisierungsbefürworter behaupten, ihre Angestellten arbeiteten effizienter, weil sie ein hohes Maß an Eigenverantwortung trügen und in ihrer Arbeitsweise flexibler seien als Bedienstete in staatlichen Anstalten, so daß eine optimale Leistung in der Anstalt bereitgestellt werden könne.[433] Neue Technologien und moderne Kommunikationssysteme führten dazu, daß die Effizienz kontinuierlich gesteigert und der Leistungsstandard gesichert und verbessert werde.[434] Darüber hinaus könne sich ein privates Unternehmen gar nicht leisten, Gefangene unzulänglich zu versorgen, schlecht unterzubringen oder ihre Sicherheit nicht in ausreichendem Maße zu gewährleisten, da es andernfalls befürchten müsse, daß sein Vertrag gekündigt oder nicht verlängert würde.[435] Schließlich zwinge auch hier der Wettbewerb wieder dazu, die bestmögliche Leistung anzubieten, um konkurrenzfähig zu bleiben.[436]

---

[432] Vgl. GAO-Report S. 11.
[433] Dipiano, New England Journal on Criminal and Civil Confinement 1995, S. 171, 190ff.
[434] Crants, Journal of Contemporary Justice 1991, S. 49, 56.
[435] Crants, Journal of Contemporary Justice 1991, S. 49, 56.
[436] Logan, S. 120.

bb. Kritiker

Privatisierungsgegner bezweifeln, daß private Vollzugsunternehmen die gleichen Leistungen wie staatliche Vollzugsanstalten bereitstellen geschweige denn diese noch steigern können. Sie sind der Ansicht, bei gewinnorientierten Vollzugsunternehmen stehe stets der wirtschaftliche Erfolg im Vordergrund, der am einfachsten durch Einsparungen in Form von Leistungskürzungen zu Lasten der Häftlinge zu erreichen sei.[437] Dies belege folgendes Beispiel: 1989 seien im Staat Texas vier „low-security"-Anstalten eröffnet worden. Im Rahmen der Kontrollaufsicht im ersten Jahr nach der Eröffnung sei festgestellt worden, daß nur wenige Leistungen entsprechend der vertraglichen Vereinbarung erbracht worden seien: z.B. habe das Unternehmen von sieben vereinbarten Sprachkursen nur einen angeboten, Arbeitsprogramme für Häftlinge habe man unzureichend bereitgestellt, Suchtbekämpfungsprogramme seien wenig in Anspruch genommen worden, wichtige Positionen habe man unbesetzt gelassen und damit US$ 280.000 an Lohn eingespart. Der Begriff „wearhousing inmates" beschreibe zutreffend die dortigen Zustände.[438]

b. GAO Studie

Die oben erwähnte GAO Studie hat die fünf genannten Untersuchungen nicht nur im Hinblick auf die Kosten, sondern auch hinsichtlich der Leistungen ausgewertet. Allerdings kam GAO zu dem Ergebnis, daß nur zwei der fünf Untersuchungen (Tennessee und New Mexico) detaillierte vergleichende Leistungsanalysen enthielten. In der Texas-Studie wurden überhaupt keine Leistungsstandards empirisch ermittelt. Die Washington-Studie kam, obwohl detaillierte Daten fehlten, zu dem Schluß, zwischen staatlichen und privaten Anstalten bestünden keine wesentlichen Leistungsunterschiede. Zum selben Ergebnis kommt auch die Studie aus Kalifornien, die jedoch wegen der

---

[437] Donahue, S. 20; Lampkin, The Journal of Contempory Justice 1991, S. 41, 44, Pollock, S. 284; Ring, S. 14f.
[438] Lampkin, The Journal of Contemporary Justice 1991, S. 41, 45.

untersuchten kleinen „community-facility" nach Ansicht von GAO keinen repräsentativen Charakter hat.[439]

Die Ergebnisse der New-Mexico Studie werden von GAO als schwer interpretierbar bewertet, vor allem wegen der eingeschränkten Vergleichbarkeit der Anstalten. Es seien eine private, eine Bundesstaats- und eine Bundesanstalt miteinander verglichen worden. Die private Anstalt sei neu, die Bundesstaatsanstalt vier Jahre und die Bundesanstalt ca. 60 Jahre alt. Weiter stellte GAO erhebliche Größenunterschiede fest. In der privaten Anstalt fänden 170, in der Bundesstaats- 143 und der Bundesanstalt 814 Gefangene Platz. *Logan*, der diese Untersuchung durchgeführt hat, hält die Anstalten zwar gleichwohl für vergleichbar, weil sie von ACA akkreditiert seien. Nach Ansicht von GAO ist die Akkreditierung als gemeinsames Merkmal nicht geeignet, Anstalten besser vergleichbar zu machen, da ACA nur Mindeststandards festlege und es große Unterschiede zwischen den Anstalten gebe, deren Standards oberhalb dieser Untergrenze lägen. Darüber hinaus beruhten die Resultate der Untersuchung auf völlig unterschiedlichen Datenquellen. Sofern Erfahrungen und Berichte der Angestellten als Quelle herangezogen würden, seien die Leistungen der privaten Anstalt fast in allen Bereichen denen der staatlichen überlegen. Habe man hingegen Häftlinge befragt, so habe sich das Gegenteil ergeben. Die staatlichen Anstalten würden ihre privaten Konkurrenten an Leistung überbieten.[440]

GAO berichtet, demgegenüber seien in der Tennessee-Studie drei vergleichbare Haftanstalten (eine private und zwei staatliche Anstalten für Männer) von einem Inspektorenteam untersucht worden. Als Datenquelle hätte die von 1991 bis 1994 aus Berichten der Angestellten, Interviews mit Insassen und Angestellten sowie eigenen Beobachtungen anstaltsinterner Abläufe gesammelten Informationen gedient. Auch diese Studie habe bei den Vollzugsleistungen keine Überlegenheit privater Anbieter im Vergleich zu staatlichen Einrichtungen festgestellt.

---

[439] Vgl. GAO-Report, S. 9f.
[440] Vgl. GAO-Report, S. 9f.

3. Sicherheit der Anstalt

Von Privatisierungskritikern wird weiterhin die Frage aufgeworfen, ob die Beteiligung privater Firmen grundsätzlich ein erhöhtes Sicherheitsrisiko im Strafvollzug schaffe. Im einzelnen wird befürchtet, wegen des Gewinninteresses privater Unternehmen bestehe die Gefahr, daß Kosteneinsparungen zu Lasten der Sicherheitsstandards (z.B. durch Reduktion des Wachpersonals) gehen könnten.[441] Da in einigen Staaten gesetzliche Regelungen für die Anwendung von Gewalt gegenüber Häftlingen fehlten, würden außerdem die Sicherheitskräfte in kritischen Situationen vor Gewaltanwendung zurückschrecken, da sie persönliche Konsequenzen befürchten müßten.[442]

Die wesentlichen Bedenken beziehen sich jedoch auf Sicherheitsrisiken, die bei einem Streik des Wachpersonals entstehen könnten. Anders als in staatlich geführten Anstalten könne das Streikrecht für Angestellte privater Vollzugsunternehmen nicht ausgeschlossen werden und zwar selbst dann nicht, wenn sie annähernd dieselben Aufgaben übernähmen wie ihre Kollegen im öffentlichen Dienst. Die sich daraus ergebenden Risiken seien offensichtlich: würden Sicherheitsangestellte im Vollzugsdienst ihre Arbeit niederlegen, würden die Fluchtgefahr und damit die Gefahr für Angestellte und Bevölkerung steigen.[443]

Logan[444] hält dem entgegen, Unternehmen könnten mit ihren Angestellten, die Sicherheitsdienste zu verrichten hätten, einen Ausschluß des Streikrechts vereinbaren. Streike der Angestellte dennoch, dürfe er zukünftig keinerlei Sicherheitsdienste verrichten. Darüber hinaus sei in einigen Verträgen, so z.B. zwischen CCA und Hamilton County, eine Regelung enthalten, wonach ein Streik des Sicherheitspersonals als Nichterfüllung gelte. Der Staat könnte den Vertrag gegebenenfalls mit sofortiger Wirkung beenden und die Kontrolle über die Anstalt übernehmen.

---

[441] Porter, The Howard Journal 1990, S. 65, 74.
[442] Porter, The Howard Journal 1990, S. 65.
[443] Woolley, Dickinson Law Review 1985, S. 307, 324ff.
[444] Logan, S. 178.

4. Flexibilität staatlichen Handelns

Als weiteres Argument für die Privatisierung wird angeführt, auf der Grundlage der vertraglichen Vereinbarung zwischen Staat und Unternehmen könne das Strafvollzugssystem insgesamt flexibler gestaltet werden. Der Staat habe durch die Beauftragung privater Firmen die Möglichkeit, schneller auf aktuelle Bedürfnisse zu reagieren. Werde die Haftanstalt mangels Auslastung nicht mehr benötigt, so brauche man den Vertrag mit dem Unternehmen nicht zu verlängern oder könne sich gegebenenfalls sogar sofort daraus lösen. Eine staatliche Anstalt zu schließen, sei hingegen mit wesentlich mehr Aufwand und Kosten verbunden. Auch sei eine Vertragsbeendigung dann möglich, wenn der Staat mit den erbrachten Leistungen des Unternehmens nicht zufrieden sei.[445]

Dem wird entgegengehalten, daß mit der Beendigung von Vertragsverhältnissen unter Umständen erhebliche Kosten für den Staat verbunden seien. So führt *Shichor*[446] folgendes Beispiel an: 1991 wurde der Vertrag zwischen dem Staat Florida und der Firma Wackenhut gelöst, die mit der Führung des Monroe County Jails betraut war. Das Unternehmen verlangte vom Staat rückwirkend für die vierjährige Vertragsdauer eine Zahlung von US$ 2,6 Mio., da Wackenhut bei Abschluß des Vertrages davon ausgegangen war, daß jede Schicht nur mit sechs Personen Wachpersonal zu besetzen sei. Die Vorschriften des Staates Florida sahen jedoch ein Besetzung mit elf Personen vor. Wackenhut machte gegenüber dem Staat geltend, daß dieser Umstand bei Abschluß des Vertrages nicht bekannt gewesen sei. Der Rechtsstreit wurde durch einen Vergleich beendet, wonach der Staat Florida an die Firma Wackenhut US$ 300.000 zum Ausgleich für die entstandenen Mehrkosten zahlte, zuzüglich US$ 206.000 für die Ausrüstung, die das Unternehmen eigens für den Betrieb dieser Anstalt angeschafft hatte.

---

[445] Logan, S. 164; ferner darstellend Kinkade/Leone, The Prison Journal 1992, S. 57, 63.
[446] Shichor, S. 127f.

Weiterhin wird darauf hin gewiesen, daß mit der Kündigung von Verträgen noch zahlreiche andere Abwicklungsprobleme verbunden seien. Beispielsweise müssten die Führung der Anstalt in der Übergangszeit organisiert, anderweitige Unterbringungskapazitäten gesucht oder der Erwerb der dem Gefängnisunternehmen gehörenden Bauten und Einrichtungen geklärt werden.[447] Aufgrund der marktbeherrschenden Stellung der Vertragspartner CCA und Wackenhut sei es zudem denkbar, daß sich nach einer Vertragsbeendigung kein anderes Unternehmen finden werde, das die Anstalt führen könnte. Diese Abhängigkeit des Staates[448] könne sogar so weit gehen, daß eine Geschäftsbeziehung nicht beendet werde, obgleich die Leistung des Unternehmens mangelhaft sei.[449]

5. Zusammenfassung

Die Privatisierungsdebatte in den USA wird von wirtschaftlichen Gesichtspunkten beherrscht. Privatisierungsbefürworter behaupten, private Unternehmen seien in der Lage, Haftanstalten kostengünstiger und effizienter als der Staat zu führen. Darüber hinaus biete die private Beteiligung für den Staat ein höheres Maß an Flexibilität. Ein von GAO veröffentlichter Vergleich zwischen staatlichen und privaten Vollzugsanstalten hat jedoch ergeben, daß weder belegt werden kann, daß private Unternehmen kostengünstiger arbeiten, noch daß sie gegenüber staatlichen Einrichtungen an Effizienz und Leistungssteigerung überlegen sind. Auch das Argument, der Staat könne flexibler auf Bedarfssituationen im Strafvollzug reagieren, kann die Kritiker angesichts der bei einer Vertragsauflösung zu erwartenden Schwierigkeiten nicht überzeugen. Als Lösung für die befürchtete Gefährdung der Sicherheit wegen des Streikrechts der Vollzugsangestellten wird vorgeschlagen, das Streikrecht für Sicherheitsbedienstete auszuschließen oder ein sofortiges Kündigungsrecht des Staates für den Fall eines Streiks zu vereinbaren.

---

[447] Frazier-Stacy, Nebraska Law Review 1991, S. 900, 915.
[448] Shichor, Crime, Law and Social Change 1993, S. 113, 129.
[449] Frazier-Stacy, Nebraska Law Review 1991, S. 900, 915.

V. Diskussion der Privatisierung des Strafvollzugs unter gesellschaftspolitischen, ethisch-moralischen und kriminalpolitischen Gesichtspunkten

In der Diskussion um den privaten Strafvollzug in den USA werden vereinzelt – insbesondere von Privatisierungskritikern – Gesichtspunkte angesprochen, die über die rein wirtschaftliche Betrachtungsweise hinausgehen. Diese Erörterungen haben indessen bei weitem nicht den Stellenwert der politisch-ökonomischen Debatte. Man kann daher allenfalls von weiteren Diskussionsansätzen sprechen.

1. Gesellschaftspolitische und ethisch-moralische Gesichtspunkte

Nur selten werden moralische, ethische oder philosophische Gesichtspunkte thematisiert. *Stacy*[450] stellt beispielhaft fest, es sei leichter, im Rahmen einer Diskussion über private Gefängnisse sein Gegenüber zu überzeugen, daß die Privatisierung des Strafvollzugs philosophisch fragwürdig sei, als ihm zunächst zu verdeutlichen, daß dieser Punkt überhaupt zur gegenständlichen Debatte hinzugehöre. Ähnlich sieht es auch *Shichor*[451], nach dessen Ansicht Privatisierungsbefürworter die Diskussion gezielt auf die Seite der Ausführung des Strafvollzugs und damit auf Themen wie Kostenersparnis und Effizienz zögen. Darüber hinaus lenkten sie von ethisch-moralischen Gesichtspunkten ab, indem sie von einer scharfen Trennung zwischen Strafausspruch und Vollzug der Strafe ausgingen. Jedoch vernachlässigten nicht allein die Befürworter einer Privatisierung diese Gesichtspunkte, sondern auch die Gegner.

a. Verletzung des Gesellschaftsvertrages („social contract")

Im Rahmen der philosophischen und staatstheoretischen Auseinandersetzung wird sowohl von den Befürwortern als auch von den Gegnern die Privatisierung des Strafvollzugs mit den Prinzipien des Gesellschaftsvertrags („social contract") in Verbindung gebracht: [452]

---

[450] Frazier-Stacy, Nebraska Law Review 1991, S. 900, 920f.
[451] Shichor, S. 66.
[452] Beyens/Snacken, S. 240, 254 mwN.; ferner darst. McDonald, Crime and Justice 1992, S. 161, 408; zum Gesellschaftsvertrag s. ausführlich unten E II 2 a bb..

Logan[453] argumentiert, der Staat habe kein originäres Recht zu strafen, sondern leite es von den individuellen Rechten des einzelnen auf der Grundlage des Gesellschaftsvertrages ab. Die Bürger hätten jedoch die Möglichkeit, dieses Recht dem Staat zu entziehen. Dieser verwalte es nur auf der Grundlage ihres Vertrauens. Folglich könne das Recht, Strafe zu vollziehen, auch an den privaten Sektor (rück)übertragen werden.

Von Privatisierungsgegnern wird demgegenüber eine Verletzung des Gesellschaftsvertrages gerügt.[454] Einigkeit besteht noch insoweit, als der Staat nur ein abgeleitetes Recht zu strafen habe. Im Rahmen des Gesellschaftsvertrages verpflichte er sich dazu, Normen aufzustellen und deren Einhaltung, notfalls auch mit Strafe und Gewalt, durchzusetzen, um den Frieden jedes einzelnen zu sichern. Die Bürger verpflichteten sich demgegenüber, die Normen einzuhalten und erlaubten dem Staat, eine Mißachtung zu bestrafen. Strafe ein anderer als der Staat, sei der Gesellschaftsvertrag verletzt. Zur Wahrung der Legitimation müsse der Vollzug der Strafe als Element des Strafens, einschließlich der Freiheitsbegrenzung einzelner wegen Normverletzung, ausschließlich in den Händen des Staates verbleiben.[455] Der Strafvollzug als Teil des Rechtssystems sei keine Dienstleistung, sondern eine Bedingung, eine „raison d'être" des Staates, die nicht einfach übertragen werden könne.[456]

b. Symbolwirkung von Strafe und Strafvollzug

Im Rahmen der staatsphilosophischen Debatte wird auch auf die symbolische Bedeutung von Strafe und deren Vollziehung durch den Staat hingewiesen:[457] Normabweichendes Verhalten sei das Ergebnis einer modernen Gesellschaft. Es existiere nicht außerhalb einer Definition von seiten des Staates, d.h. ohne Gesetze gebe es auch keine Verletzung von Gesetzen. Der Strafe und auch der Ausführung der Strafe durch den Staat komme daher neben der materiellen auch eine symbolische Bedeutung zu. Sie zeige, wie die Gesellschaft insgesamt, repräsentiert durch den Staat, solidarisch

---

[453] Logan, S. 52f.
[454] Frazier-Stacy, Nebraska-Law-Review 1991, S. 901, 920f; DiIulio, S. 155, 173, 176.
[455] Frazier-Stacy, Nebraska-Law-Review 1991, S. 901, 920f.
[456] Weiss, S. 24, 34.

ohne Berücksichtigung einzelner Privatinteressen mit einem Verhalten umgehe, das die allgemein-verbindlichen Normen der Gesellschaft breche. Diese „Überparteilichkeit" werde u.a. durch den staatlichen Strafvollzug symbolisiert. Beteilige man private Parteien am Strafvollzug würden Partikularinteressen eingeführt, die Neutralität schwinde und der staatliche Strafvollzug symbolisiere nicht mehr die Ahndung durch die gesamte Gesellschaft.[458] Die Symbolwirkung werde weiterhin dadurch verwässert, daß Private lediglich an der Vermeidung interessengebundener vom Auftraggeber bestimmter Risiken interessiert seien und nicht öffentliche Rechtspflegebedürfnisse oder staatliche Interessen an symbolischer Politik im Visier hätten.[459] Dieser Verlust werde ferner verstärkt durch die fehlenden staatlichen Symbole. Private Angestellte im Vollzugsdienst hätten keine staatlichen Uniformen, die wie Roben der Richter oder Polizeimarken den öffentlichen Charakter der Strafe gegenüber normabweichendem Verhalten symbolisierten.[460]

Dem wird entgegengehalten, daß es dem Häftling weniger darauf ankomme, ob er von einem Angestellten eines privaten Vollzugsunternehmens betreut werde oder von einem staatlichen Beamten. Viel wichtiger sei ihm, daß er in der Anstalt fair und gut behandelt werde.[461]

c. Kommerzialisierung/Gewinninteresse

Vorderstes Ziel privater Betreiber ist es, mit der Führung der Haftanstalten wirtschaftliche Gewinne zu erzielen. Privatisierungskritiker befürchten daher, Unternehmen könnten mehr daran interessiert sein, ihre Gewinne zu steigern als Vollzugsziele zu erreichen („more interested in doing well than in doing good").[462]

---

[457] Etwa McCarthy, Alternative Law Journal 1992, S. 111, 113; DiIulio, S. 155, 173.
[458] Janus, The Bureaucrat 1998, S. 32, 33f.
[459] Voß, Privatisierung, S. 81, 93.
[460] DiIulio, S. 155, 173; ferner Ring, S. 10.
[461] Brakel, 254, 264; Logan, S. 56; McConville, S. 221, 231.
[462] Frazier-Stacy, Nebraska Law Review 1991, S. 900, 917.

Schon aufgrund ihrer Eigendefinition liege es in der Natur privater Wirtschaftsunternehmen eine Rendite für die Eigentümer und Aktionäre zu erwirtschaften. Verpflichte man gewinnorientierte Unternehmen, neben dem wirtschaftlichen Erfolg im öffentlichen Interesse liegende Ziele, wie etwa die Resozialisierung, zu verfolgen, könnte dies aufgrund der Unterschiedlichkeit der Zielvorgaben und Interessenlagen häufig dazu führen, daß weder das eine noch das andere erreicht werde.[463] Nach *Frazier-Stacy*[464] kann ein privates Wirtschaftsunternehmen, das von dem Gefängnismarkt und dessen Expansion lebe, gar kein Interesse an einer erfolgreichen Resozialisierung und daraus folgenden verminderten Rückfallquoten entwickeln. So sei die Frage aufzuwerfen, unter welchen Kriterien ein privates Gefängnis als erfolgreich zu qualifizieren sei: Wenn es leer oder wenn es voll ausgelastet sei? Sei eine erfolgreiche private Haftanstalt eine leere Anstalt, dann befänden sich die Betreiber von Haftanstalten in einer paradoxen Situation. Sie müßten nämlich für ihren Erfolg geschäftsschädigend tätig werden. Nur volle Anstalten zahlten sich aber als gute Investitionen wirtschaftlich aus. Wegen des Eigeninteresses der Betreiber, im Geschäft zu bleiben, und wegen ihrer Verantwortung gegenüber ihren Investoren werde sich der von ihnen angestrebte Erfolg einer privaten Haftanstalt nur einstellen, wenn diese optimal ausgelastet sei.

Darüber hinaus bestimme ein Gewinninteresse die Strategie, daß eine möglichst große Differenz zwischen den Kosten und dem erzielten Preis entstehe. Deshalb bestehe unter rein kommerziellen Interessen die Gefahr der Leistungsabsenkung.[465]

Schließlich wird seitens der Privatisierungsgegner die Entstehung einer „Zweiklassengesellschaft" im Vollzugssystem befürchtet, da private Unternehmen vornehmlich daran interessiert seien, Anstalten geringer Sicherheitsstufe mit den „angenehmen" und profitablen Häftlingen zu führen. Hingegen werde es dem Staat überlassen blei-

---

[463] Shichor, S. 67.
[464] Frazier-Stacy, S. 900, 918.
[465] Maelicke, ZfStrVo 1999, S. 73, 76; zu Einzelheiten vgl. oben D IV 2 a bb.

ben, schwere Straftäter, deren Bewachung intensiv und damit kostenaufwendiger sein müsse, unterzubringen.[466]

Im Hinblick auf die moralische Akzeptanz der Privatisierung wird die Frage gestellt, ob wirtschaftlicher Gewinn mit dem (wenn auch rechtmäßigen) Freiheitsentzug von Menschen gemacht werden sollte.[467] *Thomas* hält diesen Ansatz für mißlungen, weil er mit Halbwahrheiten wie „punishment for profit" oder „dungeons for dollars" verbreitet werde. Es könne keinen Unterschied machen, ob die Strafe, die ordnungsgemäß von einem Gericht verhängt worden sei, durch den Staat oder ein privates Unternehmen vollzogen werde. Die genannten Parolen implizierten, Strafvollzug sei deswegen verwerflich, weil ein Wirtschaftsunternehmen damit Geld verdiene. Dies sei jedoch eine sehr einseitige Betrachtungsweise, da Beamte im Vollzugsdienst schließlich auch für die Ausübung ihrer Tätigkeit entlohnt würden und letztlich ebenfalls in Verbindung mit dem Freiheitsentzug Geld verdienten.[468]

Dem wiederum wird entgegengehalten, zwischen den Interessen eines Arbeitnehmers, der seine Arbeitskraft gegen Entlohnung zur Verfügung stelle, und dem Gewinninteresse eines Unternehmens, welches seinen Gewinn aus Kapitalinvestitionen und Führung einer Haftanstalt erzielen wolle, bestehe ein qualitativer Unterschied. Individuelle Interessen der Arbeitnehmer bestünden schließlich unabhängig davon, ob eine Anstalt privat oder staatlich geführt werde.[469]

---

[466] Zum sogenannten „cream skimming" vgl. Beyens/Snacken, S. 240, 261, ausführlich Dipiano, New England Journal of Criminal and Civil Confinement 1995, S. 171, 192ff., i.E. jedoch mit dem Argument ablehnend, es müsse ohnehin jegliche Art von Anstalt unterhalten und letztlich auch vom Staat finanziert werden, so daß es nicht darauf ankomme, wer welche Form der Anstalten unterhalte. Betreibe der private Sektor minimum-security-Anstalten günstiger und effizienter als der Staat, sei bereits darin eine Hilfe zu sehen, da finanzielle Ressourcen zur Unterhaltung der anderen Anstalten frei würden.
[467] Diese Frage beispielsweise aufwerfend: Elvin, The Prison Journal 1985, S. 48f.
[468] Thomas, Business & Professional Ethics Journal 1991, S. 3, 30f.
[469] Shichor, S. 68.

d. Korruptions- und Mißbrauchsanfälligkeit

Vereinzelt wird darauf hingewiesen, der Strafvollzug sei wegen seiner mangelnden Transparenz („hidden delivery") besonders anfällig für Korruption und Mißbrauch von seiten privater Betreiber. Der Staat könne solches Fehlverhalten erst im Rahmen seiner Kontroll- und Aufsichtstätigkeit feststellen.[470]

Auch *Logan* sieht die Gefahr des Mißbrauchs und der Korruption. Er hält sie jedoch nicht für ein spezifisches Problem privater Haftanstalten. Ein solches Risiko bestehe regelmäßig, wo Menschen Machtpositionen ausübten. Diese könnten immer rechtswidrig zur Durchsetzung eigener Interessen mißbraucht werden. Korruption könne man nicht dadurch verhindern, daß Anstalten ausschließlich vom Staat geführt würden. Auch in staatlichen Anstalten könnten sich Häftlinge Privilegien gegenüber Mitgefangenen „erkaufen".[471]

Obgleich selbst Privatisierungsgegner einräumen, daß korrupte Machenschaften bei privaten Unternehmen bislang kaum bekannt geworden seien,[472] wird aktuell von einzelnen Korruptionsfällen und Interessenkonflikten berichtet.[473] Vertreter der *British Prison Officers Association* hatten eine von CCA geführte Anstalt in den USA besichtigt und waren schockiert darüber, wie dort mit den Häftlingen umgegangen wurde. Auf Nachfrage habe man ihnen erklärt, daß lärmende und widerspenstige Gefangene mit Klebeband geknebelt würden. Eine Behandlung an der mindestens ein Häftling fast erstickt sei.[474]

2. Kriminalpolitische Gesichtspunkte

Aufgrund des wirtschaftlichen Interesses privater Unternehmen am Ausbau des Vollzugssystems und der gut funktionierenden Lobbyistenstrukturen, die daran interessiert

---

[470] Shichor, S. 186.
[471] Logan S. 12f.
[472] DiIulio, S. 155, 160.
[473] Lilly, ZfStrVo 1999, S. 78f.
[474] Lilly, ZfStrVo 1999, S. 78f. mwN.

seien, auch zukünftig die Freiheitsstrafe und den Strafvollzug im Rahmen der Kriminalpolitik zu verankern, wird befürchtet, daß Alternativen zum Strafvollzug zunehmend in den Hintergrund gedrängt würden.[475] Der Staat werde sich, stehe erst einmal genügend Haftraum zur Verfügung, zunehmend auf die Sanktion der Freiheitsstrafe verlassen.[476] Bereits die Historie habe gezeigt, daß die Inhaftierungsrate mit der Anzahl der zur Verfügung stehenden Haftplätze steige. Entstehe neuer Haftraum, würden die zur Verfügung stehenden Plätze auch belegt.[477] Durch eine solche „Mehrbelegung" und den damit verbunden Anstieg der Inhaftierungszahlen, entstehe die Gefahr einer grundsätzlichen Erweiterung sozialer Kontrolle („net-widening"-Effekt)[478].

Infolge der Privatisierungsdebatte entferne man sich zudem von der Klärung und Bekämpfung der eigentlichen Ursachen, die zur Überbelegung der Haftanstalten in den USA geführt hätten. Es werde vermittelt, das Kriminalitätsproblem könne gelöst werden, indem ausreichend Haftraum bereitgestellt werde. Damit führe man weg von der Diskussion darüber, ob die Ursache u.U. im eigentlichen Kriminalrechtssystem liege. Daher werde das Überbelegungsproblem durch die Privatisierung höchstens vorübergehend verkleinert, wirkliche Lösungen seien jedoch nicht zu erwarten.[479]

Weiterhin wird befürchtet, daß Vollzugsziele wie z.B. der Resozialisierungsgedanke noch weiter ins Hintertreffen geraten würden. Dies ergebe sich bereits aus der Tatsache, daß die Bereitstellung resozialisierender Programme für Häftlinge im Vergleich

---

[475] Bowditch/Everett, Justice Quarterly 1987, S. 441, 451; Elvin, The Prison Journal 1985, S. 48f., der dies für einen Schritt in die falsche Richtung hält: erst wenn Alternativen erfolglos blieben, müsse darüber nachgedacht werden, das Vollzugssystem zu erweitern (Elvin war zum Zeitpunkt der Veröffentlichung Sprecher der American Civil Liberties Union (ACLU)).
[476] Ähnliche Bedenken hegt auch Frazier-Stacy, Nebraska Law Review 1991, S. 900, 919.
[477] Ring, S. 12; Taylor/Pease, S. 179, 185; a.A.: Logan, S. 150f. der versucht, diesem auf kriminalhistorischer Begründung beruhenden Argument pragmatisch zu begegnen, indem er die Ansicht vertritt, die Befürchtung seiner Opponenten könne nicht stimmig sein, andernfalls dürfe in den USA keine Überbelegung existieren.
[478] Palumbo, Policy Studies 1986, S. 598, 605.
[479] Beyens/Snacken, S. 240, 261.

zur reinen „Aufbewahrung" sehr kostenintensiv sei und daher mit dem Gewinninteresse der Unternehmen nur schwer vereinbar sei.[480]

Dies führt zu der Frage, welchen Einfluß die Kommerzialisierung auf Inhalte und Art und Weise der Durchführung des Strafvollzugs zu nehmen vermag.

3. Zusammenfassung

Philosophische und ethisch-moralische Gesichtspunkte bilden nur Randthemen in der Privatisierungsdebatte. Kontrovers diskutiert wird Privatisierung vor staatsphilosophischem Hintergrund, wobei der Gesellschaftsvertrag sowohl von Kritikern als auch von Befürwortern herangezogen wird, um jeweils konträre Standpunkte zu begründen. Daran anknüpfend wird die Frage aufgeworfen, ob die Symbolwirkung der Strafe und deren Vollzug von Privatisierungen beeinträchtigt werden. Darüber hinaus hat man das Interesse privater Unternehmen, mit dem Freiheitsentzug finanziellen Gewinn zu erzielen, moralisch problematisiert und das Korruptions- und Mißbrauchsrisiko kontrovers diskutiert. Dabei bleibt freilich zu berücksichtigen, daß bislang nur wenige Einzelfälle bekannt geworden sind.

Bedenkenswerte, aber wenig beachtete Elemente enthält die Privatisierungsdiskussion aus kriminologischer Sicht. Man befürchtet die Stärkung einer Strafpolitik, die zunehmend auf Freiheitsstrafe setzt. Einerseits sei durch den zu erwartenden Anstieg der Inhaftierungsraten mit einer Ausdehnung sozialer Kontrolle zu rechnen, und andererseits werde von Alternativen zum Strafvollzug und den eigentlichen Ursachen der Überbelegung auf eine Symptombekämpfung abgelenkt. Weiterhin bestehen Bedenken, daß als Ergebnis der Kommerzialisierung und des Gewinnstrebens der Resozialisierungsgedanke des Strafvollzugs zunehmend in den Hintergrund gedrängt werde. Schließlich könne es zu Leistungsabsenkungen und einer „Zweiklassengesellschaft" im Vollzugssystem kommen.

---

[480] Merlo, Corrections, S. 23, 30; Palumbo, Policy Studies 1986, S. 598, 603.

VI. Zusammenfassung der wesentlichen Ergebnisse der Privatisierungsdiskussion

Die Entstehung und Entwicklung privater Strafvollzugsanstalten in den USA in den letzten 15 Jahren sind auf ein Bündel zusammenwirkender Bedingungen zurückzuführen:

Zu nennen sind zum einen die massive Überbelegung der Strafvollzugsanstalten, bedingt durch einen überproportionalen Anstieg der Gefangenenrate. Dieser beruht u.a. auf der neuen „get-tough" Strafpolitik, die durch die zunehmende Verhängung von Freiheitsstrafen forciert wurde. Die Notwendigkeit, wegen der Überfüllung der Anstalten neuen Haftraum zu schaffen, erforderte es, trotz der Engpässe des Staatshaushaltes und der mangelnden Bereitschaft der Bevölkerung, für die steigenden Haftkosten aufzukommen, erhebliche finanzielle Mittel zu mobilisieren. Private Finanzierungskonzepte wie das „lease-purchase" Modell boten dankbar begrüßte Auswege. Die Situation der Überbelegung und der steigenden Kosten trat unter der Präsidentschaft von *Reagan* zu Tage. Dessen Politik war gekennzeichnet von neo-liberalen Ideologien Entsprechend wurden Entstaatlichungs- und Deregulierungskonzepte diskutiert und gefördert. Darüber hinaus existierten im Bereich der sozialen Kontrolle bereits zahlreiche Kooperationsformen zwischen dem privaten und dem staatlichen Sektor, u.a. als Teil einer neuen kommunitarischen Bewegung. Die Privatwirtschaft war wegen des neu zu erschließenden Marktes und der zu erwartenden Gewinnmöglichkeiten ebenfalls an einer Zusammenarbeit mit dem Staat interessiert, zumal sie zuvor schon gut am Sicherheitsgeschäft verdient hatte. Ein eng strukturiertes Netz von Lobbyisten trägt daher dazu bei, daß die Interessen der Wirtschaftsunternehmen auch in der Politik und der Bevölkerung deutlich zu Gehör kommen.

Die aufgezeigten Bedingungen haben dazu geführt, daß 1984 die erste private Strafvollzugsanstalt in den USA entstanden ist. Bis zum Ende des Jahres 1999 kamen noch 138 hinzu. Insgesamt wurden im Jahr 1999 139 privat geführten Haftanstalten mit 93.789 Haftplätzen bereitgestellt. CCA hat mit 49.935 Haftplätzen 53,3 % der privaten Haftplätze unterhalten. Wackenhut stellte 21.133 Haftplätze (22,5%) zur Verfügung, die restlichen Plätze wurden von sonstige kleineren Unternehmen bereitgestellt (22.721 = 24,2%). Die Grundlage für die privaten Strafvollzugsanstalten bildet – nachdem das betreibende Unternehmen mit Hilfe eines öffentlichen Ausschreibungsverfahren ausgewählt worden ist – eine vertragliche Vereinbarung zwischen den Beteiligten. Gegenstand dieser Vereinbarungen sind im Schwerpunkt Leistungsbeschreibungen, Vertragslaufzeiten und Entgeltbestimmungen. Wesentliche Aufgaben kommen dem Staat bei der Kontrollaufsicht zu. Da die Haftanstalten privat geführt werden, zieht sich der Staat in ein Wächteramt zurück, das gewissenhaft auszuüben er wegen der besonders einschneidenden Wirkung des Strafvollzugs auf die Rechte der Gefangenen und wegen der mangelnden Transparenz des geschlossenen Vollzugs verpflichtet ist. Hierzu bedarf es umfassender Kontrollmechanismen, die der Staat schaffen muß.

Die (Re-) Privatisierung von Strafvollzugsanstalten hat eine Reihe unterschiedlicher Diskussionen ausgelöst.

In der juristischen Auseinandersetzung werden zum einen verfassungsrechtliche Fragen behandelt, zu denen insbesondere die Wahrung bestimmter Rechte der Häftlinge und die Ausübung von Gewalt gegenüber Häftlingen gehören. Zum anderen spielen Haftungsfragen und schließlich konkursrechtliche Erwägungen eine Rolle.

Der Frage, ob eine Privatisierung des Strafvollzugs verfassungsrechtlich generell zulässig ist, wird hingegen nur ein geringer Stellenwert beigemessen. Mangels entgegenstehender gerichtlicher Entscheidungen erachtet man eine Privatisierung ganz überwiegend als zulässig.

Eine ausführliche Diskussion findet sich zu der Frage, inwieweit eine Privatisierung verfassungsmäßige Rechte der Gefangenen verletzt. Bedenken bestehen hier insbesondere in Bezug auf die in jeder Anstalt durchzuführenden Disziplinarverfahren und -entscheidungen. Im Ergebnis kann festgehalten werden, daß Private nach US-amerikanischen Vorstellungen weder festlegen dürfen, welche Verhaltensweisen disziplinarrechtlich sanktioniert werden (also keine Normen setzen dürfen), noch darüber befinden dürfen, ob eine Disziplinarmaßnahme gegen einen Häftling zu verhängen ist. Ähnliches gilt auch für die Entscheidung, ob die Reststrafe eines Häftlings zur Bewährung ausgesetzt wird. Private dürfen also nicht Mitglied von Bewährungskommissionen, sog. „parole boards", sein. Besondere Beachtung gewinnt in diesem Zusammenhang die Frage, wie die mittelbare Einflußnahme Privater, etwa bei zeugenschaftlicher Vernehmung oder bei Führung der Vollzugsakten bei Vollstreckungs- oder Bewährungsentscheidungen zu bewerten sei. Eine solche Einflußnahme wird allgemein nicht für unzulässig gehalten. Bedenken gibt es weiterhin im Hinblick auf die Verletzung des 8. amendment U.S. Constitution, da bei privaten Unternehmen aufgrund ihres Gewinnstrebens die Gefahr bestehen kann, daß es zu Versorgungskürzungen kommt. Einen besonders brisanten Punkt der juristischen Diskussion stellt die Befugnis zur Gewaltanwendung gegenüber Häftlingen dar. Diese wird regelmäßig aus den „Jedermannsrechten" wie Festnahmerecht oder Notwehrrecht des common law hergeleitet.

Einen Schwerpunkt der juristischen Diskussion bildet die Frage, inwieweit der Staat materiell haftet, falls Gefangenenrechte von Privaten verletzt werden. Im Ergebnis besteht Einigkeit, daß sich der Staat einer solchen Haftung nicht entziehen könne. Haftungsgrundlage bildet 42 U.S.C. Section 1983, auf dessen Grundlage die Handlung des Privaten dem Staat regelmäßig als „state action" zugerechnet wird. Streitig ist, ob Privaten die Grundsätze des Haftungsausschlusses für Beamte aus dem common law zur Seite stehen.

Schließlich sind Gegenstand der rechtlichen Beurteilung auch Fragen aus dem US-amerikanischen Insolvenzrecht. Erörtert werden im wesentlichen die besonderen Umstände, die sich aus der Insolvenz einer Strafvollzugsanstalt ergeben können, wie etwa die Notwendigkeit der Weiterführung der Anstalt oder deren Übernahme durch den Staat.

Den Mittelpunkt der Privatisierungsdiskussion bildet jedoch nicht die juristische Auseinandersetzung, sondern die Frage, ob private Anbieter Haftanstalten kostengünstiger und effizienter als der Staat führen können. Privatisierungsbefürworter bejahen das: Durch die private Beteiligung werde das gesamte System flexibler gestaltet, weil man es am tatsächlichen Vollzugsbedarf ausrichten könne. Nach einer Untersuchung von GAO ist es den vorliegenden empirischen Studien jedoch nicht gelungen, einen überzeugenden allgemeinen Nachweis für diese ökonomischen Thesen zu liefern.

Von Privatisierungsgegnern werden Sicherheitsrisiken im Falle eines Streiks der privaten Vollzugsbediensteten angesprochen. Befürworter versuchen diese Bedenken zu entkräften, indem sie auf die möglichen vertraglichen Vereinbarungen hinweisen, die einen Ausschluß des Streikrechts oder die Möglichkeit eines sofortigen Kündigungsrechts vorsehen.

Vergleichsweise geringe Bedeutung kommt der Diskussion um staatsphilosophische und ethisch-moralische Gesichtspunkte zu. Privatisierungen werden sowohl von Gegnern als auch von Befürwortern mit dem Modell des Gesellschaftsvertrags in Beziehung gesetzt. Darüber hinaus berücksichtigt man die Symbolwirkung von Strafe und Vollstreckung. Schließlich wird das Gewinninteresse der privaten Unternehmer problematisiert und außerdem die Gefahr von Korruption und Mißbrauch erörtert.

Nur relativ wenige Beiträge behandeln auch Auswirkungen der Privatisierung auf das Kriminalsystem. Es wird einerseits befürchtet, daß die zunehmende Unterstützung der Freiheitsstrafe durch Lobbyistenstrukturen zu einer Steigerung der Inhaftierungsraten und damit zu einer Ausweitung der sozialen Kontrolle führten. Andererseits könnten Alternativen zum Strafvollzug zunehmend ins Abseits geraten. Die Privatisierungsdiskussion lenke von den eigentlichen Ursachen der Überfüllung der Anstalten ab und bekämpfe – mit höchstens vorübergehender Wirkung – die Symptome.

Zur Problemlage gehören schließlich die Gefahren, die speziell von der Kommerzialisierung des Systems ausgehen. Genannt werden eine Ausdehnung des Gefängnismarktes, die Vernachlässigung des Resozialisierungszwecks, Leistungsabsenkungen sowie nicht zuletzt das Entstehen einer „Zweiklassenvollzugsgesellschaft", bei welcher dem Staat die Unterhaltung der weniger gewinnträchtigen Hochsicherheitsgefängnisse zukäme.

VII. Stellungnahme

Die historischen Darstellungen des privaten Strafvollzugs heben hervor, daß das System anfänglich vorwiegend von den Gewinninteressen der Betreiber bestimmt und geleitet wurde. Häftlinge wurden als billige Arbeitskräfte mißbraucht, gleichzeitig aber nur äußerst notdürftig untergebracht und versorgt. Der private Strafvollzug war gekennzeichnet durch Mißbrauch und Korruption. Zwar ist die damalige Situation mit der heutigen insoweit nicht vergleichbar, als der Gewinn ehemals aus der Gefangenenarbeit und Gewährung von Privilegien gegen Entlohnung erzielt wurde, während heutzutage die privaten Unternehmen für die Unterbringung der Häftlinge entlohnt werden.[481] Jedoch ist die Motivation der Betreibenden gleich geblieben. Die früheren wie die heutigen Betreiber streben nach wirtschaftlichem Gewinn. Mögen auch die staatlichen Aufsichtsmaßnahmen und die gesellschaftlichen sowie politischen Umstände sich geändert haben, so bleibt der gewinnorientierte wirtschaftliche Antrieb dennoch bestehen.

Die Korruptions- und Mißbrauchsgefahr, die von den Privatisierungskritikern angesprochen wird, gewinnt vor diesem Hintergrund an Gewicht. Lediglich die Tatsache, daß bislang nur vereinzelt Korruptionsfälle bekannt geworden sind, bedeutet noch nicht, daß solche nicht existierten. Denkbar ist, daß sie nur nicht an die Öffentlichkeit geraten sind, weil sie dem Ansehen der Vollzugsunternehmen abträglich wären. Darüber hinaus muß der Staat sich unter Umständen mangelhafte Aufsicht vorwerfen lassen. Das Bekanntwerden von entsprechenden Fällen liegt also weder im Interesse des Staates noch der privaten Betreiber. Das Argument *Logan*'s, der Strafvollzug enthalte unabhängig von der Ausgestaltung seiner Führung potentielle Mißbrauchsmöglichkeiten und Gefahren ist zwar zutreffend, jedoch besteht zwischen privaten Arbeitnehmern

---

[481] So bereits Christie, KrimJ 1988, S. 50, 55.

und ihrem Arbeitgeber kein besonderes Gewaltverhältnis, wie dies in der Regel im öffentlichen Dienst üblich ist. Sie unterliegen nicht speziellen Straftatbeständen, denen Beamte unterliegen, wenn sie ihre Amtsposition mißbrauchen.

Die Positionen der Privatisierungsbefürworter vermögen auch insgesamt nicht zu überzeugen. Die Argumentationsstruktur beruht im wesentlichen auf der These, private Betreiber seien in der Lage, Anstalten kostengünstiger als der Staat zu betreiben, sie arbeiteten effizienter und leistungsorientierter, darüber hinaus gewinne das System an Flexibilität. Sei der Staat mit der Leistung des Unternehmens nicht zufrieden, beende er das Vertragsverhältnis oder verlängere es nicht, stets könne er entsprechend dem jeweils aktuellen Bedarf an Haftplätzen disponieren.

Abgesehen von der Frage, ob eine Diskussion um privaten Strafvollzug von wirtschaftlichen Gesichtspunkten geprägt sein sollte, konnte diese These – jedenfalls entsprechend der Studie des United States General Accountig Office aus dem Jahre 1996 – nicht belegt werden. Diese Studie hat ergeben, daß zum Zeitpunkt ihrer Erhebung noch keine gefestigten Erkenntnisse vorlagen, auf deren Grundlage sich die These, bestätigen ließe, daß die Unterhaltung von Haftanstalten durch private Unternehmen für den Staat kostengünstiger sei.[482] Laut GAO stützt überhaupt nur eine Studie (Texas-Studie) die aufgestellte These, indem sie zu einem Kostenunterschied von ca. 15% zugunsten einer privaten Anstalt gegenüber einer fiktiven staatlichen Anstalt kommt. Ein derartig fiktiver Vergleich ist wenig aussagekräftig.

In der Diskussion um die Wirtschaftlichkeit einer Anstalt muß die Frage der Kosten im Zusammenhang mit der Bereitstellung von Versorgungsleistungen betrachtet werden. Eine extrem kostengünstig operierende Anstalt, die aber nicht in der Lage ist, bestimmte Leistungsstandards einzuhalten, erscheint ebenso unerwünscht wie eine Haftanstalt, die hervorragende Haftbedingungen für jeden einzelnen Häftling bietet, jedoch

---

[482] Demgegenüber vertritt Nibbeling, S. 282 die These, daß trotz aller Vorbehalte gegen einen Kostenvergleich sich deutliche Anhaltspunkte dafür ergäben, daß private Betreiber in der Lage seien, gleiche Leistungen dauerhaft günstiger (bis zu 15%) als staatliche Stellen anzubieten.

so kostenintensiv ist, daß der Staat sie auf Dauer nicht finanzieren kann. Die einzige von GAO genannte Studie, die sowohl im Hinblick auf die Kostengegenüberstellung als auch im Hinblick auf die Qualitätsuntersuchung auf einer detaillierten Datengrundlage beruht, ist die Tennessee-Studie. Diese kommt jedoch gerade zu dem Ergebnis, es gebe keine gravierenden Unterschiede zwischen Kosten und Leistungen privater und staatlicher Anstalten. Die New-Mexico Studie, die als einzige Studie überhaupt bei einer Privatisierung eine Leistungsverbesserung festgestellt hatte, enthält, neben den aufgezeigten Schwächen in der Methodik, keinen Kostenvergleich. Sie bietet demnach nur ein einseitiges Bild ohne Aussagekraft, da der wesentliche Parameter, nämlich die Kosten für die festgestellte Leistungsverbesserung, fehlt.

Insgesamt läßt sich feststellen, daß die Anzahl der vorliegenden Studien im Vergleich zur Bedeutung, welche der Thematik in der Gesamtdiskussion beigemessen wird, gering ist. Trotz methodischer Schwierigkeiten, die mit der Erhebung entsprechender Studien verbunden sein mögen, läßt sich der Verdacht nicht von der Hand weisen, daß solche Studien möglicherweise von Privatisierungsbefürwortern gar nicht erwünscht sind. Die Verbreitung von Thesen unter Einsatz populistischer und auf den ersten Blick plausibel lautender Argumente wird ungleich schwerer, wenn man sich an wissenschaftlichen Forschungsergebnissen messen lassen muß, die die vertretene Ansicht nicht belegen oder möglicherweise sogar widerlegen. Aus der Sicht der Befürworter ist es nachvollziehbar, daß man sich lieber dem Vorwurf des mangelnden empirischen Nachweises aussetzt als auf ein lieb gewordenes Argument zu verzichten, das in der Bevölkerung auch ohne konkreten Nachweis geglaubt wird

Auch der Hinweis der Privatisierungsbefürworter auf eine angeblich größere Flexibilität vermag letztlich nicht zu überzeugen. Die These, daß durch die Beteiligung privater Unternehmen am Strafvollzug das System insgesamt flexibler gestaltet werden könne, weil der Staat sich bei ungenügenden Leistungen des Vertragspartners wieder von letzterem lösen könne, verkennt die Tatsache, daß die marktbeherrschenden Stellungen der Unternehmen CCA und Wackenhut einen Wechsel nur in der abstrakten Theorie erlauben.

Welches Unternehmen, das nicht von ähnlicher Größe wie CCA oder Wackenhut ist, wäre wirklich in der Lage, eine Anstalt, die von einer dieser beiden Gesellschaften geführte wurde, zu besseren Konditionen zu übernehmen?

Was die Fragen der Ausführung und Wirtschaftlichkeit angeht, sei schließlich auf die Befürchtungen hingewiesen, die Kritiker im Hinblick auf die Sicherheit der privat geführten Anstalt bei einem Streik ihrer Angestellten hegen. Diese Befürchtungen erscheinen umso mehr begründet, als die Löhne und Sozialleistungen privater Unternehmer in der Regel unter den staatlichen Standards liegen. Die Ungleichbehandlung kann zu Unzufriedenheit bei den Angestellten und schließlich auch zu Streiks führen, mit dem Ziel, die Entlohnung anzugleichen.[483] Hierbei ist zu beachten, daß viele Arbeitnehmer gewerkschaftlich organisiert sind. Obgleich private Unternehmer sich bemühen, nicht gewerkschaftlich organisierte Arbeitnehmer einzustellen, erscheint es unwahrscheinlich, daß gar keine Gewerkschaftsmitglieder beschäftigt werden oder andere Arbeitnehmer nach ihrer Einstellung der Gewerkschaft nicht doch noch beitreten. Darüber hinaus mag der Vorschlag, das Streikrecht für Sicherheitsbedienstete vertraglich auszuschließen, nicht zu überzeugen, da auch eine solche Regelung Streiks nicht endgültig verhindern kann. Selbst die Gewißheit, im Falle eines Streiks vom Sicherheitsdienste ausgeschlossen zu werden, kann Streikwillige letztlich nicht abschrecken, sofern eine entsprechende Solidarität unter den Angestellten besteht. Es erscheint auch unwahrscheinlich, daß das Unternehmen ohne weiteres sein gesamtes Sicherheitspersonal auswechseln kann.

Die Einbeziehung privater Wirtschaftsunternehmen hat, wie insbesondere die Untersuchungen von *Lilly/Knepper*[484] und *Lilly/Deflem*[485] gezeigt haben, dazu geführt, daß die Strafpolitik und das Strafvollzugssystem stärker von systemfremden, partikularen Interessen mitbestimmt wird. Das „Zusammenrücken" von Staat und privaten Unternehmen hat auch in dem Bereich der Kriminalpolitik zu einem größeren Mitspracherecht

---

[483] Shichor, Crime, Law and Social Change 1993, S. 113, 127.
[484] Lilly/Knepper, Prison Service Journal 1992, S. 43ff.

der Privaten geführt. Mit ihrem Netz lobbyistischer Strukturen gelingt es der Industrie, ihren Einfluß, nicht zuletzt unter Zuhilfenahme der Medien[486] effektiv geltend zu machen. Verbündete unter den Politikern und anderen staatlichen Organisationen sind schnell gefunden. Schließlich verbinden die Privatindustrie und die Regierung gemeinsame Interessen, nämlich der Ausbau des Vollzugssystems und die „Förderung" der Freiheitsstrafen. Wenn alle gemeinsam am gleichen Strang ziehen, lassen sich Interessen nachhaltig in politische Zielvorgaben umwandeln und zum Gegenstand der öffentlichen Meinung machen. Der Strafvollzug droht hierbei zunehmend zu einem Spielball der Interessengemeinschaft zwischen Staat und Industrie zu werden, wobei die Interessen der Schwächsten, der Gefangenen, unberücksichtigt bleiben. Es besteht die Gefahr, daß der Strafvollzug zu einem Mittel degeneriert, das letztlich einem Gewinn- und Machtzweck dient. Dies zeigt einmal mehr, daß das System der sozialen Kontrolle nicht ausschließlich durch systemeigene Vorgaben bestimmt wird, sondern im wesentlichen unter dem Einfluß ökonomischer und politischer Entwicklungen steht.[487] Strafvollzug als Teil der sozialen Kontrolle dient dem Staat zur Symbolisierung seiner Macht und den Privaten zur Erzielung wirtschaftlichen Gewinns.

Es verwundert daher nicht, daß bei Kritikern die Sorge entsteht, Privatisierungen könnten bei dem zu erwartenden Anstieg der Inhaftierungszahlen, wegen der Forcierung der Freiheitsstrafe und des Ausbaus des Vollzugssystems, zu einer Erweiterung sozialer Kontrolle führen. Die Sorge ist umso mehr begründet, als die Zielvorgaben des Strafvollzugs auf diese Weise immer mehr in den Hintergrund gedrängt werden. Zwar kann von privaten Wirtschaftsunternehmen eine Verbesserung des Resozialisierungssystems nicht erwartet werden, da sie mit dieser Zielvorgabe zu keinem Zeitpunkt

---

[485] Lilly/Deflem, Crime and Delinquency 1996, S. 3ff.
[486] vgl. dazu National Criminal Justice Commission, Jahrbuch für Rechtssoziologie 1998, S.41ff.
[487] Daß die Entwicklung nicht allein aus den veränderten Anforderungen des Kampfes gegen Kriminalität erklärt werden kann, stellt Lindenberg, S. 35ff. umfassend dar. Er nimmt dabei insbesondere Bezug auf die Untersuchung von Rusche & Kirchheimer und stellt als Schwerpunkte erstens den Zusammenhang von Bestrafungsinstitutionen und wirtschaftlichen Erfordernissen, zweitens die Bestrafung, wie sie in ihrer politischen Bedeutung für den repressiven Staatsapparat begriffen wird und drittens den ideologischen und symbolischen Gehalt der Bestrafung für die Rechtfertigung von Klassenherrschaft dar.

angetreten sind und dies auch nicht zu ihren erklärten Aufgaben gehört. Jedoch darf wenigstens erwartet werden, daß sich die Situation durch private Beteiligung nicht verschlechtert.

In diesem Zusammenhang sollte berücksichtigt werden, daß der Anteil der privaten Unternehmen am Strafvollzug in den USA noch unter 5% liegt. Sollte die Quote der Häftlinge, etwa infolge erfolgreicher Resozialisierungsmaßnahmen oder wegen einer Veränderung in der Strafpolitik rückläufig sein, so daß alle Häftlinge in staatlichen Einrichtungen untergebracht werden könnten, und sollten empirische Untersuchungen zeigen, daß die Unterbringung in privaten Anstalten im Ergebnis keine Vorteile für den Staat bringt, entstünde für private Vollzugsanstalten die Gefahr, daß man ihre Dienste nicht länger benötigt und sie damit aus dem Geschäft wären. Auch diese zumindest theoretische Entwicklungsmöglichkeit zeigt, weshalb es unabdingbare Notwendigkeit privater Vollzugsunternehmen ist, ihre Stellung im Markt auszubauen und die Freiheitsstrafe zu forcieren, die ihnen letztlich ihre Existenz sichert.

In der Regel impliziert eine Diskussion um Alternativen eine Kritik am System der Freiheitsstrafe und ihres Vollzugs. Eine solche Kritik ist dem privaten Strafvollzug abträglich, weil er wirtschaftlich davon abhängt, daß möglichst viele Freiheitsstrafen verhängt werden. Von der Diskussion solcher Alternativen und deren Implementierung muß folglich aus der Sicht der privaten Vollzugsindustrie abgelenkt werden. Die Befürchtung, Privatisierung führe zu einer Bevorzugung der Freiheitsstrafe zu Lasten von Alternativen, ist daher begründet.

Insgesamt vermögen die Positionen der Kritiker mehr zu überzeugen als die der Befürworter. Leider muß jedoch festgestellt werden, daß Privatisierungsbefürworter geschickt von den Einwänden und Befürchtungen der Kritiker ablenken, indem sie offensiv die wirtschaftlichen Gesichtspunkte in den Vordergrund rücken. Sie sind damit erfolgreich, denn Kritiker nehmen immer wieder die Diskussion um fiskalische und Effizienzerwägungen mit den Befürwortern auf, ohne stattdessen ihre eigenen übergeordneten Kritikpunkte in den Mittelpunkt zu stellen. Diese werden von den Befürwortern ignoriert und somit klein gehalten. Befürwortern gelingt es stets, ihre sehr populistischen Thesen vom kostengünstigen Strafvollzug medienwirksam in Szene zu setzen. Die Privatwirtschaft und die Politik schwimmen auf der sicherheitspopulistischen Welle mit und vermarkten ihre Positionen zugunsten von Gewinn und Wählerstimmen. Die Freiheitsstrafe wird sowohl von Politikern als auch von der Gefängnisindustrie zu ihren jeweiligen Zwecken instrumentalisiert. Sie erscheint von außen als wirksames Mittel gegen Kriminalität, dessen Anwendung aufgrund der modernen Managementmethoden privater Unternehmen auch finanziell erschwinglich wird. Kritiker der Freiheitsstrafe und des privaten Strafvollzugs geraten dabei ins Hintertreffen. Dies hat zur Folge, daß die Diskussion über private Strafvollzugsanstalten überwiegend an der Oberfläche verläuft und unerwünschte Folgen, die aus kriminologischer Sicht von einem privaten Strafvollzug zu erwarten sind, aus dem Blickfeld geraten. Entsprechende Ansätze drohen unterzugehen.

E. Privatisierung des Strafvollzugs in Deutschland

Das folgende Kaptitel unterteilt sich in drei Abschnitte. Zunächst wird anhand der unter D II 1 gewonnenen Erkenntnisse untersucht, ob sich in Deutschland vergleichbare Entwicklungen wie in den USA abzeichnen, die eine Privatisierung fördern. Daran schließt sich eine Untersuchung der rechtlichen Grundlagen und Grenzen nach deutschem Recht an. Abschließend ist die Zweckmäßigkeit einer Privatisierung zu erörtern.

I. Entstehungsbedingungen für privaten Strafvollzug in Deutschland

1. Anstieg der Gefangenenrate/Überbelegung von Strafvollzugsanstalten

Wie gesehen, waren in den USA die Überbelegung und der daraus folgende Zwang, neue Haftplätze zu schaffen in erster Linie ursächlich für die Privatisierung von Strafvollzugsanstalten.[488] Die Überbelegung wiederum war im wesentlichen auf eine erhebliche Steigerung der Gefangenenzahl und -rate zurückzuführen infolge einer Verschärfung der Kriminalpolitik.

a. Statistische Entwicklung der Gefangenenzahlen

In der deutschen Literatur über den Strafvollzug wird für die letzten Jahre häufig eine kritische Überbelegungssituation behauptet, ohne daß man allerdings schon deswegen eine Privatisierung fordert.[489] Die Überbelegung wird nur als eines unter mehreren Krisenanzeichen genannt. Weitere Probleme schafften Übernahme sachfremder Aufgaben z.B. des Abschiebevollzugs, die Unterbezahlung des Personals sowie die fehlende Entwicklung und Umsetzung problemadäquater und zielgruppenorientierter Vollzugskonzepte.[490]

---

[488] Vgl. oben D II 1 a.
[489] Braum/Varwig/Bader, ZfStrVo 1999, S. 67, 70; Kreuzer, FS Blau, S. 459ff.; Rehn, KrimPäd 1984, S. 2ff.
[490] Braum/Varwig/Bader, ZfStrVo 1999, S. 67, 70, unter Bezugnahme auf den Abschlußbericht der Expertenkommission „Hessischer Justizvollzug", S. 6.

Die Zahlen des Statistischen Bundesamtes aus 1997 weisen eine Belegungskapazität bundesweiter Haftanstalten von 72.378 und eine tatsächliche Belegung von 68.029, also 94% aus.[491]

Nach Angaben von *Schwind*[492] ist im Jahre 1998[493] von einer Belegungskapazität von 73.283 auszugehen. Die Ist-Belegung[494] wird mit 79.251 (entspricht einer Auslastung von 108%) und die Anzahl der Gesamtbelegung[495] mit 81.194 (entspricht einer Auslastung von 110%) angegeben.

Formal-juristisch wird Gefängnisüberfüllung definiert als die Überschreitung der vorhandenen, von der Aufsichtsbehörde offiziell ausgewiesenen Belegungskapazität (vgl. §§ 145f. StVollzG). Tatsächlich wird indes eine Überbelegung der Anstalt bereits dann angenommen, wenn eine Auslastung von ca. 90% erreicht ist. Notwendige Haftplatzreserven, jahreszeitliche „Stoßzeiten", mangelnde Austauschbarkeit von Haftplatzreserven in unterschiedlichen Anstaltstypen und Abteilungen sowie eingeschränkte Belegbarkeit laufender Baumaßnahmen müssen mitberücksichtigt werden.[496] Entsprechend dem Verhältnis zwischen Anzahl der Haftanstalten und Ist-Belegung für 1997 ist nach der juristischen Definition von keiner, tatsächlich aber von einer 4%igen und 1998 von 8-10%igen bzw. 18-20%igen Überbelegung auszugehen.[497]

Die Zahl der Gefangenen ist bezogen auf das frühere Bundesgebiet von 1960 (53.738) bis 1992 (43.853) um ca. 10.000 kontinuierlich zurückgegangen. Seit dem Jahr 1993, in dem im gesamten wiedervereinigten Bundesgebiet 53.664 Gefangene und Verwahrte registriert waren, ist dagegen eine kontinuierliche Steigerung zu verzeichnen. Im Jahr 1997 gab es 64.680 Gefangene.[498] Aussagekräftiger als die absoluten Zahlen ist

---

[491] Statistisches Bundesamt, Fachserie 10, Reihe 4.2 1997, S. 7.
[492] Schwind/Böhm-Schwind, § 146 StVollzG Rdn. 5.
[493] Stichtag war der 31.03.1998.
[494] Zahl der anwesenden Gefangenen: der sog. „Esser".
[495] Istbelegung + vorübergehend abwesende Gefangene.
[496] Kreuzer, S. 459, 465.
[497] Vgl. auch Walter, Strafvollzug Rdn. 104-115.
[498] Statistisches Bundesamt Fachserie 10, Reihe 4.2 1997, S. 7.

hingegen die Gefangenenrate pro 100.000 Einwohner, da die Anzahl der Häftlinge in Deutschland schon alleine durch die Wiedervereinigung angestiegen ist.

Abb. 4:[499] Entwicklung der Gefangenenrate pro 100.000 Einwohner in Deutschland 1985-1997:

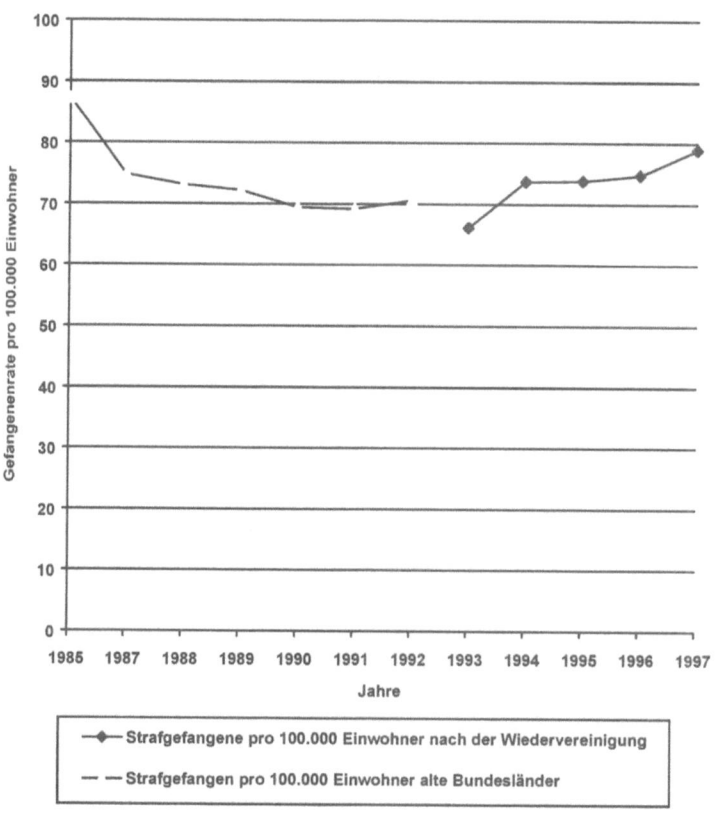

Die Gefangenenrate pro 100.000 Einwohner ist von 1985 bis 1992 bezogen auf das frühere Bundesgebiet – entsprechend der sinkenden Gefangenenzahl stetig zurückgegangen (von 87, 3 auf 70,6). Trotz leichten Anstiegs seit 1993 bis 1997 (von 66,17 auf

---

[499] Quelle: Bevölkerungszahl: Statistisches Bundesamt, Statistisches Jahrbuch 1997;Anzahl der Gefangenen: Statistisches Bundesamt Fachserie 10 Reihe 4.2.(1986 ohne Angabe). Anstieg von 1993 – 1997 um 19 %; Entwicklung von 1985 – 1997 um -10%.

78,9) bezogen auf das gesamte wiedervereinigte Bundesgebiet wurde der Höchstwert von 1985 (87,3) bei weitem noch nicht erreicht.

Abb. 5:[500] Entwicklung der Gefangenenrate pro 100.000 Einwohner in den USA 1985-1995

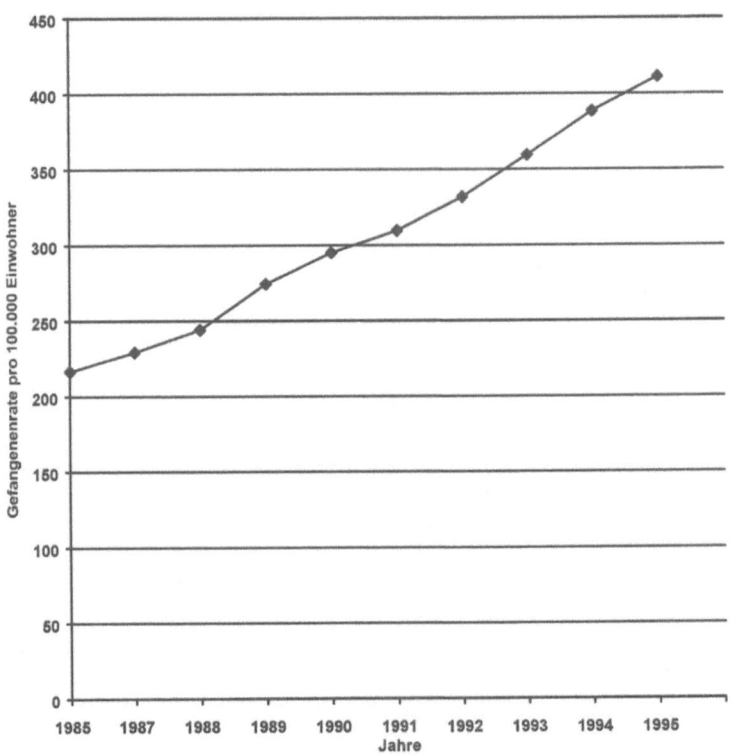

Der Vergleich der Abbildungen zeigt, daß die Entwicklung der Gefangenenrate in Deutschland weit unter der in den USA liegt. Die Anzahl der Häftlinge pro 100.000 Einwohner in den USA ist zwischen 1985 und 1995 um insgesamt 90% gestiegen. Während dieser Zeit sind in den USA 66 private Strafvollzugsanstalten von insgesamt 139 im Jahre 1999 entstanden.[501] Zwischen 1993 und 1997 ist die Anzahl der Häft-

---

[500] Anstieg von 1991 – 1995 um 33% zwischen 1985 – 1995 um 90%; Quelle: Statistical Abstract of the United States 1985-1995 (1986 ohne Angabe).
[501] Vgl. oben D II.

linge in Deutschland pro 100.000 Einwohner jedoch nur um 19% gestiegen und ist insgesamt seit 1985 sogar um 10% gesunken. Bereits der Ausgangswert von mehr als 200 Häftlingen pro 100.000 Einwohner im Jahre 1985 in den USA ist fast dreimal so hoch wie der in Deutschland 1997. Die Situation in Deutschland ist folglich nicht mit der in den USA geschilderten vergleichbar.

b. Veränderungen in der Strafrechtspolitik

Als eine Ursache für die Überbelegung der Vollzugsanstalten wird in den USA u.a. die rigide Strafpolitik genannt, mit welcher die Freiheitsstrafe als Sanktion zunehmend forciert wurde. Auch wenn man in Deutschland nicht von einer Überbelegungssituation wie in den USA ausgehen kann und auch die Anzahl der Häftlinge hierzulande nicht in vergleichbarem Umfang gestiegen ist, bleibt zu untersuchen, ob in Deutschland ähnliche Tendenzen vorhanden sind, wie sie in den USA zu einer Steigerung geführt haben.

Die Kriminalpolitik der 90er Jahre unter der Regierungskoalition der CDU und FDP war geprägt von konservativen, repressiven Zügen. Ausdruck dieser polizei- und strafrechtsdominierten Kriminalpolitik waren eine Reihe von Repressivinstrumenten, wie etwa der „große Lauschangriff", das Verbrechensbekämpfungsgesetz vom 28.10.1994, das Gesetz zur Bekämpfung des organisierten Rauschgifthandels und der organisierten Kriminalität vom 15.7.1992 sowie das 6. Gesetz zur Reform des Strafrechts vom 26.1.1998 (6. StrRG).[502]

Im 6.StrRG wurden bei einer Reihe von Tatbeständen die Strafrahmen verschoben, allerdings nicht einseitig erhöht, sondern zum Teil auch reduziert. Der „Strafrahmenharmonisierung" lag eine Neubewertung der Strafrahmen von Tatbeständen zum Schutz höchstpersönlicher im Verhältnis zu Tatbeständen zum Schutz materieller Rechtsgüter zugrunde. Während die Strafrahmen zum Schutz höchstpersönlicher Rechtsgüter als zu niedrig angesehen und entsprechend angehoben wurden, galten die

---

[502] Gössner, NeuKrim 1999, S. 9, 11f.

zum Schutz materieller Rechtsgüter zum Teil als zu hoch. Daher wurde diese teilweise gesenkt.[503]

Die konservative Marschrichtung der Regierung *Kohl* machte sich auch in der Sanktionspolitik bemerkbar. Um den Richtungswechsel zu verdeutlichen, muß man auf den Strafvollzug und die Sanktionsforschung der späten 60er und 70er Jahre zurückschauen. Sie wurden beherrscht von Behandlungs- und Resozialisierungidealen. Auf der Basis wachsenden Wohlstands in der Bevölkerung – die Phase wirtschaftlicher Nachkriegskonsolidierung ging zu Ende und die meisten Menschen befanden sich in dem glücklichen Zustand materieller Existenzsicherung – verbreitete sich eine allgemeine Reformfreudigkeit, die auch Impulse für einen Wandel in der Kriminologie gab. Psychologen und Soziologen traten an, um politische Verantwortung zu übernehmen. Sie eroberten die Kriminologie mit ihrem Behandlungsoptimismus, angelehnt an ausländische Vorbilder in Holland und Dänemark.[504]

Das „Nothing Works" Argument, das in den USA Mitte der 70er Jahre aufkam[505], wiesen Experten mit dem Hinweis zurück, in Deutschland habe Behandlung noch gar keine Chance gehabt. Man müsse hierzulande sozialtherapeutische Ansätze zunächst ausprobieren. Daher hielt man an der Behandlungsideologie fest und normierte das Vollzugsziel der Resozialisierung in § 2 S. 1 StVollzG.

Die Praxis der darauffolgenden Jahre hat auch in Deutschland die Schwachpunkte des Behandlungskonzeptes offen gelegt. In der Zwangssituation des Freiheitsentzugs kann man nur schwerlich verhaltensstabilisierend und beeinflussend auf den Häftling einwirken. So lassen bisherige Studien[506] Zweifel daran aufkommen, daß der Behandlungsvollzug zur Eingliederung Straffälliger in die Gemeinschaft und damit als Mittel

---

[503] Kreß, NJW 1998, S. 633, 634f.
[504] umfassend dargestellt von Callies, S. 1ff.; Steinert, Abolitionismus, S. 1, 7f. Walter, Strafvollzug Rdn. 16.
[505] Vgl. oben D II 1 a aa.
[506] Vgl. die Studien von Kury, Die Behandlung Straffälliger, Teilbd. 1, 1986; Ortmann, Resozialisierung im Strafvollzug 1987.

der Rückfallvermeidung wirksam ist.[507] Zudem wurde festgestellt, daß der Behandlungsvollzug trotz entsprechender Vollzugspläne kaum irgendwo in deutschen Gefängnissen konsequent praktiziert wurde.[508]

Trotz der in Deutschland zunehmenden Kritik hat sich an der gesetzlichen Normierung der Resozialisierung nichts geändert. Dennoch ist in der Literatur zu lesen, daß der Resozialisierungsgedanke allem Anschein nach in den Hintergrund gedrängt werde.[509] Obwohl die Kritik am Behandlungsvollzug gleichermaßen von Konservativen wie von generellen Systemkritikern bis hin zu Abolitionisten vorgetragen wird,[510] zeichnet sich deutlich eine politische Kehrtwende zu einer „konservativen Revolution" im Gefängnis ab. Diese geht einher mit einer Renaissance des Sühnens und Strafens. Unter Ausblendung aller wissenschaftlichen Erkenntnisse müsse man – so *Kamann*[511] – die Reinkarnation vorkonstitutioneller Prinzipien feststellen.[512] Bereits Ende der 80er Jahre veröffentlichten internationale Strafrechtslehrer am Rande der Strafrechtslehrertagung in Salzburg ihre Befürchtung, der Resozialisierungsvollzug in Deutschland werde zunehmend zugunsten eines Vergeltungs- und Sühnevollzugs aufgegeben.[513] Obwohl noch zu Beginn der 90er Jahre in Nordrhein-Westfalen den Bestrebungen, die Strafzwecke Sühne und Abschreckung zu stärken, eine klare Absage erteilt worden war, wurde etwa vier Jahre später dieser Standpunkt im Rahmen des „Vollzugskonzepts 2000" relativiert. Dieses Konzept ist geprägt von restriktiven Maßnahmen, wie etwa

---

[507] Kaiser/Kerner/Sack/Schellhoss-Müller-Dietz, S. 507, 513.
[508] Schumann, S. 16, 20.
[509] Kamann, NeuKrim 1996, S. 14 mwN., dagegen entschied das BVerfGe NJW, 1998, S. 3337ff, daß das Grundgesetz den Gesetzgeber verpflichte, ein wirksames Konzept zur Resozialisierung zu entwickeln und den Strafvollzug darauf aufzubauen, dazu auch Walter in FS für Müller-Dietz 2001, S. 961f..
[510] Zur Allianz zwischen Konservativen und Abolitionisten trotz unterschiedlicher ideologischer Gesinnung, Motivation und Intention vgl. Haferkamp, KrimJ 1988, S. 10; Kaiser, FS Lackner, S. 1027, 1030.
[511] Kamann, NeuKrim 1996, S. 14.
[512] Kamann, NeuKrim 1996, S. 14, was er weniger dem Rechtssystem selbst, als den Gerichten zuschreibt.
[513] Schwind, ZfStrVo 1988, S. 259f.

Einschränkung des Behandlungsstandards zugunsten einer stärkeren Berücksichtigung von Sicherheitspaketen.[514]

Ob nun mit dem Regierungswechsel 1998 auch die Kriminalpolitik eine liberalere Richtung einschlägt, bleibt abzuwarten. Ansätze wie „Sucht ist Krankheit" und „Hilfe statt Strafe" und die Erkenntnis, daß das Strafrecht die Ursachen der Kriminalität nicht beseitigen kann, weisen auf eine liberalere Denkweise hin. Eine liberalere Kriminalpolitik bedeutet auch Flexibilisierung des Sanktionssystems, Stärkung von Wiedergutmachungsprogrammen, Einführung alternativer Sanktionsformen wie etwa gemeinnütziger Arbeit. Skeptisch im Hinblick auf die Ernsthaftigkeit des Liberalisierungsvorhabens macht jedoch die Tatsache, daß die Regierung *Schröder* bislang keines der genannten Repressivinsrtumente eingeschränkt hat, die unter der Vorgänger-Regierung eingeführt wurden. Es scheint bisher, als wolle die Regierung *Schröder* zwar einer – bereits von einzelnen Bundesländern praktizierten – kriminalpräventiven Strategie folgen, das gewachsene Repressionspotential jedoch nicht aufgeben.[515] Im Ergebnis ist die Situation in Deutschland aber trotz allem nicht mit der Hinwendung zu einer repressiven Strafrechtspolitik wie in den USA vergleichbar.

c. Vermarktung der Freiheitsstrafe

Obgleich die Kriminalitätsangst in der Bevölkerung 1989 im Vergleich zu 1997 und 1996 leicht zurückgegangen ist, bewerteten immer noch 62 % (1996 waren es 71%, 1997 waren es 65%) der Bevölkerung ihre Angst vor zunehmender Kriminalität mit (sehr) stark.[516]

Angesichts der – zumindest in den letzten Jahren – allenfalls leicht angestiegenen Zahl der Straftaten und Verurteilungen, kann dies nur auf eine gesteigerte Wahrnehmung

---

[514] Schulte-Altedornburg, ZfStrVo 1994, S. 222.
[515] Vgl. ausführlich zur Doppelstrategie der Regierung Schröder, Gössner, NeuKrim 1999, S. 9, 11ff.
[516] Vgl. die Kriminalitätsuntersuchung im Zeitverlauf durchgeführt von Reuband, NeuKrim 1999, S. 15.

von Kriminalität in der Bevölkerung zurückzuführen sein.[517] Die Zahlen bestätigen eine ansteigende Kriminalität nämlich nicht.

Abb. 6:[518] Gesamtverurteilungen und Anteil der Freiheitsstrafen 1993- 1997

	1993	1994	1995	1996	1997
Verurteilungen nach StGB insgesamt	688.128	693.432	683.258	682.844	692.723
Freiheitsstrafen	110.429	114.749	115.767	121.326	126.775

Die vorstehende Übersicht zeigt, daß die Anzahl der Verurteilungen insgesamt kaum gestiegen ist, sondern mit einer Differenz von ca. 10.000 konstant bei 680.000 bis 690.000 pro Jahr liegt. Auch die Zahl der polizeilich registrierten Straftaten ist seit 1993 für das alte Bundesgebiet rückläufig gewesen.[519] Es scheint daher, daß hinter der Kriminalitätsangst weniger die tatsächliche Verbrechensentwicklung, als vielmehr ein harter Positionswechsel der Medien steht:

Die Berichterstattung in den Medien, die im wesentlichen den Eindruck vermittelt, die Kriminalität in Deutschland steige unkontrolliert an, ist tatsächlich kritisch zu betrachten.[520] Zu vordergründig sind die Motive, etwas Außergewöhnliches zu melden: Berichte über Straftaten sind faszinierend und vor allem kostengünstig.[521] Darüber hinaus wird die Angst, die durch spekulative Berichterstattung über vereinzelte medienträchtige Gewalttaten geschürt wurde, mit Hilfe einer plakativen Darstellung der Kriminalstatistik weiter vertieft. Die Nachweise einer von der Realität sich entfernenden Darstellung von Kriminalität, die Bedrohungsgefühle und Angst bei der Bevölkerung

---

[517] Kaiser, § 21 Ziff. 2.
[518] Quelle: Statistisches Bundesamt Fachserie 10 Reihe 3 – Strafverfolgung 1993-1997.
[519] Kaiser, § 21 Ziff. 2.; nach Angaben des Statistischen Bundesamtes ist die Anzahl der registrierten Straftaten von 1993-1995 von 5.347 auf 5.232 Mio. für das alte Bundesgebiet gesunken. In Deutschland wurden 1995 6.665 Mio. Straftaten polizeilich registriert.
[520] Geiter, FS Rotthaus, S. 229.

vermitteln, sind zahlreich.[522] Die Politik übt aus wahltaktischen Gründen den Schulterschluß mit den Medien[523] und fördert dadurch künstlich Befürchtungen. Differenzierende Stimmen in der Medienlandschaft gibt es nicht; die „Meinungsmacher aller Couleur"[524] wenden die gleiche Darstellungsmethode an, und selbst die politischen Parteien scheuen nicht vor der Floskel „Kampf gegen das Verbrechen" zurück, um ein Bedürfnis nach Sicherheit zu suggerieren. *Obergfell-Fuchs*[525] stellt unter Berufung auf den „Spiegel" fest, daß selten zuvor so unverfroren mit der Verbrechensangst der Bevölkerung Politik gemacht wurde. Verbale Angriffe gegen Justizentscheidungsträger, die einen Beschuldigten nicht in U-Haft nehmen, eine Strafe zur Bewährung aussetzen oder eine vorzeitige Haftentlassung anordnen, sind nur eine Folge der so aufgebauten Meinung.[526]

Die weitere Konsequenz ist der Ruf der Bevölkerung, in deren Ohren bekanntlich die Begriffstrias „Sicherheit, Ruhe und Ordnung" traditionell einen besonderen Wohlklang besitzt, nach einfachen „Lösungen", autoritären Maßnahmen und „hartem Durchgreifen" eines starken Staates.[527]

Die Öffentlichkeit fordert von den Politikern, sich stärker mit dem Thema Verbrechen zu beschäftigen und von der Justiz und den Behörden schärfer durchzugreifen. Für eine liberale und soziale Veränderung des Strafvollzugs bietet diese Meinung keinen fruchtbaren Boden. Entsprechend urteilen Meinungsumfragen zu Sühne und Abschreckung als Strafzweck,[528] daß die Anzahl der Befürworter beider Elemente in der Bevölkerung zu Lasten des Resozialisierungsgedankens erheblich gestiegen ist. Dies ist nicht zuletzt auf die Fülle von Negativnachrichten über Vorkommnisse im Strafvollzug (Ausbruch, Selbstmord, Taten im Hafturlaub) zurückzuführen. Konservative Sicher-

---

[521] Geiter, FS Rotthaus, S. 229; Schneider, MschrKrim 1987, 319, 329.
[522] Geiter, ZfStrVo 1991, 323ff.
[523] Maelicke ZfStrVo 1999, S. 73f.
[524] Geiter, FS Rotthaus, S. 229f.
[525] Obergfell-Fuchs, S. 24.
[526] Geiter, FS Rotthaus, S. 229f.
[527] Gössner, S. 17f.
[528] Schwind, ZfStrVo 1988, S. 259f., 265.

heitskonzeptionen als Ausprägung eines „starken Staates" feiern populistische Triumphe über liberale Zweifler, die als „Bedenkenträger" und „Verharmloser" massiv unter Druck gesetzt werden.[529]

Es ist daher offensichtlich, daß Veränderungen in der Kriminalitätsbelastung und Veränderungen in der Furcht der Bevölkerung vor Kriminalität in keinem, allenfalls einem theoretischen Zusammenhang stehen.[530] Verantwortlich für die bestehende Furcht ist in erster Linie der Medienfluß mit seiner subjektiven Wirklichkeit.[531] In der Bevölkerung sinkt mit der Steigerung des Bedrohungsgefühls gleichfalls die Bereitschaft, Erprobungsrisiken wie Hafturlaub oder bedingte Freilassungen in Kauf zu nehmen. Nachdem das Fluchtrisiko durch den Einsatz moderner Sicherheitstechniken minimiert worden ist, wird nun zunehmend gefordert, auch das Risiko eines Rückfalls von Gewaltverbrechern zum Schutz der Allgemeinheit auszuschließen. Diesen Schutz sieht man bei längeren Strafzeiten gewährleistet, wobei höhere Belegungszahlen der Anstalten hingenommen werden.[532]

Nicht nur die Bevölkerung setzt sich für eine rigidere Strafpolitik ein, sondern auch ein Teil der Strafrechtspraktiker. Wie eine im Jahre 1993/1994 vom Justizministerium Nordrhein-Westfalen durchgeführte Untersuchung bei Staatsanwälten und Haftrichtern zeigte[533], herrscht auch unter diesen die überwiegende Meinung, daß der Kampf gegen das Verbrechen vielfach nicht energisch genug betrieben werde. Die Freiheitsstrafe dürfe nicht weiter eingeschränkt werden und die Zahl der Untersuchungs-Häftlinge könne noch weiter ausgedehnt werden. Diesen Trend bestätigt die Entwicklung der Freiheitsstrafe, die seit 1995 um ca. 14% gestiegen ist.[534] Aufgrund der relativ kon-

---

[529] Gössner, S. 17f.
[530] Reuband, KöZfSuS 1992, S. 341; ders. NeuKrim 1999, S. 15f., feststellend, daß der Anstieg der Furcht, der mit der Wende einsetzte, offenbar seinen Höhepunkt erreicht hat und einer Entspannung der subjektiven Kriminalitätsbedrohung gewichen ist.
[531] Reuband, NeuKrim 1999, S. 15; Walter ZfStrVo 1995, S. 67, 69.
[532] Maelicke ZfStrVO 1999 S.73 f.
[533] Geiter, FS Rotthaus, S. 229, 235.
[534] Vgl. Abb. 6.

stanten Anzahl der Verurteilungen[535] ist damit auch ihr Anteil an den Gesamtstrafen gestiegen.

Im Ergebnis kamen daher auch in Deutschland Tendenzen einer mediengestützten Meinungsbildung zugunsten einer härteren Strafrechtspolitik festgestellt werden.

2. Vollzugskosten

Strafvollzugsanstalten wurden in den USA u.a. mit dem Ziel privatisiert, die Vollzugskosten für den Staat zu senken.[536] Wie der folgenden Tabelle für Deutschland zu entnehmen ist, sind die Haftkosten bundesweit zwischen 1994 (DM 3.332 Mio.) und 1997 (DM 3.680 Mio) relativ stabil geblieben. Die Kosten je Gefangener und Hafttag lagen sogar 1997 um ca. DM 4,40 niedriger als 1995. Von einem explosionsartigen Anstieg der Haftkosten wie in den USA kann also in Deutschland keine Rede sein.

Abb. 7:[537] Entwicklung der Haftkosten 1994-1997

Merkmal	1994	1995	1996	1997
Gesamtaufwendungen ohne Baumaßnahmen (in Mio. DM)	≈ 3.332	≈ 3.500	≈ 3.569	≈ 3.680
Baumaßnahmen	≈ 393	≈ 353	≈ 405	≈ 412
Hafttage insgesamt	24.750.308	24.903.108	25.816.914	27.043.220
Kosten je Gefangener und Hafttag ohne Baumaßnahmen (in DM)	134,45	140,56	138,24	136,12
Baukosten je Gefangener und Hafttag (in DM)	15,88	14,18	15,72	15,26

---

[535] Vgl. Abb. 6.
[536] Vgl. oben D II 1 b.
[537] Quelle: Landesamt für Datenverarbeitung und Statistik NRW „Länderergebnisse Aufwendungen des Strafvollzugs".

3. Wandel wirtschafts- und sozialpolitischer Paradigmen

Wie bereits an anderer Stelle[538] festgestellt, ist das amerikanische Staatsverständnis geprägt von einer liberalen Tradition. Die nationale politische Kultur wird bestimmt durch einen mehr als zwei Jahrhunderte stabilen Konsens, der sich auf zentrale liberale Werte wie Individualismus, Freiheit, Gleichheit, Schutz des Eigentums und ökonomischen Wettbewerb gründet. Während sich der europäische Liberalismus zunächst gegen Feudalismus und Absolutismus behaupten und sich dann mit Herausbildung des Industriekapitalismus gegen Arbeiterbewegung und sozialistische Ideologien durchsetzen mußte, existierte in den USA weder eine feudal-aristokratische Herrschaftstradition noch ein schlagkräftiger politischer und intellektueller Sozialismus.[539]

Diese politische Kultur und die ihr zugrunde liegenden individualistischen und egalitären Wertvorstellungen stellen eine entscheidende Voraussetzung dar für die Kontinuität und Legitimität des amerikanischen politischen Systems, das sich von den kontinentaleuropäischen Systemen deutlich unterscheidet. Die USA haben, anders als Deutschland, keine obrigkeitsstaatliche Tradition. Sie bildeten und bilden keine Staatsgesellschaft. Dem „government" kommt vielmehr eine funktionelle und keine abstrakt-idealistische Bedeutung zu. Unter dem Staat versteht man – anders als in Kontinentaleuropa – nicht das Forum kollektiven Handelns und kollektiven Selbstverständnisses.[540]

Darüber hinaus ist auch ein „systematisches" Verständnis von Politik als eine über den Staat und seine Administration vermittelte Produktion, Distribution und Bereitstellung öffentlicher Güter, nur schwach ausgebildet. Die Gesellschaften Kontinentaleuropas zeichnet eine derartige Auffassung dagegen aus.

---

[538] Vgl. oben D I.
[539] Vorländer, S. 39, 44.
[540] Vorländer, S. 39, 46f.

In Deutschland wird der Wohlfahrtsstaat des 20. Jahrhunderts überwiegend als finanziell überfordert angesehen.[541] Der Staat soll auf seine Kernaufgaben zurückgeführt werden. Aus diesem Grund gewinnen neben Deregulierungs- und Dezentralisierungsmaßnahmen zunehmend die Privatisierungskonzepte an Bedeutung.[542] Hierarchische Steuerungsmethoden des Staates werden immer mehr durch Verhandlungen zwischen privaten Einheiten und dem Staat ersetzt. Der Nationalstaat verliert an Bedeutung: Von innen infolge wachsender Beteiligung Privater an seinen Entscheidungen und von außen durch den immer stärkeren Einfluß supranationaler Institutionen.[543] Die Erfüllung von Staatsaufgaben wird mehr und mehr an Wirtschaftlichkeits- und Effizienzerwägungen gemessen. Private Managementmethoden erobern den bürokratischen Staatsapparat. Staatliche Administrationen auf allen Ebenen haben auf die konservative Bürokratiekritik der 70er und 80er Jahre reagiert und versuchen den Verwaltungsapparat zu verschlanken, indem sie Marktmechanismen übernehmen.[544] Knapper werdende Ressourcen der öffentlichen Hand verlangen nach einer effizient und „kundenorientiert" arbeitenden Verwaltung.[545]

Dennoch ist für die hiesige Entwicklung zu beachten, daß anders als in den Projekten des „*Thatcher*ism" in Großbritannien und der „*Reagan*omics" in den USA von einem Rückzug des Staates, von breiter Deregulierung der Wirtschaft und einem allgemeinen Sozialstaatsabbau nicht die Rede sein kann. Der Umbau von einem Wohlfahrtsstaat zu einem „schlanken Staat" geht in Deutschland in dosierten Phasen vor sich.[546] Neue Steuerungsmodelle in der Sozialarbeit werden jedoch auch hierzulande z.B. durch die Kommunale Gemeinschaftsstelle des Städte- und Gemeindetages entwickelt. Im Rahmen eines politischen „Aufgaben-Controllings" wird geprüft, welche Leistungen der Staat für die Bürger bereitstellen sollte und welche dagegen privatisiert werden können. Es wird über den Umfang der Leistung entschieden und festgelegt, daß auch für

---

[541] Vgl. oben A, C II 1.
[542] Vgl. oben A, C II 1.
[543] Vgl. C II 2.
[544] Cremer-Schäfer, NeuKrim 1997, S. 30, 34.
[545] Kloff, NeuKrim 1997, S. 12.
[546] Cremer-Schäfer, NeuKrim 1997, S. 30f.

staatlich erbrachte Leistungen Effizienz- und Effektivitätsmaßstäbe anzulegen sind. Qualität und Kundenorientierung werden von privaten Anbietern und Organisationen der freien Wohlfahrtspflege bei der Ausführung von ausgelagerten und ggfls. staatlich finanzierten Aufgaben verlangt. Durch „Contracting Out" und „Outsourcing" wird die kostenintensive Erbringung wohltätiger, sozialer Dienste verlagert.[547]

Im Ergebnis kann daher festgestellt werden, daß auch in Deutschland sich der Staat aus vielerlei Aufgaben zurückzieht, das Staatsverständnis jedoch ein anderes ist als in den USA.

4. Staatliches und privates Zusammenwirken im Bereich sozialer Kontrolle

Als weiterer Grund für die Eröffnung privater Vollzugsanstalten in den USA wurde die schon vorhandene umfangreiche Beteiligung Privater im Sanktionsbereich genannt.[548] Auch in Deutschland gibt es in diesem Bereich bereits eine Reihe privater Beteiligungen.[549] Obgleich solche Dienste zur Zeit noch überwiegend in Form gemeinnütziger Einrichtungen (z.B. Drogentherapieeinrichtungen) erbracht werden, befinden sich einige Organisationen im Übergang zu sozialwirtschaftlichen Unternehmen.[550] Kooperationen im Bereich der Entlassungsfürsorge sieht § 154 StVollzG vor. Darüber hinaus erlangen neben Programmen wie TOA oder Schadenswiedergutmachung verschiedene Diversionsprogramme, besonders im Bereich des Jugendstrafrechts, an Bedeutung.[551] Eine der neueren Entwicklungen, die im weitesten Sinne auch in diesen Rahmen fällt, ist das sogenannte „Electronic Monitoring", bei welchem der Täter seine Haftstrafe in der eigenen Wohnung verbüßt.[552]

---

[547] Cremer-Schäfer, NeuKrim 1997, S. 30ff.
[548] Vgl. oben D II 1 d.
[549] Vgl. oben B I.
[550] Vgl. oben B I.
[551] Vgl. oben B I.
[552] Vgl. oben B I.

5. Wirtschaftliches Interesse privater Unternehmen

In Deutschland ist anders als in den USA nicht festzustellen, daß sich private Unternehmen mit Hilfe breit angelegter Werbefeldzüge in das Vollzugsgeschäft „einkaufen" möchten. Es scheint vielmehr, daß an einer Privatisierung mit dem Ziel neue, gewinnversprechende Märkte zu eröffnen hierzulande weniger Interesse besteht. Man darf aber nicht übersehen, daß das private Sicherheitsgewerbe als vielversprechender Wachstumsmarkt gilt.[553]

Der *Bundesverband Deutscher Wach- und Sicherheitsunternehmen* (BDWS), dem 360 Mitgliedsfirmen angehören, schätzte beispielsweise die Anzahl der Wach- und Sicherheitsunternehmen 1992 auf bundesweit ca. 1.100. Diese Unternehmen – so der *BDWS* – erwirtschafteten mit 142.000 Beschäftigten einen Umsatz von DM 3,2 Mrd.[554] *Obergfell-Fuchs*[555] nennt für das Jahr 1996 bereits eine Zahl von 1800 selbständiger Unternehmen, die dem BDWS angehören und geht von einem geschätzten Gesamtumsatz dieser Unternehemn von DM 5 Mrd. aus. Ein großes deutsche Sicherheitsunternehmen, damals *Raab-Karcher Sicherheit GmbH*, gab an, 1992 seien für Sicherheitsdienstleistungen DM 3,6 Mrd., für elektronische Sicherheitstechnik ebenfalls DM 3,6 Mrd. und für mechanische Sicherungstechnik DM 6,0 Mrd. ausgegeben worden.[556]

Insbesondere der Umsatz mit Sicherungstechnik zeigt, daß der Ausrüstungsmarkt ein beachtliches Volumen hat und sich vermutlich auch als lukrativ erweist. Es erscheint nicht fernliegend, daß Unternehmen, die sich auf diesem Markt bereits etabliert haben, versuchen werden, ihre Geschäftstätigkeit auszuweiten auf die Erstellung, Ausrüstung und evtl. auch Führung einer Vollzugsanstalt.

---

[553] Walter, Sicherheitsgewerbe, S. 65, 78 mwN.
[554] Beste/Voß, S. 219, 222.
[555] Obergfell-Fuchs, S. 16.
[556] Beste/Voß, S. 219.

6. Ergebnis

Obgleich sich auch in Deutschland Tendenzen abzeichnen, die in den USA zur Privatisierung von Haftanstalten geführt haben, hat die Untersuchung gezeigt, daß insgesamt keine vergleichbare Entwicklung festgestellt werden kann.

Eine Vollzugskrise, wie sie in den USA in den 80er Jahren bestanden hat, gibt es in Deutschland weder in vergleichbarem Ausmaß noch aus vergleichbaren qualitativen Ursachen. Dementsprechend sind auch die Haftkosten hierzulande kaum angestiegen. Eine Verschärfung der Strafpolitik, wie sie Ausdruck der amerikanischen Strafrechtsreformen im Sinne eines „getting tough" war, kann für Deutschland nicht festgestellt werden. Allerdings fallen dahin zielende vergleichbare Tendenzen als Folge einer in der Bevölkerung durch Politik und Medien geschürte Kriminalitätsangst auf. Die wirtschaftspolitische Entwicklung verlief ebenfalls nicht parallel zu der in den USA, auch wenn in Deutschland zunehmend Sozialleistungen gekürzt und der Staat auf seine Kernaufgaben zurückgeführt werden soll. Ferner sieht das Zusammenwirken staatlicher und privater Kräfte im Bereich der sozialen Kontrolle steckt in Deutschland im Vergleich zu den USA noch in den Anfängen. Vergleichsweise gering ist schließlich das Interesse deutscher und internationaler Wirtschaftskonzerne den hiesigen Gefängnismarkt zu erschließen.

II. Rechtliche Grundlagen und Grenzen der Privatisierung des Strafvollzugs

Im Anschluß an die Untersuchung, ob in Deutschland Entwicklungen zu verzeichnen sind, die in den USA einer Privatisierung Vorschub geleistet haben, ist zu prüfen, welchen normativen Grenzen eine Privatisierung in Deutschland ausgesetzt wäre.

Dabei soll eine materielle und eine formelle Privatisierung zunächst anhand des Verfassungsrechts überprüft werden. Der verfassungsrechtliche Rahmen gibt vor, welche Aufgaben bereits jetzt privatisierungsfähig sind und in welchem rechtlichen Rahmen eine solche Privatisierung gestaltet werden kann. Im Anschluß daran soll die verfassungsrechtlich zulässige Privatisierung vor dem Hintergrund des Strafvollzugsgesetzes untersucht werden. Schließlich wird ein Vergleich zwischen den normativen Grenzen einer Privatisierung in den USA und Deutschland gezogen.

Für die materielle Privatisierung kann das Ergebnis vorweggenommen werden: Eine vollständige Delegation des Strafvollzugs auf private Unternehmen – die in Deutschland auch nicht im Mittelpunkt der Diskussion steht – stellte einen schweren Verstoß gegen die Verfassung dar. Im Rahmen der weiteren Prüfung vor dem Hintergrund des Strafvollzugs wird diese Privatisierungsform daher außer Betracht gelassen.

1. Verfassungsrechtliche Schranken

a. Art. 83, 87ff.

Zu prüfen ist zunächst, ob die deutsche Verfassung ein ausdrückliches Verbot der Privatisierung des Strafvollzugs enthält. Art. 83 GG enthält einen Katalog von Sachgebieten, die ausdrücklich nicht privatisiert werden dürfen, sog. verfassungsrechtlich verbürgte Verwaltungsmonopole. Der Strafvollzug findet sich in diesem Katalog nicht. Für ungenannte Bereiche gibt es keinen Anhaltspunkt für ein konkludentes Verbot. Die Regelungen sagen nichts über die Modalität der Verwaltung aus.[557]

Auch die Art. 87ff. GG, in denen die Gesetzgebungskompetenzen geregelt sind, enthalten bezüglich der Art der Aufgabenerfüllung keine Aussage.[558] Ob hinsichtlich der in Art. 87 Abs. 1 GG ausdrücklich aufgeführten Gebiete eine Privatisierung grundsätzlich ausgeschlossen ist, kann für die hiesige Erörterung dahinstehen. Der Strafvollzug findet sich auch in diesem Katalog nicht, sondern namentlich nur in Art. 74 Abs. 1 Nr. 1 GG (konkurrierende Gesetzgebung). Aus der Verteilung der Gesetzgebungskompetenz läßt sich nicht ableiten, daß es ausschließlich einen staatlich organisierten Strafvollzug geben darf.

---

[557] Ossenbühl, VVDStRL 29, 1970, S. 137, 162; Peine, DÖV 1997, S. 353, 355; Bonk JZ 2000, 435, 440.
[558] Peine, DÖV 1997, S. 353, 356.

Ein ausdrückliches Verbot den Strafvollzug zu privatisieren, enthält die deutsche Verfassung nicht.

b. Art. 33 IV, V GG

Die Privatisierung des Strafvollzugs in Deutschland könnte ihre verfassungsrechtliche Grenze in Art. 33 Abs. 4 GG finden, in dem der Funktionsvorbehalt[559] für das Berufsbeamtentum enthalten ist. Bei dieser Prüfung bietet es sich an, hinsichtlich der Zulässigkeit zwischen der materiellen und der formellen Privatisierung zu differenzieren. Eine vollständige (materielle) oder eben nur teilweise (formelle) Übertragung bringt eine unterschiedliche Intensität des Eingriffs in den von Art. 33 Abs. 4 GG geschützten Bereich mit sich.

aa. Materielle Privatisierung

Zu untersuchen ist zunächst, ob eine Übertragung des Strafvollzugs auf Private (materielle Privatisierung)[560] mit Art. 33 IV und V GG zu vereinen ist.

(1) Strafvollzug als hoheitliche Befugnis

Art. 33 Abs. 4 GG bestimmt, daß „hoheitliche Befugnisse" als ständige Aufgabe durch Beamte auszuführen sind. Fraglich ist also zunächst, ob die Erledigung des Strafvollugs, die derzeit überwiegend von Beamten ausgeübt wird, grundsätzlich unter „hoheitliche Befugnisse" subsumiert werden kann.

Über den Begriff „hoheitliche Befugnisse" besteht dabei insoweit Streit[561] als es um die Einordnung von Aufgaben geht, die nicht der Eingriffsverwaltung zuzuordnen sind. Einigkeit besteht indes darüber, daß nach seiner Zweckbestimmung Art. 33 Abs. 4 GG die öffentlichen Aufgaben erfaßt, in denen der Staat „mit Zwang und Gewalt" tätig wird.[562] Hierunter sind jedenfalls die Aufgaben der Eingriffsverwaltung zu zäh-

---

[559] Maunz/Dürig/Herzog-Maunz, Art. 33 Rdn. 32.
[560] Zum Begriff vgl. D III 2.
[561] Dazu im einzelnen Maunz/Dürig/Herzog-Maunz, Art. 33 Rdn. 33.
[562] Maunz/Dürig/Herzog-Maunz, Art. 33 Rdn. 35 unter Verweis auch auch Art. 148 Abs. 1 WRV, in dem von „obrigkeitlichen Aufgaben" die Rede war, und der als Vorbild für Art. 33 Abs. 4 GG ge-

len, die Grundrechtseingriffe beinhalten und demzufolge obrigkeitliches Handeln erfordern.[563] Aus diesem Ansatzpunkt heraus zählt der Vollzug von Strafe zu den hoheitlichen Befugnissen i.S.d. Art. 33 Abs. 4 GG. Allerdings ist der Begriff der hoheitlichen Befugnisse nicht starr, sondern wandlungsfähig. Viele ehemals monopolartig vom Staat ausgeübten Bereiche (Eisenbahn, Post, Telekommunikation) sind nach heutiger Sicht keine notwendigerweise hoheitlichen Befugnisse mehr, sondern können durch Private erledigt werden.[564] Eine feste, unveränderbare Aufzählung der Aufgaben, die durch Beamte zu erledigen sind, wäre mit dem sich wandelnden Staats- und Obrigkeitsverständnis nicht vereinbar. Von diesem Ansatzpunkt aus könnte die Auffassung vertreten werden,[565] daß der Strafvollzug im Wandel des Staatsverständnisses gar nicht mehr als hoheitliche Befugnis verstanden werden muß. Diese Auffassung wäre richtig, wenn der Strafvollzug keine sogenannte Kernaufgabe des Staates darstellen würde, die ihn als Staat und Obrigkeit gegenüber seinen Bürgern legitimiert. Es kommt daher darauf an, ob die in Frage stehende Tätigkeit Strafvollzug zu den materiellen Schwerpunkten der Staatstätigkeit im heutigen Verständnis zu zählen ist.

(a) Strafvollzug als Kernaufgabe des Staates

Zu prüfen ist, ob der Strafvollzug als Kernaufgabe des Staates zu sehen ist, die ihn als Obrigkeit legitimiert.

Das moderne Staatsverständnis, dessen Ausprägung sich auch in Art. 33 GG wiederfindet, geht auf die Lehre vom Gesellschaftsvertrag zurück. Demnach rechtfertigt sich die rechtlich verfaßte Gemeinschaft „Staat" mit dem Zweck, „innere Sicherheit" zu gewähren – ein Zweck, der sich bis in das Verständnis des modernen Staates nicht geändert hat:[566] Frieden und Ordnung herzustellen und zu sichern, indem jeder Bürger

---

standen hat; v. Münch/Kunig, Art. 33 Rdn. 48: „traditionell obrigkeitsstaatlich"; Schmidt-Bleibtreu/ Klein, Art. 33 Rdn. 12.
[563] Gusy, S. 5, 17.
[564] Schmidt-Bleibtreu/Klein, Art. 33 Rdn. 12.
[565] Vgl. Kulas S. 76ff.
[566] Stern, Bd. III/2, S. 1026; Benda/Maihofer/Vogel, S. 482; Badura, Rdn. 32/33; Kriele, S. 12; Radbruch, Rechtsphilosophie, S. 97; zum Begriff „Staat" und „moderner Staat" vgl. Quaritsch, S. 32ff;

vor Selbstsucht und Aggressivität der anderen Mitglieder der Gemeinschaft geschützt wird sowie eine gerechte Ordnung bereitzustellen, sind als fundamentale Interessen der Staatsbevölkerung vom Staat zu garantieren.[567]

Jenem Interesse kann der Staat nur dann gerecht werden, wenn er als anerkannte Zwangsmacht legitimiert ist und den Schutz notfalls mit Gewalt durchsetzen kann.

Dieses Verständnis ist bis hin zu den Anfängen der modernen Staatstheoretiker zurück zu verfolgen: Nach *Bodin*, leitet sich die staatliche Souveranität aus Naturgesetzen und dem gegenseitigen Vertrauen („trust") ab, nach *Hobbes* empfängt der Souverän die Autorität von den Herrschaftsunterworfenen selbst.[568] Der einzelne Herrscher hat aufgrund dieses gemeinsamen Vertrages die einzige Macht im Staat, der sich der einzelne Mitbürger unterwirft. U.a. durch die Furcht vor Strafe gehorchen die Mitbürger und lassen sich von ihm regieren (der Leviathan).[569] Auch nach *Rousseau's* Ansatz ist Staatsgewalt nichts anderes als die vereinigte Gewalt, die alle Mitglieder der Gesellschaft einvernehmlich („volonté générale"), der gesetzgebenden Person übertragen haben („contrat social"). Die Notwendigkeit staatlicher Ordnung dient der Erhaltung des einzelnen und dem Schutz von Person und Eigentum in der Gemeinschaft vor äußeren und inneren Feinden, wobei der Schutz jedem in gleicher Weise zukommen muß.[570]

In *Kant's* letztlich normativem Prinzip, der Idee der Republik, wird der volonté générale durch einen entsprechenden allgemein vereinigten Volkswillen als „bloße Idee der Vernunft" ersetzt.[571] Eine Abkehr vom Vertragsgedanken ist darin nicht zu sehen, sondern vielmehr eine vernunftorientierte, mehr auf das tatsächliche abstellende Prinzipienfindung zur Erklärung des Staates.

---

schließlich Pitschas, S. 184 zum Systemwechsel der inneren Sicherheit, allerdings in Bezug auf den Einsatz Privater im Bereich der präventiven Gefahrenabwehr.
[567] Badura, Rdn. 32; Kriele, S. 12.
[568] Hauptwerke der politischen Theorie, S. 202.
[569] Zippelius, Geschichte der Staatsideen, S. 39; Hauptwerke der politischen Theorie, S. 203.
[570] Isensee/Kirchhof-Götz, Handbuch des Staatsrechts Bd. III, § 79 Rdn. 8.
[571] Staatslexikon, Bd. 5, S. 216.

Bis in die Mitte des 20. Jahrhunderts wurde die Frage nach der Legitimität des Staates in den Theorien durch positivistische Ansätze, die wesentlich die Beschreibung und Systematisierung der Staatseinrichtungen zum Gegenstand hatten, verdrängt.[572] Erst die Entwicklungen im Dritten Reich, die aktuellen Probleme des sozial- und rechtsstaatlichen Forderungsdenkens und die sinkende Identifikation des Bürgers mit seinem Staat haben die Frage nach der Legitimität des Staates erneuert und verstärkt in den Mittelpunkt der Diskussion gebracht.

Die Theorie von *Rawls*[573] greift auf die vernunftrechtliche *Kant'sche* Tradition und den Gedanken des Sozialkontraktes zurück: freie, gleiche und rationale Individuen würden sich, wenn auch unter dem „Schleier der Unwissenheit" auf Prinzipien einer gerechten Gesellschaft einigen. Diese Vereinbarung enthalte den Primat der Freiheit und ein Prinzip, wonach Ungleichheit zugelassen werden könne, sofern Chancengleichheit herrsche.

Im Rahmen des Gesellschaftsvertrages und der Erfüllung der Aufgabe, innere Sicherheit herzustellen, spielen selbstverständlich die Rechtsordnung, das Strafrecht und die Durchsetzung des Rechts eine entscheidende Rolle. Denn die aus dem Vertrag folgende Verpflichtung des Rechtsstaates kann nicht ohne das Monopol legitimierter physischer Gewalt, d.h. einer im Staat monopolisierten[574] Gewalt bestehen. Das Gewaltmonopol dient dazu, das Recht zum Wohl der Gemeinschaft durchzusetzen, Konflikte zwischen den Bürgern durch staatliches Recht zu regeln und auszutragen[575] (Rechtsdurchsetzung) sowie allgemein verbindliche Regeln zu schaffen, d.h. eine Rechtsordnung herzustellen (Rechtssetzung).[576] Rechtsordnung, Strafrecht und Strafvollzug bestimmen als weitere Elemente des Staates als Obrigkeit verbindlich, welche Befugnisse und Pflichten der einzelnen bestehen, konstituieren einen Rechtsrahmen und erklären die Verletzung des Rechtsrahmens statt zu einem interpersonalen zu einem öf-

---

[572] Staatslexikon, Bd. 5, S. 217.
[573] Staatslexikon, Bd. 5, S. 217f.
[574] Dazu Schmitt-Glaeser, S. 147.
[575] Keller, S. 91.

fentlichen Konflikt. Der öffentliche Strafanspruch und der Strafvollzug sind „Errungenschaften"[577] des modernen Staates, mit denen er die Möglichkeit hat, die bürgerlichen Grundfreiheiten zu sichern.[578] Der Strafvollzug gehört als Kehrseite des staatlichen Strafanspruchs zu einem die staatliche Gewaltausübung prägenden Element.[579] Er dient der Absicherung und Durchsetzung der Rechtsordnung. Als Teil der Kernaufgabe „Friedenssicherung" und „Wahrung der inneren Sicherheit und Ordnung" ist daher der Strafvollzug als Kern hoheitlicher Befugnisse zu definieren.

In der Literatur[580] findet sich daher auch überwiegend – unter Rückgriff auf die dargestellte Argumentation der Legitimität des Staates – der Strafvollzug als Kernaufgabe und Teil der Garantie innerer Sicherheit neben weiteren Kernaufgaben wie der Gesetzgebung, Außenpolitik, Landesverteidigung usw.

(b) Vereinbarkeit der Übertragung der Kernaufgabe des Strafvollzugs mit Art. 33 Abs. 4 GG

Teilweise wird vertreten, daß trotz der Zugehörigkeit des Strafvollzugs zum Bestand der Kernaufgaben des Staates diese Aufgabe trotz des Funktionsvorbehalts in Art. 33 Abs. 4 GG vollständig übertragen werden könnte. Da auch der Bestand der Kernaufgaben ohnehin einem ständigen Wandel unterläge[581], könne der Staat auch originäre Aufgaben, die er als Inhaber des Gewaltmonopols erfüllen müsse, zur vollständigen Erledigung auf Dritte übertragen. Der „Selbsterhalt" des Staates müsse ihm ermöglichen, neue Alternativen der Aufgabenerfüllung zu suchen und zu realisieren. Von der Gefahr einer Nebengewalt oder schwindenden Einflusses könne erst dann gesprochen werden, wenn gravierende Gesetzesverstöße der privaten Unternehmen vorlägen.[582] Der von Art. 33 Abs. 4 GG vorgeschriebene notwendige staatliche Einfluß müsse zudem nicht denknotwendig dadurch ausgeübt werden, daß allein Beamte die Aufgabe erfüllen. Bei

---

[576] Isensee/Kirchhof-Randelzhofer, Handbuch des Staatsrechts I, § 15 Rdn. 35; Schmitt-Glaeser, S. 118.
[577] Braum/Varwig/Bader, ZfStrVo 1999, S. 67.
[578] Braum/Varwig/Bader, ZfStrVo 1999, S. 67.
[579] Lange, DÖV 2001, S. 898, 904.
[580] vgl. Kulas, Grundlagen, S. 35, 38.
[581] Kulas, S. 76 ff.

einer materiellen Privatisierung des Strafvollzugs bliebe ausreichend Einfluß bestehen, z.b. über die Regelungen im Vertrag mit dem privaten Unternehmen. Bei unvorhergesehenen Problemen könnten die Gefangenen in staatlichen Anstalten untergebracht oder staatliche Aufsichtsbeamte könnten entsandt werden.[583]

Dem ist entgegenzuhalten[584], daß es für den Staat unabdingbar ist, daß er als einzige Gewalt existiert und der damit verknüpften Aufgabe zur Gewähr innerer Sicherheit nachkommt. Die Erfüllung dieser Aufgabe erwartet die Gesellschaft. Kraft des Gesellschaftsvertrages hat der Staat eine gerechte Ordnung und Sicherheit durch ein Strafvollzugssystem bereitzustellen. Der Strafvollzug ist Teil des Staatsmonopols und dem Wesen nach staatliche Aufgabe.[585] Überträgt der Staat diese an die Bürger zurück, so konterkariert er gerade seinen eigenen Selbsterhalt. Er ist durch die Grundlage, die ihn legitimiert, gebunden, auch diese Aufgabe zu erfüllen. Der Zweck, den auch der Strafvollzug absichert, wird sich nicht durch reale Begebenheiten ändern. Abstriche dürfen nicht zugelassen werden.[586]

Die dargestellten Konstruktionen zur Sicherung des staatlichen Einflusses sind außerdem unfähige Hilfsmittel, die das Problem des Verstosses gegen Art. 33 Abs. 4 GG bei einer materiellen Privatisierung des Strafvollzugs nicht lösen können. Art. 33 Abs. 4 GG dient nicht nur dazu, dem Berufsbeamtentum ein Mindestmaß[587] an Tätigkeiten zuzuweisen. Vielmehr will diese Vorschrift erreichen, daß die Aufgaben, die die Privatwirtschaft nicht in der gleichen Weise wahrnehmen kann, dauerhaft durch Bedienstete erledigt werden, die sich einer besonderen Treuepflicht verschrieben haben.[588] Daß diese Treuepflicht und Verläßlichkeit für den Schutz der inneren Sicherheit eine besondere Rolle spielt und daher auch für einen sicheren Strafvollzug notwendig ist,

---

[582] Vgl. Kulas, S. 75f. und die vorstehenden Ausführungen.
[583] Kulas S. 70f.
[584] Eberstein, BB 1980, S. 863.
[585] Bonk, JZ 2000, S. 435, 437.
[586] Braum/Varwig/Bader, ZfStrVo 1999, S. 67f.; Hoffmann-Riem, ZRP 1977, S. 277, 279; Jeand`Heur, AöR 1994, S. 107, 111; „in seinem Fundament erschüttert".
[587] Maunz/Dürig/Herzog-Maunz, Art. 33 Rdn. 41.
[588] v. Münch/Kunig, Art. 33 Rdn. 48.

liegt auf der Hand. Angesichts der Zweckbestimmung ist daher eine materielle Privatisierung und eine Ausübung des Strafvollzugs als ständige Aufgabe durch Private nicht mit Art. 33 Abs. 4 GG zu vereinbaren.

(2) Ergebnis

Der Strafvollzug gehört zum Kernbereich staatlicher Aufgabenwahrnehmung und ist als solcher im Hinblick auf Art. 33 Abs. 4 und 5 GG nicht privatisierungsfähig.[589] Eine materielle Privatisierung des Strafvollzugs wäre daher bereits aus diesem Grund verfassungswidrig.

bb. Formelle Privatisierung

Bei einer formellen Privatisierung werden Aufgaben eines Sachbereiches zur dauerhaften Erledigung auf private Unternehmen übertragen,[590] so daß nicht von vorneherein ein Verstoß gegen die Verfassung angenommen werden kann.[591]

Für eine formelle Privatisierung ist zunächst festzustellen, daß der Funktionsvorbehalt in Art. 33 Abs. 4 GG keinen quantitativ festen Bestand an Tätigkeiten enthält, die ausschließlich von Beamten ausgeübt werden können. Ausgesprochen wird lediglich eine institutionelle Garantie bzw. ein Mindesteinsatzbereich[592] zugunsten des Berufsbeamtentums für die hoheitlichen dauerhaft zu erfüllenden Aufgaben,[593] damit die Kontinuität und Funktionsfähigkeit des Staates durch den Einsatz von Personen in einem öffentlich-rechtlichen Dienst- und Treueverhältnis gesichert wird.[594] Die Quantität der Aufgaben, die auch von Privaten wahrgenommen werden könnten, ist unbestimmt.[595] Zudem bietet Art. 33 Abs. 4 GG selbst durch die Formulierung „in der Regel" ein Einfallstor für Ausnahmen.

---

[589] So auch Calliess/Müller-Dietz, Einl. Rdn. 45.
[590] Vgl. B III 1.
[591] Bonk, JZ 2000, S. 435, 437.
[592] Gusy, S. 5,17.
[593] BVerfGE 9, S. 268, 284.
[594] Lange, DÖV 2001, S. 898, 902
[595] Peine, DÖV 1997, S. 353, 356.

Für die Zulässigkeit der formellen Privatisierung kommt es somit darauf an, den in Art. 33 Abs. 4 GG verwandten Begriff der „hoheitlichen Befugnisse" näher zu untersuchen und für den Strafvollzug zu klären, ob in diesem Aufgabenbereich nur als hoheitlich zu qualifizierende Tätigkeiten anfallen oder ob einzelne Aufgaben als gemischte bzw. schlichte nichthoheitliche angesehen werden können.

Was der Begriff hoheitliche Aufgaben i.S.d. Art. 33 Abs. 4 GG erfaßt, ist teilweise umstritten. Unter den Begriff und damit in den Aufgabenbereich des Berufsbeamtentums fallen unumstritten die Tätigkeiten, die Eingriffe in Grundrechte darstellen könnten.[596] Für den Strafvollzug bedeutet das, daß jedenfalls die obrigkeitlichen Aufgaben, die in die Grundrechte und sonstigen Rechte der Gefangenen eingreifen und diese u.U. sogar einschränken (Tätigkeiten der Eingriffsverwaltung, z.B. Kontrolle, Bewachung, Disziplinarentscheidungen) hoheitliche sind und nicht als ständige Aufgabe durch Private erledigt werden könnten.[597]

Ob auch Tätigkeiten, die nicht unter die Eingriffsverwaltung fallen, von Art. 33 Abs. 4 GG gemeint sind, ist umstritten. Ein Anhaltspunkt ergibt sich aus der Entstehungsgeschichte des Art. 33 Abs. 4 GG. Die Formulierung „hoheitliche Befugnisse" sollte darauf hinweisen, daß der Staat „als Obrigkeit tätig würde".[598] Dies spricht dafür, daß der Anwendungsbereich auf die Tätigkeiten der Eingriffsverwaltung beschränkt bleiben sollte. Das gleiche Ergebnis bietet ein Blick über Art. 33 Abs. 4 GG hinaus. Art. 34, 85 Abs. 2 S. 2 als auch Art. 33 Abs. 5 GG gehen davon aus, daß neben der Ausübung öffentlicher Aufgaben durch Beamte, Raum für die Ausübung durch Nichtbeamte bleiben müsse. Im Ergebnis ist daher davon auszugehen, daß Art. 33 Abs. 4 GG nicht zuletzt durch das aufgestellte Regel-Ausnahme-Verhältnis („in der Regel") die Möglichkeit bietet, daß Aufgaben eines Bereichs, die keinen obrigkeitlichen Charakter haben und in jedem Bereich anfallen auch durch Nichtbeamte bzw. Personen, die in einem

---

[596] Gusy, S. 5, 17; dies korrespondiert auch mit der Rsp. des EuGH zu Art. 39 Abs. 4, wonach nur der Kernbereich staatlichen Handelns unter ein Privatisierungsverbot fallen darf; vgl. Bonk JZ 2000, S. 435, 439.
[597] Isensee/Kirchhof-Isensee, Handbuch des Verfassungsrechts Bd 1 § 32 Rdn. 56.

z.B. zivilrechtlichen Verhältnis zum Staat stehen, ausgeübt werden können.[599] Art. 33 Abs. 4 GG öffnet mithin die Heranziehung privater Dritter als Beliehene aber auch als anders Tätige. Die Aufgaben, die hoheitliche und nicht-hoheitliche Elemente enthalten (sog. gemischt hoheitlich-nichthoheitliche Tätigkeiten) können dabei als nicht-hoheitliche Aufgabe gesehen werden, wenn nach dem Gesamtbild der Aufgabe die hoheitliche Tätigkeit nur eine untergeordnete Rolle spielt.[600]

Ohne daß bereits an dieser Stelle eine eindeutige Zuordnung der einzelnen Aufgaben erfolgen soll, liegt es auf der Hand, daß im Strafvollzug auf der einen Seite eine Vielzahl von Aufgaben der Eingriffsverwaltung zuzuordnen sind und auf der anderen Seite eine große Anzahl von Aufgaben anfallen, die ohne Grundrechtsrelevanz sind. Damit kann als Ergebnis jedoch festgehalten werden, daß eine ständige Übertragung eines Teils der Aufgaben des Strafvollzugs, nämlich der nicht-hoheitlichen und der gemischt hoheitlich-nichthoheitlichen mit untergeordnetem hoheitlichen Anteil, im Rahmen einer formellen Privatisierung nicht gegen Art. 33 Abs. 4 GG verstoßen würde.

c. Rechtsstaatsprinzip

Zu untersuchen ist weiterhin, ob ein Verstoß gegen das Rechtsstaatsprinzip bei einer materiellen bzw. formellen Privatisierung vorliegen würde.

Obwohl in Art. 20 GG, der die wesentlichen und der Ewigkeitsgarantie des Art. 79 Abs. 3 GG unterliegenden Prinzipien enthält, das Rechtsstaatsprinzip nicht ausdrücklich verankert ist, gilt es anerkanntermaßen als elementares Verfassungselement.[601] Abgeleitet wird es aus einer Vielzahl von einzelnen Verfassungsnormen z.B. Art. 1 Abs. 3, 19 Abs. 4, 20 Abs. 3 GG.

---

[598] Vgl. zur dogmatischen Herleitung Gusy, S. 5, 17; Schmidt-Bleibtreu/Klein, Art. 33 Rdn. 12.
[599] Bonk JZ 2000, S. 435, 439.
[600] Dreier-Wolff-Lübbe, Art. 33 Rdn. 59; Gusy, S. 5, 18.
[601] Vgl. nur BVerfGE 35, S. 41, 47.

aa. Aufweichung des staatlichen Gewaltmonopols

Fraglich ist, ob durch die materielle oder formelle Privatisierung das aus dem Rechtsstaatsprinzip folgende Gewaltmonopol[602] des Staates verletzt wird. Wie oben bereits im Rahmen des Art. 33 Abs. 4 GG geprüft,[603] handelt es sich bei dem Strafvollzug um eine Kernaufgabe des Staates gegründet auf den Gesellschaftsvertrag.

Auch für den Staat als Rechtsstaat ist es zwingend notwendig, daß er das Gewaltmonopol inne hat. Als Folge[604] des Gewaltmonopols dient er der Aufgabenerfüllung der inneren Sicherheit. Der Staat als Rechtsstaat hat eine gerechte Ordnung und Sicherheit bereitzustellen. Der Strafvollzug ist dabei Kehrseite und Folge des Gewaltmonopols. Er ist gebunden, diese Aufgabe zu erfüllen und muß zu diesem Zweck als oberste und einzige Gewalt den Strafvollzug beherrschen. Ist der Staat nicht mehr in der Lage oder nicht mehr willens, die innere Sicherheit zu schaffen, was bei einer materiellen Privatisierung des Strafvollzugs gegeben wäre, so ist das Rechtsstaatsprinzip in unzulässiger Weise verletzt.[605]

Bei einer formellen Privatisierung ist wiederum zu unterscheiden zwischen Aufgaben im Strafvollzug, die einen hoheitlichen, den Staat als Obrigkeit auszeichnenden Charakter haben und nicht-hoheitlichen Aufgaben. Während die Übertragung der hoheitlichen Tätigkeiten das staatliche Gewaltmonopol ähnlich wie bei der materiellen Privatisierung in unzulässiger Weise beschneiden würde, ist dies bei der Übertragung der lediglich nicht-hoheitlichen Aufgaben nicht zu befürchten.

Ein Verstoß der formellen Privatisierung gegen das Rechtsstaatsprinzip wegen einer Einschränkung des Gewaltmonopols hängt daher – wie bei Art. 33 Abs. 4 GG[606] – von der Art der übertragenen Aufgabe ab.

---

[602] Stern, Bd. III/2, S. 1026; Benda/Maihofer/Vogel, S. 482; Kriele, S. 12.
[603] Vgl. E II 1 b.
[604] Bonk JZ 2000, S. 435, 437.
[605] Jeand'Heur, AöR 1994, S. 107, 118.
[606] Vgl. E II 1 b.

bb. Rechtsschutzgarantie

Fraglich ist, ob eine materielle oder formelle Privatisierung u.U. gegen das Rechtsstaatsprinzip verstößt, weil den Inhaftierten in einer privaten Strafanstalt bei Verletzung ihrer Rechte ein verkürzter Rechtsschutz im Vergleich zum öffentlichen Strafvollzug zur Verfügung steht.

Das Prinzip des Rechtsstaates enthält eine Rechtsschutzgarantie in Art. 19 Abs. 4 GG.[607] Bei einer materiellen Privatisierung könnte ein Verstoß gegen das Rechtsstaatsprinzip darin zu sehen sein, daß den Gefangenen Rechtsschutz gegen rechtswidrige Handlungen der Aufsichtspersonen nur noch in Form des Privatrechtsschutzes zur Verfügung gestellt wird. Privatrechtsschutz ist jedoch im Hinblick auf rechtliches Gehör, Akteneinsicht, Ermessensausübung, subjektive Ansprüche nicht in dem Maße ausgestaltet wie ein öffentlich-rechtlicher Rechtsschutz.

Diese Unterschiede sind indes nicht geeignet, einen Verstoß gegen das Rechtsstaatsprinzip zu begründen. Im einzelnen eröffnet die Rechtsschutzgarantie nicht den Anspruch auf einen bestimmten Rechtsweg, der den einen oder anderen Vorteil bietet. Der Staat ist aus diesem Prinzip heraus lediglich verpflichtet, die Möglichkeit einer gerichtlichen Kontrolle, d.h. die umfassende Prüfung durch einen Richter, eine verbindliche Entscheidung sowie ein faires Verfahren (Art. 19 Abs. 4 GG) zu garantieren.[608]

Bei einer materiellen Privatisierung wäre dieser Rechtsweg nach der derzeitigen Rechts- und Gesetzeslage zwar nicht mehr vor den Verwaltungsgerichten eröffnet. Dies führt jedoch nicht dazu, daß dem Rechtsstaatsprinzip und der Ausprägung der Rechtsschutzgarantie nicht mehr ausreichend Rechnung getragen wäre. Andererseits erscheint die Vorstellung befremdlich, daß Gefangene den Privatrechtsweg einschla-

---

[607] Maunz/Dürig/Herzog/Scholz-Scholz, Art. 20 VII Rdn. 78; Schmidt-Bleibtreu/Klein, Art. 20 Rdn. 18; Seifert/Hömig, Art. 20 Rdn. 9.
[608] BVerfGE 74, S. 228, 234; Schmidt-Bleibtreu/Klein, Art. 20 Rdn. 21; Seifert/Hömig, Art. 19 Rdn. 12.

gen müßten, um Rechtsschutz zu erlangen. Die Besonderheiten, die die Institution des besonderen Beschwerdeverfahrens mit Akteneinsicht, Vorverfahren, Untätigkeitsklage, Selbstbindung der Verwaltung vor den Strafvollstreckungskammern (vgl. § 109ff. StVollzG) bietet und die gerade wegen der besonderen grundrechtsempfindlichen Maßnahmen und Beschränkungen in das StVollzG aufgenommen wurden, würden zu Lasten der Gefangenen beseitigt. Diese Konsequenz mag mit dem Rechtsstaatsprinzip vereinbar sein, beschränkt aber in spürbarer Weise die derzeitige Rechtsposition des Gefangenen.

Dagegen kann bei einer formellen Privatisierung das private Unternehmen auf die Ausübung nicht-hoheitlicher Tätigkeiten beschränkt werden, so daß sich die Problematik eines verkürzten oder verschlechterten Rechtsschutzes für die Gefangenen nicht stellt. Dies ist anders zu bewerten, wenn das private Unternehmen – wie bei der materiellen Privatisierung – auch hoheitliche Aufgaben übernehmen würde.

cc. Haftung des Staates

Weiterhin ist unter dem Gesichtspunkt der Haftung des Staates zu prüfen, ob ein Verstoß gegen das Rechtsstaatsprinzip festgestellt werden kann. Daß der Staat für schuldhafte Pflichtverletzungen seiner Beamten haftet (vgl. Art. 34 GG) ist Ausfluß des Rechtsstaatsprinzips, um zu verhindern, daß der Staat sich aus seiner Haftungsverantwortung stiehlt.[609]

Der Bürger erhält bei schuldhaften Pflichtverletzungen eines hoheitlich Beauftragten bei Ausübung einer hoheitlichen Tätigkeit Schadensersatz (§ 839 BGB i.V.m. Art. 34 GG). Diese Schadensersatzpflicht wäre bei materieller Privatisierung ausgeschlossen, da die privaten Betreiber der Strafvollzugsanstalten nicht mehr unter die § 839 BGB, Art. 34 GG zu subsumieren wären. Es fehlt bereits an den Tatbestandsmerkmalen „Beamter" und „hoheitliche Tätigkeit". Der Staat würde als Haftungssubjekt ausscheiden, was für den Gefangenen angesichts der hohen Berührungsdichte und schadensgeneigten Tätigkeiten des Aufsichtspersonals unerträglich wäre. Der in dieser Diskussion geäußerte einfache Hinweis[610], es genüge, wenn im Rahmen der vertraglichen Absprache zwischen dem Staat und dem Anstaltsbetreiber darauf geachtet werde, daß der Individualrechtsschutz nicht geschmälert werde, indem ausreichende Haftpflichtversicherungen abgeschlossen würden, geht fehl. Zum einen besteht grundsätzlich zwischen dem Eintritt einer Versicherungsgesellschaft und dem Staat ein wesentlicher materieller Unterschied, zum anderen sieht jeder auf wirtschaftlich vernünftiger Grundlage abgeschlossene Haftpflichtversicherungsvertrag Höchstsummen und den Ausschluß des Versicherungseintritts bei vorsätzlichem Handeln vor, so daß eine individualrechtliche Gleichstellung der Haftung des Staates und des Anstaltsbetreibers nicht zu erreichen ist. Es entstehen bei einer materiellen Privatisierung daher erhebliche Nachteile, die als Verstoß gegen das Rechtsstaatsprinzip zu werten sind.

Bei einer formellen Privatisierung gilt dies indes nicht, da in den in diesem Zusammenhang zur Verfügung stehenden rechtlichen Konstruktionen[611] der Staat Haftungssubjekt bleibt und die gleichen Amtshaftungsgrundsätze wie für den Beamten gelten.[612] Es haftet bei schuldhafter Verletzung der ihm übertragenen Pflicht die Person des öffentlichen Rechts.

d. Demokratieprinzip

Neben dem Rechtsstaatsprinzip könnte eine Privatisierung des Strafvollzugs mit dem in Art. 20 Abs. 1 GG niedergelegten Demokratieprinzip unvereinbar sein. Mit der im Grundgesetz festgelegten Entscheidung für eine mittelbare und repräsentative Demokratie ist die gesamte Staatstätigkeit auf einen Volks- und Parlamentswillen zurückzuführen.[613]

---

[609] Isensee-Kirchhof-Schmidt-Aßmann, Handbuch des Staatsrechts Bd. I, § 24 Rdn. 88; Schmidt-Bleibtreu/Klein, Art. 34 Rdn. 3.
[610] Kulas, S. 80.
[611] Vgl. E II 3.
[612] Wolff/Bachof/Stober, VR II, § 104 Rdn. 11.
[613] BVerfGE 41, S. 399, 414.

Eine materielle Privatisierung würde diese Legitimationskette durchbrechen, da die von den privaten Unternehmen getroffenen Maßnahmen nicht der Kontrolle des Parlaments unterlägen.[614]

Bei einer formellen Privatisierung greifen diese Bedenken nicht, da im Fall des Einsatzes als Beliehener ein Gesetz erlassen werden müßte.[615] Die gesetzliche Grundlage, die für eine formelle Privatisierung in Form der Beleihung privater Anstalten geschaffen werden müßte, reicht nach überwiegender und richtiger Ansicht für die Einhaltung des Demokratieprinzips in diesem Sinne aus.[616] Bei einem Einsatz des privaten Unternehmens als Verwaltungshelfer liegt ohnehin kein hoheitliches Handeln vor.

Der Ansatz[617], daß Privatisierung ein politisch gewollter Verlust ist und damit von einer demokratischen Legitimation abgeleitet werden kann, überzeugt indes nicht. Maßgeblich ist eine Quantitätsschwelle, die einen schleichenden Verlust verfassungsrechtlicher Grundsätze zulassen würde. Jeder Verlust von Verfassungsprinzipien, einschließlich der Demokratie selbst, wäre letztlich demokratisch legitimiert bis er in eine faktische Verfassungsänderung umschlägt.

e. Ergebnis

Eine materielle Privatisierung des Strafvollzugs verstößt gegen Art. 33 Abs. 4 GG, das Rechtsstaatsprinzip und das Demokratieprinzip und wäre daher unzulässig. Die Argumente der Gegenansicht, die keinen dieser Verfassungsverstöße anerkennt, vermögen nicht zu überzeugen.

Eine formelle Privatisierung begegnet keinen verfassungsrechtlichen Bedenken, sofern lediglich nicht-hoheitliche bzw. gemischt nichthoheitlich-hoheitlich mit untergeordnetem hoheitlichen Charakter übertragen werden. Die Übertragung von hoheitlichen

---

[614] Seifert/Hömig, Art. 20 Rdn. 3; Ossenbühl, VVDStRL 1970, S. 137, 159ff.
[615] Maurer, Allgemeines Verwaltungsrecht, § 23 Rdn. 58; Wolff/Bachof/Stober, VR II, § 104 Rdn. 6; Bonk JZ 2000, S. 435, 440.
[616] Peine, DÖV 1997, 353, 356.
[617] Kulas, S. 86.

Aufgaben ist hingegen nicht mit Art. 33 Abs. 4 GG und dem Rechtsstaatsprinzip vereinbar.

2. Rechtliche Bewertung einzelner Vollzugstätigkeiten vor dem Hintergrund der aufgezeigten Kriterien

Angesichts der Verfassungswidrigkeit der materiellen Privatisierung kann diese Form für die weitere Prüfung außer Betracht bleiben. Für die formelle Privatisierung kommt es darauf an, zu definieren, welche einzelnen Aufgaben des Strafvollzugs hoheitlich oder nicht-hoheitlich und damit übertragbar sind.

Wie gesehen, ermöglicht das Grundgesetz lediglich die Übertragung nicht-hoheitlicher Aufgaben auf Private. Gemischt hoheitlich-nichthoheitliche Aufgaben können hingegen nur dann auf private Unternehmen übertragen werden, wenn der hoheitliche Charakter eine untergeordnete Rolle spielt. Im Strafvollzug fallen verschiedene Arten von Aufgaben und Tätigkeiten an. Insoweit ist eine Differenzierung zwischen hoheitlichen, nicht hoheitlichen und gemischt hoheitlich-nichthoheitlichen Aufgaben für die Frage der Zulässigkeit einer formellen Privatisierung des Strafvollzugs vorzunehmen.

Im folgenden wird daher untersucht, welche Tätigkeiten im Strafvollzug als hoheitlich, gemischt hoheitlich-nichthoheitlich oder nicht-hoheitlich anzusehen sind.

a. Hoheitliche Aufgaben

Als hoheitliche Aufgaben im Strafvollzug sind jedenfalls die anzusehen, die die Grundrechte der Gefangenen betreffen bzw. diese einschränken.[618]

Zu diesen zählen die Aufgaben, die zu Beschränkungen der Freiheit des Insassen führen (§ 4 Abs. 2 S. 1 StVollzG) oder für die Aufrechterhaltung der Sicherheit oder zur Abwendung einer schwerwiegenden Störung der Anstalt unerläßlich sind (§ 4 Abs. 2 S. 2 StVollzG). Auch die Erteilung von Anordnungen, wie von Verhaltensmaßregeln, ist als hoheitliche Tätigkeit zu qualifizieren, da der Staat als Obrigkeit auftritt und sogar im StVollzG festgelegt ist (§ 82 StVollzG), daß die Gefangenen diese Anordnungen zu befolgen haben.

Als grundrechtsrelevant sind auch die in §§ 83-93 StVollzG normierten Vorschriften zur Gewährleistung von Sicherheit und Ordnung, die gesetzlichen Regelungen zur Anwendung unmittelbaren Zwangs gemäß §§ 94-101 StVollzG sowie die Vorschriften zur Anordnung und Vollzug von Disziplinarmaßnahmen zu sehen. Insbesondere Maßnahmen wie die Bearbeitung von Gefangenenbeschwerden, Anträge auf gerichtliche Entscheidung, Rechtsbeschwerden und Petitionen sowie die Führung der Gefangenenpersonalakten sind daher rein hoheitliche Aufgaben und als solche nicht privatisierungsfähig.

Als hoheitliche Aufgaben lassen sich darüber hinaus auch Behandlungsaufgaben einstufen, obwohl diese auf den ersten Blick nicht in die Grundrechte der Gefangenen eingreifen oder diese einschränken. Begründet wird dies mit dem Vollzugsziel Resozialisierung (§ 2 StVollzG):[619] Das Resozialisierungsgebot folgt aus der Verfassung – Art. 1 Abs. 1 GG und dem Sozialstaatsprinzip, Art 20 Abs. 1 GG[620] – und begründet für den Gefangenen einen grundsätzlichen Anspruch auf Resozialisierung sowie das Recht darauf, daß bei jeder Maßnahme das Ziel der Resozialisierung verfolgt wird. Durch die Erfüllung von Behandlungsaufgaben wird ein das Verhältnis Staat-Gefangener wesentlich prägendes Recht betroffen und möglicherweise belastet, daher ist jedenfalls die grundsätzlichen Entscheidungen über den Ablauf der Behandlung gemäß §§ 5-19 StVollzG hoheitliche Tätigkeiten i.S.d. Art. 33 Abs. 4 GG. Zu diesen grundsätzlichen Tätigkeiten zählen beispielweise das allgemeine Aufnahmeverfahren, Entscheidungen über Verlegung und Entlassung, Berechnung der Strafzeiten, Lockerungsentscheidungen, Festlegung einzelner Behandlungsmaßnahmen sowie die allgemeine Vollzugsplanung.

---

[618] Zu Art. 33 Abs. 4 GG vgl. E II 1 b aa) (1).
[619] BVerfGE 45, S. 187, 238 f.
[620] BVerfGE 45, S. 187, 238 f.

Demzufolge sind Aufgaben, die sowohl freiheitsbeschränkenden als auch resozialisierenden bzw. behandelnden Charakter haben, als hoheitlich zu qualifizieren und können nicht übertragen werden.[621]

b. Gemischt hoheitlich-nichthoheitliche Tätigkeiten

Neben den rein hoheitlichen Tätigkeiten gibt es im Strafvollzug eine Reihe von Aufgaben, die keine unmittelbare Grundrechtsrelevanz haben und auch keine elementaren Behandlungsaufgaben sind. Gleichwohl kann es die Situation erfordern, daß Eingriffe in grundrechtsrelevante Bereiche der Gefangenen oder der Besucher vorgenommen werden müssen. Bei diesen Aufgaben kann man von gemischt hoheitlichen/nichthoheitlichen sprechen. Für die Privatisierungsfähigkeit dieser Aufgaben kommt es entscheidend darauf an, ob die hoheitliche Tätigkeit in der Gesamtschau der Aufgabe lediglich eine untergeordnete Rolle spielt und der nicht-hoheitliche Teil die Gesamtaufgabe dominiert.[622] Ist dies nicht der Fall, kann die Aufgabe nicht privatisiert werden.

Ein besonderer Bereich, in dem nicht hoheitliche mit gemischt hoheitlichen Tätigkeiten zusammentreffen ist der Sicherungsbereich. Dazu zählen z.B. der Gebäude- bzw. Objektschutz mit der Kontrolle der technischen bzw. mechanischen Anlagen (Alarmanlagen, Kameras, Meldesysteme, Schließsysteme etc.), der Außen- und Innenbereiche mit Feuerkontrollgängen sowie allgemeinen objektbezogenen Kontrollgängen. Diese ausschließlich objektbezogenen Kontrollmaßnahmen haben keinen hoheitlichen Bezug und können daher ohne weiteres von Privaten durchgeführt werden.[623]

Anders stellt sich dies hingegen bei personenbezogenen Kontroll- und Sicherungsmaßnahmen dar. Tätigkeiten wie z.B. die Durchsuchung der Gefangenen, die Anordnung

---

[621] Andere Ansicht: Lange, DÖV 2001, S. 898, 902, Resozialisierende Aufgaben seien übertragbar, insofern vertraglich geregelt werde, daß eine bestimmte Anzahl von Therapeuten zu diesem Zweck beschäftigt würden.
[622] Vgl. oben E II 1 b bb.
[623] Vgl. Presseinformation 13/2000 des Hessischen Ministeriums der Justiz zum Modellprojekt zur Privatisierung im Strafvollzug v. 02.02.2000, S. 3f.

von erkennungsdienstlichen Maßnahmen oder Verhaltensmaßregeln bergen stets die latente Gefahr eines Grundrechtseingriffs und können daher nicht privatisiert werden.

Nur ausnahmsweise haben personenbezogene Kontrollmaßnahmen wie etwa die Feststellung der Vollzähligkeit der Gefangenen, allgemeine Schließtätigkeiten oder allgemeine Beaufsichtigungsmaßnahmen, etwa bei Sport- und Freizeitaktivitäten keine Grundrechtsrelevanz und sind in diesem Fall nicht hoheitlich. Sobald hingegen gewaltsames Eingreifen gegenüber Häftlingen notwendig wird, handelt es sich um eine hoheitliche Aufgabe.

Als hoheitlich müssen darüber hinaus Kontrollmaßnahmen, die in den Organisationshoheitsbereich der Anstalt fallen, wie z.b. die Organisation der Dienstabläufe, eingestuft werden.

Nicht eindeutig zuzuordnen sind Aufgabenbereiche wie z.B. Ausweis-, Personen- und Taschenkontrollen der Besucher sowie die Kontrolle des Fahrzeugverkehrs. Zwar wird hier nicht unmittelbar der Grundrechtsbereich der Gefangenen betroffen, die Aufgaben stellen jedoch ein obrigkeitliches Auftreten des Staates dar. Darüber hinaus sind an diese Tätigkeiten besondere Gefahreneinschätzungen und möglicherweise erhebliche Eingriffe und Reaktionen für die Betroffenen verbunden. Insofern wird eine Übertragung dieser Aufgaben an Private letztlich scheitern. Ähnliches gilt für den Bereich der Überwachung von Außenkontakten. So haben die akustische und optische Besuchsüberwachung, die Kontrolle des Briefverkehrs sowie die besondere Überwachung von Außenkontakten Grundrechtsrelevanz und können nicht privatisiert werden. Demgegenüber ist bei der Passkontrolle von Besuchern sowie der Begleitung zu den Besuchsräumen der hoheitliche Charakter allenfalls untergeordnet. Insoweit ist eine Ausübung der Aufgabe durch Private denkbar.

Das gleiche gilt für Haftraumrevisionen, die ebenfalls als Aufgabe nicht eindeutig hoheitlich oder nicht-hoheitlich sind. Wegen der besonderen Folgen, die ein Verstoß des Strafgefangenen gegen die Vorschriften über den Haftraum (Zelle) haben können, muß jedoch das gleiche wie für die Personen und Taschenkontrollen gelten. Wegen der latenten Grundrechtseingriffe sollte diese Aufgabe staatlichen Anstaltsbeamten vorbehalten bleiben.

Teils privat, teils hoheitlich ist auch der Bereich der Fahrdienste. Die Bereitstellung von Fahrer und Fahrzeug bei Gefangenentransporten hat grundsätzlich keine Grundrechtsrelevanz. Demgegenüber ist hoheitliches Handeln erforderlich, wenn es um die Erteilung von Weisungen oder Ausbruchssicherung geht.

Ferner gemischt privat-hoheitlich ist auch die Beschäftigung von Häftlingen. Die Resozialisierung von Häftlingen stellt eine verfassungsrechtlich verbriefte Verpflichtung des Staats folgend aus Art. 2 Abs. 1 i.V.m. Art. 1 Abs. 1 GG dar.[624] Insbesondere die einem Gefangenen zugewiesene Pflichtarbeit gilt als wirksames Resozialisierungsmittel, weshalb diese angemessene Anerkennung finden muß. Das Bundesverfassungsgericht[625] führt dazu aus, dass die erforderliche Anerkennung nicht notwendigerweise finanzieller Art sein muss. Jedoch hat sie dem Gefangenen die Möglichkeit eines zukünftig straffreien Lebens vor Augen zu führen. Dies kann auch durch vollständig oder zumindest überwiegend monetäre Anreize geschehen. Der Staat wird dem gesetzlich vorgeschriebenen Resozialisierungsziel jedoch nur dann gerecht, wenn dem Gefangenen durch die Höhe des Entgelts in einem Mindestmaß bewußt gemacht werden kann, dass die Erwerbsarbeit der Herstellung der Lebensgrundlage dienlich ist. § 43 StVollzG in seiner neuen Fassung versucht die durch das BVerfG geforderten Vorgaben einzulösen. Ob dies tatsächlich durch die Novellierung geschehen ist, ist umstritten.[626]

Sofern demnach im Strafvollzug Pflichtarbeiten zugewiesen werden, ist aufgrund des hoheitlichen Charakters der Maßnahme erforderlich, dass Vollzugsbeamte Anordnungen und Weisungen im Hinblick auf die Art und die Anerkennung – gleich welcher Art

---

[624] Vgl. oben E II 2 a); BVerfG NJW 1998, S. 3337, 3338.
[625] BVerfG NJW 1998, S. 3337, 3338.
[626] Vgl. dazu Radtke, ZfStrVo 2001. S. 4, 9.

– der Arbeit erteilen. Durch die Vollzugsbeamten ist sicherzustellen, dass dem verfassungsrechtlichen Ziel der Resozialisierung durch die Pflichtarbeit entsprochen wird. Entsprechendes gilt für die Zuweisung von Arbeit, Ausbildungs- und Weiterbildungsprogrammen sowie Freizeitprogrammen in der Anstalt, die dem therapeutischen Zweck der Resozialisierung dienen.[627] Geht es jedoch um die bloße Koordination der Arbeitsleistungen, die Festlegung des Produktionsumfangs und die Gewährleistung sicherheitstechnischer Abläufe sowie die Durchführung einzelner Bildungs- und Freizeitprogrammen, ist eine Privatisierung möglich.

c. Rein nichthoheitliche Aufgaben

Zu den nichthoheitlichen Aufgaben gehören grundsätzlich die Aufgaben, die nicht vollzugsspezifisch sind, d.h. bei jedem Unternehmen anfallen. Hierzu ist das gesamte Haus- und Versorgungsmanagement zu zählen.[628] Dazu zählen z.B. die Reinigung der Anstalt, die allgemeinen Instandhaltungsaufgaben, die Lagerhaltung, die allgemeinen Küchen- und Reinigungsdienste, der Einkauf, die Materialverwaltung, Teile der Finanzverwaltung sowie die Gesundheitsfürsorge.

3. Rechtliche Institute für eine formelle Privatisierung vor dem Hintergrund des Art. 33 Abs. 4 GG

Die vorstehenden Ausführungen haben gezeigt, daß es im Strafvollzug eine Reihe von Aufgaben gibt, die nicht hoheitlich sind und daher nicht zwingend von Vollzugsbeamten ausgeführt werden müssen.

Im folgenden ist daher zu untersuchen, auf welcher rechtlichen Grundlage die Übertragung nicht-hoheitlicher bzw. gemischter Aufgaben mit untergeordnetem hoheitlichen Charakter auf Private möglich wäre. Dabei kommen drei rechtliche Gestaltungen in Betracht, die auf ihre Vereinbarkeit mit den Vorgaben des Art. 33 Abs. 4 GG hin zu

---

[627] Schwind/Böhm-Matzke § 37, Rdn. 1, Schwind/Böhm-Böhm § 2, Rn. 10
[628] Vgl. Presseinformation 13/2000 des Hessischen Ministeriums der Justiz zum Modellprojekt zur Privatisierung im Strafvollzug v. 02.02.2000, S. 4.

prüfen sind: Die Beleihung, die Figur des Verwaltungshelfers und die sogenannte duale Sicherheitskooperation.

a. Beleihung

Bei der Beleihung nimmt eine einzelne natürliche oder juristische Person des Privatrechts eigenständig eine bestimmte Verwaltungs- bzw. öffentliche Aufgabe wahr.[629] Aus dem in Art. 20 Abs. 2 S.1 GG enthaltenen Demokratieprinzip wird eine ununterbrochene Legitimationskette ausgehend vom Volk für die Ausübung von Staatsgewalt verlangt.[630] Voraussetzung für eine Beleihung ist, daß sie unmittelbar durch Gesetz, aufgrund einer gesetzlichen Ermächtigung oder per Verwaltungsakt bzw. öffentlichrechtlichen Vertrag vorgenommen wird.[631] Auf landesgesetzlicher Ebene wird teilweise sogar ein formelles Gesetz verlangt (vgl. Art. 77 S. 1 Landesverfassung NRW). In NRW würde eine Verordnung daher als Ermächtigungsgrundlage nicht ausreichen, da Verordnungen keine Gesetze im formellen Sinne sind. Eine entsprechende Beleihungsgrundlage existiert in NRW nicht.

Im Strafvollzugsgesetz, also auf Bundesebene, ist mit § 155 Abs. 1 S. 2 eine beschränkte Beleihungsgrundlage geschaffen worden. Sie bestimmt, daß bei Vorliegen besonderer Gründe vertraglich verpflichtete Personen Aufgaben der Justizvollzugsanstalt übernehmen können. Fraglich ist zunächst, welche Aufgaben in den Anwendungsbereich des § 155 StVollzG fallen.

Nach seinem Wortlaut wird keine Unterscheidung zwischen hoheitlichen und nichthoheitlichen Tätigkeiten getroffen. Dies würde zunächst bedeuten, daß § 155 Abs. 1 S. 2 eine Beleihungsgrundlage für sämtliche im Vollzug anfallende Tätigkeiten bietet.

Der in § 155 Abs. 1 S. 1 StVollzG festgelegte Grundsatz, nach dem Aufgaben der Justizvollzugsanstalt von Beamten wahrgenommen werden, soll jedoch Art. 33 Abs. 4

---

[629] BVerwGE 57, S. 55, 58; Bonk JZ 2000, S. 435, 437; Burgi, S. 43, 44.
[630] BVerfGE 93, S. 37, 66 f.
[631] Peine, DÖV 1997, S. 353, 361, BVerwG, DVBl 1970, S. 735, 736.

GG Rechnung tragen. Danach sollen hoheitliche Tätigkeiten als ständige Aufgabe in der Regel von Beamten ausgeübt werden.[632] Dementsprechend erfaßt § 155 Abs. 1 S. 1 StVollzG ausschließlich hoheitliche Tätigkeiten[633] und § 155 Abs. 1 S. 2 StVollzG beinhaltet ausschließlich eine Beleihungsgrundlage für hoheitliche Aufgaben. Darüber hinaus bestehen Zweifel an der Tauglichkeit von § 155 Abs. 1 S. 2 StVollzG als Beleihungsgrundlage, da keine bestimmte Aussage zu Art und Umfang der Aufgabe getroffen wird; dies stellt jedoch eine wichtige Voraussetzung für die Tauglichkeit einer Norm als Beleihungsgrundlage dar.[634]

§ 155 StVollzG bietet daher keine Grundlage für die Übertragung nichthoheitlicher Aufgaben. Daher ist für eine formelle Privatisierung, in dem der private Unternehmer als Beliehener dauerhaft nichthoheitliche und gemischte Aufgaben mit untergeordnetem hoheitlichem Charakter ausübt, eine gesetzliche Grundlage zu schaffen.[635]

b. Verwaltungshelfer

Im Gegensatz zum Beliehenen werden durch den Verwaltungshelfer keine selbständigen hoheitlichen Befugnisse ausgeübt, sondern schlicht-hoheitliche Aufgaben im Auftrag und nach Weisung der Behörde wahrgenommen,[636] er unterstützt die Verwaltungsbehörden bei der Durchführung bestimmter Verwaltungsaufgaben.[637] Während der Beliehene im eigenen Namen handelt und insoweit einen rechtlich verselbständigten Status inne hat, ist der Verwaltungshelfer in die staatliche Befehlshierarchie der Behörde eingebunden.[638] Der Einsatz von Verwaltungshelfern im Strafvollzug d.h. die Ausübung bestimmter nicht-hoheitlicher einzelner Aufgaben ist daher ohne weiteres denkbar. Hier ist auch keine Kollision mit Art. 33 Abs. 4 GG zu befürchten, da bereits per definitionem der Verwaltungshelfer keine hoheitlichen Befugnisse ausübt. Zur Be-

---

[632] Schwind/Böhm-Rotthaus § 155, Rn. 1
[633] Callies/Müller-Dietz, § 155 Rn. 5
[634] Burgi, S. 43, 49.
[635] ebenso Burgi, S. 43, 49.
[636] Ausführlich Pitschas, S. 64 und Bonk JZ 2000, S. 435, 437.
[637] Weiner, Kriminalistik 2001, S. 317, 318.
[638] Weiner, Kriminalistik 2001, S. 317, 318.

reitstellung von nicht-hoheitlichen Aufgaben können folglich Private in der Form des Verwaltungshelfers tätig werden. Im Bereich gemischt hoheitlicher-nichthoheitlicher Aufgaben können private Kräfte Vollzugsbeamten nur unterstützen. Aufgrund des Mischcharakters der Tätigkeit müssen Vollzugsbeamte auch bei Unterstützung durch Private stets zugegen sein, so daß der faktischen Einsatzmöglichkeit enge Grenzen gesetzt sind.[639]

c. Duale Sicherheitskooperation

Insbesondere aus dem Bereich der präventiven Sozialkontrolle kommt die Figur der „dualen Sicherheitskooperation".[640] Dabei geht es um eine Kooperation von privaten Sicherheitskräften mit staatlichen Stellen. Eine rechtliche Grundlage für diese gemeinschaftliche Sicherheitsarbeit gibt es in Deutschland bislang noch nicht. Private Sicherheitsdienste werden einerseits als „Helfer" staatlicher Stellen tätig, andererseits handeln sie in Eigenverantwortung nach Maßgabe privatautonomer Befugnisse, insbesondere unter den allgemeinen Rechtfertigungsgründen. Polizeibeamten sollen innerhalb der Sicherheitskooperation die erweiterten polizeilichen Rechtfertigungstatbestände und Eingriffsmöglichkeiten zustehen, während private Sicherheitskräfte nicht im Rahmen der Befugnisse der staatlichen Kräfte handeln dürfen.[641]

Überträgt man diese Gestaltung auf den Strafvollzug, würde dies bedeuten, daß private Sicherheitskräfte neben Vollzugsbeamten tätig würden und sich bei der Ausübung ihrer Tätigkeit auf die Rechtfertigungsgründe, die jedem zustehen, berufen können. Diese Konstruktion könnte sich insbesondere für die gemischt hoheitlichen/nichthoheitlichen Aufgaben anbieten, die überwiegend von Privaten ausgeübt werden können, wo im Einzelfall jedoch staatliches Handeln erforderlich sein kann.

---

[639] Vgl. E II 2 b.
[640] Pitschas, S. 64.
[641] Pitschas, S. 64.

Fraglich ist jedoch zunächst, ob die Anwendung von Jedermannsrechten, die wesentliches Element der dualen Sicherheitskooperation ist, für den Strafvollzug überhaupt tauglich ist.

Einschlägig wären insoweit die Vorschriften über Nothilfe- und Notwehrrechte (§ 32 StGB) sowie über das Festnahmerecht (§ 127 StPO), die ihrem Wortlaut nach jedem, unabhängig von seiner Tätigkeit zustehen. Sie sind gefahrenabhängig anwendbar, wenn ein Rechtsgut droht, verletzt zu werden.

Bei der Privatisierung im Sicherheitsgewerbe, also der Aufstellung einer privaten Polizei, die zum Schutz bestimmter Gebiete oder Personen eingesetzt wird, werden die Voraussetzungen der Nothilfe wegen des Angriffs auf die Rechtsgüter des Auftraggebers (Gesundheit, Leben, Eigentum) gegeben sein. Im Bereich des Strafvollzugs stellt sich die Problematik allerdings differenzierter dar und kann nicht mit einem einfachen Hinweis auf die bestehenden Nothilfe- und Notwehrrechte ausreichend beantwortet werden.

Die Nothilfe- und Notwehrrechte des StGB (§ 32) greifen ein, wenn ein Individualrechtsgut einem gegenwärtigen und rechtswidrigen Angriff ausgesetzt ist. In den relevanten Situationen des Strafvollzugs, in denen das Aufsichtspersonal gezwungen ist, körperliche Gewalt anzuwenden, sind nur in Ausnahmefällen Rechtsgüter wie Leib, Leben, Freiheit oder Eigentum betroffen. Bei einem Angriff auf Leben oder Körper einer Aufsichtsperson ist eine Gewaltanwendung in der Regel durch Notwehr, Nothilfe (§ 32 StGB) oder Notstand (§ 35 StGB) gerechtfertigt. Auch vorstellbar ist, daß das Eigentum der Anstalt angegriffen wird. Die Nothilfe würde dann ebenfalls ein Eingreifen rechtfertigen.[642] Vielfach wird sich Gewalt des Aufsichtspersonals jedoch gegen Handlungen richten, die ihrerseits nicht gegen ein konkretes Rechtsgut, sondern gegen das reibungslose Funktionieren des Strafvollzugs oder gegen die öffentliche Ordnung gerichtet sind. Wenn in einem solchen Fall die Voraussetzungen des § 113 Abs. 1

---

[642] Tröndle/Fischer, § 32 StGB Rdn. 7.

StGB (Widerstand gegen Vollstreckungsbeamte) i.V.m. § 11 Nr. 2 c StGB erfüllt sind, ist ein Eingreifen auch der privaten Kräfte als „sonstige Bestellte" gedeckt. Allein der Schutz der Rechtsgüter des Staates ist indes nicht nothilfefähig.[643]

Auch das in § 127 S. 1 StPO niedergeschriebene Festnahmerecht, das jedermann zusteht, hat in der Strafvollzugspraxis keine Funktion. Bei Ausbruchsversuchen kann es nicht zur Rechtfertigung einer Gewaltanwendung dienen, da diese Handlungen schon keine Taten i.S.d. § 127 S. 1 StPO darstellen. Nach herrschender und richtiger Meinung setzt das allgemeine Festnahmerecht in § 127 S. 1 StPO eine tatsächlich begangene Straftat oder zumindest einen strafbaren Versuch voraus.[644] Ausbruchsversuche sind jedoch als Selbstbefreiung nicht unter Strafe gestellt. Daher kann § 127 S. 1 StPO in diesen Fällen nicht herangezogen worden, um Gegengewalt des Vollzugspersonals zu rechtfertigen.

Insoweit läßt sich feststellen, daß die Anwendung der allgemeinen Rechtfertigungsgründe für den Strafvollzug nur eingeschränkte Bedeutung hat. Gleichwohl ist eine duale Sicherheitskooperation möglich, sofern Private – ähnlich einem Verwaltungshelfer – unterstützend agieren.

Sofern ausschließlich nicht-hoheitliche Aufgaben durch Private ausgeübt werden, ist in der Regel nicht zu befürchten, daß es zu Situationen kommt, die eine Gewaltanwendung erfordern. Inwoweit ist eine duale Sicherheitskooperation denkbar, wobei die Anwesenheit von Beamten bei ausschließlich nicht-hoheitlichen Tätigkeiten nicht erforderlich ist.

d. Ergebnis

Nicht-hoheitliche Aufgaben können auf Verwaltungshelfer übertragen werden oder von einer dualen Sicherheitskooperation zwischen Privaten und Beamten ausgeführt werden. Denkbar wäre auch eine Übertragung durch Beleihung. Es fehlt jedoch an ei-

---

[643] BGH NJW 1975, S. 1161; Stober, NJW 1997, S. 889, 893.
[644] Kleinknecht/Meyer-Goßner, § 127 StPO Rdn. 4 mwN.

ner Rechtsgrundlage. Sofern gemischt hoheitliche/nicht-hoheitliche Aufgaben zu erfüllen sind, können Verwaltungshelfer Beamte im Rahmen des nicht-hoheitlichen Tätigkeitsfelds unterstützen. Denkbar wäre auch eine duale Sicherheitskooperation, bei denen Beamte den hoheitlichen Teil der Aufgabe erfüllen.

4. Möglichkeit der formellen Privatisierung nach dem StrafvollzugsG

Die bisherige Untersuchung hat gezeigt, daß die Übertragung von Aufgaben im Strafvollzug an enge verfassungsrechtliche Vorgaben gebunden ist. Dennoch können einzelne Aufgaben übertragen werden. Zu prüfen ist nunmehr, inwieweit das Strafvollzugsgesetz die Übertragung von Aufgaben auf Private zulässt. Zunächst ist festzustellen, dass das Strafvollzugsgesetz eine Reihe von Vorschriften beinhaltet, die die Einbindung privater Kräfte vorgeben. So sieht § 149 Abs. 4 StVollzG vor, dass Gefangenen in geeigneten Einrichtungen privater Unternehmer beschäftigt werden können; freie Beschäftigungsverhältnisse können gem. § 39 StVollzG gestaltet werden, das Tragen und das Reinigen privater Kleidung kann gemäß § 20 Abs. 2 StVollzG erlaubt werden, die Gefangenenseelsorge kann nichtstaatlich organisiert werden (§ 53 StVollzG), die Gesundheitsfürsorge kann subsidiär privat erfolgen (§ 65 Abs. 2 StVollzG), im Rahmen der Freizeitbeschäftigung können Gefangene auf ein privates Angebot zugreifen (§ 65 StVollzG).[645]

a. §§ 155 Abs. 1 StVollzG

Wie gesehen, verstößt die Übertragung hoheitlicher Aufgaben gegen Art. 33 Abs. 4 GG. Ebenso würde §§ 155 Abs. 1 StVollzG dem entgegenstehen, weil Justizvollzugsbedienstete Beamte sein müssen. Eine Ausnahme von diesem Grundsatz regelt der § 155 Abs. 1 S. 2 StVollzG, wonach die Übertragung von hoheitlichen[646] Aufgaben auch auf nicht verbeamtete Personen möglich ist. Voraussetzung ist das Vorliegen eines besonderen Grundes. Nach h.M. sind die „besonderen Gründe" im § 155 Abs. 1

---

[645] dazu ausführlich Koepsel, BewHi 2001, S. 148, 149.
[646] Zur Auslegung des Begriffs Aufgaben gemäß § 155 Abs. 1 S. 1 StVollzG als ausschließlich hoheitliche vgl. E II 1 b.

S. 2 StVollzG unter Berücksichtigung von § 155 Abs. 2 StVollzG die, die der Erreichung des Vollzugsziels im Hinblick auf die Justizvollzugsanstalt oder den einzelnen Häftlingen dienen und die nur von Fachkräften wahrgenommen werden können.[647] Diese Definition ist Folge des Behandlungsauftrags des Strafvollzugs. Die Einstellung von Vollzugspersonal, die diesem Behandlungsauftrag gerecht werden kann, soll auch dann möglich sein, wenn diese z.b. aufgrund ihres Alters nicht mehr verbeamtet werden können. Bei Bedarf soll auf nichtbeamtete Fachkräfte zurückgegriffen werden können.[648] Damit ergibt sich jedoch auch, daß die Übertragung der Aufgaben, die üblicherweise von den Vollzugsbeamten ausgeübt werden und keine speziellen Fachkräfte erfordern, nicht durch § 155 Abs. 1 S. 2 StVollzG gedeckt wäre. Private Vollzugsbedienstete wären nicht notwendigerweise besondere Fachkräfte. Sie würden vielmehr sämtliche Aufgaben von Vollzugsbeamten übernehmen, u.a. auch diese, zu deren Ausübung man keine Fachkraft im Sinne des § 155 Abs. 2 StVollzG sein müßte.

Die Übertragung hoheitlicher Aufgaben, wie etwa die Anwendung unmittelbaren Zwangs gemäß §§ 94 ff. StVollzG auf Private wäre demnach unzulässig. Da § 155 Abs. 1 S. 1 StVollzG sich ausschließlich auf hoheitliche Aufgaben bezieht[649], steht er einer Übertragung nichthoheitlicher bzw. gemischt hoheitlicher/nicht-hoheitlicher Aufgaben mit untergeordnetem hoheitlichen Charakter nicht entgegen.[650]

b. § 156 StVollzG

§ 156 Abs. 1 StVollzG erfordert, daß der Anstaltsleiter ein Beamter des höheren Dienstes bzw. des gehobenen Diestes sein muß. Es finden sich im StVollzG eine Reihe von Vorschriften, die daran anschließend regeln, daß bestimmte Maßnahmen dem Anstaltsleiter obliegen, wie etwa die Durchsuchung (§ 84 Abs. 2 StVollzG), besondere

---

[647] Calliess/Müller-Dietz, § 155 StVollzG Rdn. 5; Bonk JZ 2000, S. 435, 441; a.A. Lange, DÖV 2001, S. 898, 904 § 155 Abs. 1 S. StVollzG spreche nur von „besonderen" jedoch nicht „zwingenden" Gründen, so daß jeder vertretbare, anerkennungswerte Grund, wie etwas Wirtschaftlichkeitserwägungen, ausreichten.
[648] Schwind/Böhm-Rotthaus, § 155 StVollzG Rn. 2.
[649] Vgl. E II 1 b.
[650] Ebenso Bonk JZ 2000, S. 435, 441.

Sicherungsmaßnahmen (§§ 88ff., 91 Abs. 1 StvollzG) und die Anordnung von Disziplinarmaßnahmen (§§ 103ff, 105 Abs. 1 StvollzG). Eine Ausnahme und damit ein mögliches Einfallstor für die Übertragung dieser Maßnahmen auf Private nach dem StVollzG bietet § 156 Abs. 3 StVollG („...darf...übertragen werden..."). Diese Vorschrift ist in Zusammenhang mit § 156 Abs. 2 StVollzG zu verstehen. Dieser ermöglicht die Delegation bestimmter Aufgaben an andere Vollzugsbedienstete. § 156 Abs. 1 StVollzG stellt in diesem Kontext klar, daß die dort genannten, tief in das Persönlichkeitsrecht der Häftlinge eingreifenden Maßnahmen nicht durch den Anstaltsleiter alleine, sondern nur mit Zustimmung der Aufsichtsbehörde übertragen werden. Er stellt somit ein zusätzliches Kriterium für die Übertragung dieser Aufgaben auf. Es wäre in Hinblick auf Art. 33 Abs. 4 GG inkonsequent,[651] diese Vorschrift so auszulegen, daß gerade die besonders grundrechtsempfindlichen Maßnahmen auf Private delegiert werden dürften.

Die Übertragung der genannten Aufgaben ist demnach nicht nur verfassungsrechtlich unzulässig, sondern verstößt auch gegen § 156 Abs. 1 StVollzG. Die Übertragung der Anstaltsleitung auf Private wäre unzulässig

c. Ergebnis

Die verfassungsrechtlich unzulässige Übertragung hoheitlicher Aufgaben auf Private würde auch gegen § 155 Abs. 1 StVollzG verstoßen. Darüber hinaus muß die Leitung der Anstalt jedenfalls in staatlicher Hand bleiben. Eine Übertragung wäre nicht mit § 156 Abs. 1 StVollzG vereinbar. Demgegenüber wäre die Übertragung nichthoheitlicher Aufgaben mit dem StVollzG vereinbar. Bei der Übertragung von gemischten Aufgaben kommt es erneut auf den Gesamtzusammenhang an. Bei gemischten Tätigkeiten muß man davon ausgehen, daß hier jedenfalls Vollzugsbeamte zugegen sein müssen, um die grundrechtsrelevanten Aufgaben abzudecken und Verwaltungshelfer allenfalls unterstützend tätig werden können.

---

[651] Bonk JZ 2000, S. 435, 440.

5. Zusammenfassung

Einer Privatisierung in Deutschland sind enge normative Grenzen gesetzt. Eine materielle Privatisierung verstößt bereits gegen Art. 33 Abs. 4 GG sowie das Rechtsstaatsprinzip und wäre somit verfassungswidrig. Bei einer formellen Privatisierung erfordert der Funktionsvorbhehalt des Art. 33 Abs. 4 GG hingegen eine Differenzierung der einzelnen Aufgaben. Hoheitliche Tätigkeiten können demnach nicht an Private delegiert werden, indes verstößt die Übertragung von nicht-hoheitlichen bzw. gemischt hoheitlichen/ nicht-hoheitlichen Tätigkeiten mit untergeordnet hoheitlichem Charakter nicht gegen diese Vorschrift. Entsprechendes gilt auch für die Vereinbarkeit mit dem Rechtsstaatsprinzip und dem daraus folgenden Gewaltmonopol.

Konkret bedeutet das für den Strafvollzug, daß jedenfalls allgemeine, in jedem Unternehmen anfallende Aufgaben, wie etwa das Haus- und Versorgungsmanagement sowie allgemeine Instandhaltungsaufgaben, unproblematisch auf private Unternehmen übertragen werden können. Schwieriger hingegen ist die Übertragung von Sicherungsaufgaben. Während der Objektschutz und die Kontrolle technischer Anlagen übertragen werden können, müssen personenbezogene Sicherungsmaßnahmen aufgrund der Grundrechtsrelevanz der einzelnen Tätigkeiten weiterhin von Beamten ausgeführt werden. Eine entsprechende Teilung ergibt sich auch für den Bereich der Besucherkontrolle, die Haftraumrevisionen, die Fahrdienste und die Arbeits- und Ausbildungsprogramme. Nicht auf Private zu übertragen sind hingegen alle Aufgaben, die zur Beschränkung der Freiheit des Häftlings führen, wie etwa Maßnahmen zur Gewährung der Sicherheit und Ordnung, unmittelbarer Zwang und Disziplinarmaßnahmen sowie elementare Behandlungsaufgaben.

Die nicht-hoheitlichen Aufgaben können von Verwaltungshelfern übernommen werden. Bei den gemischt hoheitlich/-nicht-hoheitlichen Tätigkeiten mit untergeordnetem hoheitlichen Charakter ist es erforderlich, daß stets Beamte zugegen sind, die den hoheitlichen Teil der Aufgabe erfüllen können. Hier ist auch an die Figur der dualen Sicherheitskooperation zwischen privaten und staatlichen Kräften zu denken.

Schließlich folgt auch das Strafvollzugsgesetz den verfassungsrechtlichen Vorgaben. Gemäß § 155 Abs. 1 StVollzG ist die Übertragung hoheitlicher Aufgaben auf Private nicht möglich. Indes können nicht-hoheitliche bzw. gemischt hoheitliche/nicht-hoheitliche Tätigkeiten auch an Private übertragen werden. § 156 Abs. 1 StVollzG erfordert darüber hinaus, daß die Anstaltsleitung in staatlicher Hand ist.

6. Vergleich der rechtlichen Diskussion in USA und Deutschland

Die vorstehende Untersuchung hat gezeigt, daß einer Privatisierung in Deutschland wesentlich engere normative Grenzen gesetzt sind als in den USA. Die rechtliche Diskussion in den USA befaßt sich weniger mit der dogmatischen Frage, ob eine formelle Privatisierung verfassungsrechtlich zulässig ist, als vielmehr mit konkreten Fragestellungen. So wird nicht etwa erwogen, ob eine Gewaltanwendung durch Private gegenüber Häftlingen überhaupt zulässig ist, sondern es werden ausschließlich deren Voraussetzungen und Grenzen erörtert. Im Ergebnis werden in den USA weder in der Literatur noch in der Rechtsprechung durchgreifende verfassungsrechtliche Bedenken gegen eine Privatisierung erhoben. Sämtliche Vollzugsaufgaben können übertragen werden.

Demgegenüber erfordert das deutsche Verfassungsrecht für die formelle Privatisierung eine differenzierte Überprüfung. Eine materielle Privatisierung wäre ohnehin verfassungswidrig, eine formelle Privatisierung ist nur insofern möglich, als keine hoheitlichen Aufgaben auf Private übertragen werden. Anders als die US-amerikanische Verfassung verlangt das deutsche Verfassungsrecht daher eine genaue Unterscheidung der einzelnen Vollzugsaufgaben. Die Privatisierung einer Vollzugsaufgabe ist nur dann möglich, wenn sie keine hoheitlichen Tätigkeiten oder gemischt hoheitlich/nicht-hoheitliche Tätigkeiten umfaßt, sofern die hoheitlichen Aufgaben in der Gesamtschau einen nur untergeordneten Teil ausmachen. Eine Übertragung sämtlicher im Vollzug anfallender Aufgaben, wie dies in den USA der Fall ist, wäre in Deutschland bereits verfassungsrechtlich unzulässig.

Anders als in den USA erfordert das deutsche Recht eine rechtliche Basis für die grundsätzliche Übertragung von Vollzugsaufgaben auf Private. Sofern es in Deutschland um eine Übertragung von nicht-hoheitlichen Aufgaben geht, kann dies in Form der Verwaltungshilfe oder einer Beleihung mit entsprechender Rechtsgrundlage erfolgen. In den USA spielt indes der Rechtsrahmen für die Übertragung von Aufgaben nur im Hinblick auf haftungsrechtliche Fragen eine Rolle. Es wird diskutiert, ob privates Handeln dem Staat zugerechnet werden kann, ob durch den privaten Vollzugsbediensteten „quasi-staatlich" gehandelt wird und der Staat schließlich gegenüber dem betroffenen Insassen haftet.

Insgesamt ist festzustellen, daß sich die rechtliche Behandlung der Thematik in den USA – anders als in Deutschland – nicht auf dogmatische Grundsatzfragen konzentriert, sondern im Schwerpunkt durch die in der Praxis verursachten Problemstellungen beherrscht wird. Die rechtliche Diskussion in den USA vermittelt den Anschein, als habe man zunächst Haftanstalten privatisiert und sich im Nachgang mit den auftauchenden juristischen Fragestellungen beschäftigt. Dies erklärt sich vor dem Hintergrund, daß das amerikanische Recht in erster Linie von der Rechtsprechung bestimmt wird und sich ein formelles Rechtsdenken nicht in der Form wie in Deutschland durchgesetzt hat. Das Recht in den USA wird von Menschen, die das Richteramt bekleiden, geformt[652]. Demgegenüber gilt es in Deutschland zunächst auszuloten, in welchem rechtlichen Rahmen eine Privatisierung überhaupt möglich ist, und welche Grundlagen dafür vor der Umsetzung in die Praxis zu schaffen sind.

III. Zweckmäßigkeit einer Privatisierung im Strafvollzug

Die vorstehende Untersuchung hat die rechtlichen Grenzen einer Privatisierung aufgezeigt. Nunmehr bleibt zu erörtern, ob eine solche auch im Hinblick auf die aktuellen Probleme des Strafvollzugs zweckmäßig wäre. Anders als verschiedene Abhandlun-

---

[652] Vgl. D I.

gen,[653] die Privatisierung von Strafvollzugsanstalten als neues Phänomen in den USA und England aufgegriffen, eine Implementierung bzw. deren Folgen in Deutschland jedoch kaum diskutiert haben, oder Beiträge der allgemeinen Presse[654] beschäftigen sich aktuelle Aufsätze u.a. mit der Frage, ob die Privatisierung des deutschen Strafvollzugs dessen Probleme lösen.[655]

Einerseits wird die Privatisierung als Mittel gesehen, den staatlichen Strafvollzug von Dienstleistungen zu entlasten, die im Vollzugsalltag anfallen und dadurch Freiräume für eine bessere Umsetzung der Vollzugsziele wie Behandlungsplanung und Koordination zu schaffen.[656] Andererseits wird befürchtet, daß sich durch eine Privatisierung die praktischen Vollzugsprobleme verschärfen könnten.[657]

Eine Verbesserung der aktuellen Situation wird mit der Begründung angezweifelt, daß (zu) hohe Belegung der Anstalten, Übernahme sachfremder Aufgaben, Überlastung und Unterbezahlung des Personals sowie fehlende Entwicklung und Umsetzung problemadäquater und zielgruppenorientierter Vollzugskonzepte im wesentlichen die Folge einer „irrationalen Sicherheitspolitik" seien. Eine Privatisierung werde die Ursachen dieser Mißstände nicht beseitigen, denn die Gewinninteressen der privaten Unternehmen ließen für Strategien zur Haftvermeidung keinen Raum und müßten diese sogar konterkarieren.[658] Den Vollzug der Freiheitsstrafe in private Hände zu legen, führe in das System des Strafvollzugs einen Fremdkörper ein, der die Möglichkeiten wesent-

---

[653] Braum/Varwig/Bader ZfStrVo 1999, S. 67ff.; Haneberg, ZfStrVo 1993, S. 289ff.; Jung, Paradigmawechsel, S. 377ff.; Lilly, ZfStrVo 1999, S. 78ff.; Lindenberg/Schmidt-Semisch, NeuKrim 1995, S. 45ff.; Maelicke, ZfStrVo 1999, S. 73ff.; Matthews, NeuKrim 1993, S. 32ff.; Pilgram, NeuKrim 1991, S. 22ff.; Smart, ZfStrVo 1995, S. 290ff.; Stern, NeuKrim 1992, S. 16ff.; schließlich das ausführliche Dossier in Prison Service Journal 1992, Issue No. 87 S. 29ff. 78ff.
[654] Vgl. etwa FAZ vom 17.07.1998 mit dem Titel „Ein Gefängnis in Texas als Kapitalanlage"; Deutsche Sparkassen Zeitung vom 07.08.1998 mit dem Titel „Anlagen in Gefängnistitel gefragt"; FAZ vom 25.03.1999 mit dem Titel „Ein privates Gefängnis in Hessen"; Beitrag in der Dokumentationsserie „Report" im ZDF vom 29.07.1999.
[655] Vgl. Maelicke, ZfStrVo 1999, S. 73, 75f.:„Privatisierung als Weg aus der Krise?"; Braum/Varwig/ Bader, ZfStrVo 1999 S. 67, 69ff.: „Privatisierung als geeignete Antwort auf die Krise des Vollzugs?".
[656] Maelicke, ZfStrVo 1999, S. 73, 75f.
[657] Braum/Varwig/Bader, ZfStrVo 1999 S. 67, 71.
[658] Zu ähnlichen Befürchtungen der Privatisierungsgegner in USA, vgl. oben D V 2.

lich einschränke, die vorhandenen Vollzugsmängel mittels einer praktisch vernünftigen Reformpolitik zu beheben.[659]

Die Diskussion in den USA, in deren Mittelpunkt wirtschaftliche Gesichtspunkte stehen, unterstreicht die genannten Bedenken, Privatisierung lenke von der Erforschung und Bekämpfung der eigentlichen Problemursachen ab und konzentriere sich auf eine Beseitigung bzw. Unterdrückung der Symptome. Der Kern des Vollzugs bliebe unverändert. Die Qualität des Vollzugs wird dort wesentlich an einem ordnungspolitischen Vollzugskonzept gemessen.[660] Die Frage, ob Häftlinge privater Anstalten weniger häufig rückfällig werden, also nennenswerte Resozialisierungserfolge erzielt werden, steht nicht zur Debatte.[661]

Begreift man Privatisierung jedoch nur als das, was sie zu sein scheint, nämlich als ein Versuch zur Linderung der Begleiterscheinungen der aktuellen Kriminalpolitik, so stellt sich die Frage, ob sie wenigstens diesem Verständnis gerecht wird.

Maelicke[662] ist der Ansicht, daß selbst Privatisierungsgegner nicht ausschließen könnten, daß die Lebensbedingungen von Häftlingen sich durch eine „gut gemanagte Einrichtung" möglicherweise verbesserten. Hier ist jedoch die Frage aufzuwerfen, ob eine Verbesserung, selbst wenn sie möglich erscheint, auch hinreichend wahrscheinlich ist.

Dagegen spricht erheblich das kommerzielle Interesse, welches, wie er selbst einräumt[663], das einzige Motiv vieler Anbieter ist. Die Bedenken, die im Zusammenhang mit dem Gewinnstreben im Strafvollzug und der Beeinträchtigungen von Leistungen geäußert werden, sind bereits hinreichend dargestellt worden.[664] Sie stammen zwar aus der Privatisierungsdiskussion in den USA, jedoch sind Umstände, die eine Differenzie-

---

[659] Braum/Varwig/Bader, ZfStrVo 1999 S. 67, 71.
[660] Vgl. D II 1 a aa.
[661] Vgl. D V 2.
[662] Maelicke, ZfStrVo 1999, S. 73, 77.
[663] Maelicke, ZfStrVo 1999, S. 73, 75.
[664] Vgl. D IV 3 a bb.

rung zwischen den USA und Deutschland an dieser Stelle erforderlich machten, nicht erkennbar. Auf sie wird daher verwiesen.

Zweifelhaft erscheint weiterhin, daß Vollzugskonzepte durch die Beteiligung Privater am Strafvollzug besser als zuvor umgesetzt würden. Es stellt sich die Frage, welches Interesse ein privater Betreiber einer Vollzugsanstalt, deren vorderstes Ziel die Gewinnerzielung ist, an der Umsetzung kostenintensiver Konzepte überhaupt haben sollte.

Selbst wenn die Planung und Entwicklung des Vollzugs sowie die Behandlungsplanung und Koordination in staatlicher Hand blieben[665] und Private nur diverse Dienstleistungen im Vollzug übernähmen, staatliche Bedienstete also in dieser Hinsicht entlastet würden, entstünden dadurch nicht automatisch mehr Freiräume für die Durchführung resozialisierender Konzepte. Die Bereitstellung von Dienstleistungen sowie die Entwicklung und Durchsetzung von Vollzugskonzepten sind unterschiedliche Aufgabenbereiche, die auch bislang nicht in einer Hand gelegen haben. Freiräume werden daher durch Privatisierung allenfalls auf den ersten Blick geschaffen.

Auch die Überlastung und Unterbezahlung des Anstaltspersonals[666] wird durch die Privatisierung nicht gelöst. Aufgrund der Gewinnerzielungsabsicht privater Unternehmer ist zweifelhaft, ob sie mehr Personal einstellen und dieses auch noch besser bezahlen als der Staat. Auch hier sei auf die Diskussion der Privatisierung in den USA[667] verwiesen. Dort hat sich vor allem gezeigt, daß private Unternehmer ihren Gewinn gerade über die Senkung der Personalkosten generieren wollen, indem sie die Anzahl der „headcounts" reduzieren und minder qualifiziertes Personal einsetzen.[668] Eine noch größere Demotivation der neuen Vollzugsbediensteten gegenüber den bisherigen staatlichen wäre dadurch vorprogrammiert.

---

[665] Maelicke, ZfStrVo 1999, S. 73, 75f.
[666] Vgl. oben S. 176
[667] Vgl. D IV 1 a.
[668] Vgl. D IV 1 a.

Weiterhin läßt eine Privatisierung auch keine dauerhafte Reduktion der (hohen) Belegungszahlen erhoffen. Sie könnte nur dann erreicht werden, wenn privat geführter Haftraum zu dem bereits bestehenden hinzukäme, bestehende, evtl. veraltete Haftplätze also nicht durch diese ersetzt würden. Dagegen spricht jedoch die akute Finanznot des Staates und die entprechenden Sparmaßnahmen. In diesem Zusammenhang darf nicht vergessen werden, daß auch private Haftanstalten für den Staat nicht kostenfrei sind, selbst wenn private Anbieter, wie behauptet, Haftplätze kostengünstiger zur Verfügung stellten. Neben der Schaffung zusätzlichen Haftraums ist, sofern eine Entspannung der Belegungssituation erreicht werden soll, erforderlich, daß die Anzahl der Häftlinge insgesamt nicht steigt. Abb. 6 hat jedoch gezeigt, daß zwischen 1993 und 1997 zunehmend auf die Sanktion der Freiheitsstrafe zurückgegriffen wurde. Auch die Anzahl der Häftlinge weist seit 1993 eine steigende Tendenz aus[669], so daß von einer Stagnation der Gefangenenrate nicht ohne weiteres ausgegangen werden kann.

An diesen Komplex lehnt sich ein weiteres Problemfeld des Strafvollzugs an: Zunehmend müssen sachfremde Aufgaben, wie etwa die Integration der Abschiebungshaft in den Vollzug übernommen werden.[670] Auch dieses Problemfeld kann m.E. durch die Privatisierung nicht gelöst werden. Die Bewältigung dieses Problems würde zuvorderst erfordern, daß zusätzlicher Haftraum geschaffen würde, was bereits aufgrund der Kostenreduzierung im Staatshaushalt zweifelhaft ist.[671]

Insgesamt muß daher bezweifelt werden, daß eine Privatisierung auch nur im geringsten in der Lage wäre, die Symptome zu lindern. Langfristige Lösungen der tatsächlichen Vollzugsprobleme sind jedenfalls nicht zu erwarten. Daher muß die Frage gestattet sein, welchen Sinn eine Maßnahme haben soll, von der man allenfalls eine kurzfristige Verbesserung der Begleiterscheinungen erwarten darf. Mittelfristig wird man sich denselben Problemen ausgesetzt sehen – mit dem einzigen Unterschied, nunmehr eine dritte Partei in das System eingeführt zu haben, die ihre Interessen berücksichtigt

---

[669] Vgl. Abb. 4.
[670] Braum/Varwig/Bader, ZfStrVo 1999, S. 67, 70

wissen will. Zutreffend ist daher die Einschätzung von *Baum/Varwig/Bader*,[672] daß eine Privatisierung, insbesondere vor dem Hintergrund fiskalischer Interessen, dysfunktionalen Charakter habe, was letztlich zu einer Problemverschärfung führt.

F. Schlußbetrachtung

Ausgehend davon, daß in Deutschland umfassende Privatisierungsmaßnahmen während der 80er und 90er Jahren in unterschiedlichen Bereichen der staatlichen Verwaltung vorgenommen und neue Wege auch im Bereich der Strafjustiz gesucht werden, ergab sich die zentrale Aufgabenstellung dieser Arbeit: Die Untersuchung einer Privatisierung von Strafvollzugseinrichtungen mit Blick auf das US-amerikanische Beispiel. Zunächst wurden die historischen, staatstheoretischen sowie gesellschafts- und kriminalpolitischen Entwicklungsstränge einer Privatisierung freigelegt. Es folgte eine Untersuchung der Privatisierung in den USA.

Die historische Darstellung der Thematik hat gezeigt, daß Privatisierung, wenn auch in anderer Form, als sie heute verstanden wird, mit dem Strafvollzug verwurzelt ist. Die Quelle finanzieller Wertschöpfung war in der Geschichte eine andere als heute: Im Vordergrund stand die Ausnutzung der körperlichen Arbeitskraft der Häftlinge, wogegen im US-amerikanischen Privatisierungsmodell der Staat für die Unterbringung der Häftlinge aukommt. Das ehemalige System war zudem gekennzeichnet von Mißbrauch und Korruption. Trotz mehrmaliger Reformversuche scheiterte eine humane, geordnete und sichere Unterbringung der Häftlinge immer wieder an den Gewinninteressen der Unternehmen (und in zweiter Linie auch des Staates). Die Häftlinge wurden nicht als Menschen, sondern als Arbeitskräfte verstanden. Als Folge des Gewinnstrebens war der Strafvollzug verfälscht zu einer Stätte der Unmenschlichkeit und Mißachtung der Menschenwürde.

---

[671] Vgl. oben C II 1.
[672] Braum/Varwig/Bader, ZfStrVo 1999, S. 67, 70.

Bei der Untersuchung staatstheoretischer, gesellschafts- und kriminalpolitischer Wandlungsprozesse hat sich gezeigt, daß Privatisierungen u.a. Folge eines zunehmenden Rationalisierungsprozesses sind, der auch vor dem Strafvollzug nicht Halt macht. Im Zuge dieses Prozesses werden staatliche Aufgaben vermehrt dem privaten Sektor überantwortet. Die Verlagerung geschieht in einem staatstheoretischen Umfeld, in welchem sich die Grenzen zwischen Staat und Gesellschaft zunehmend vermischen. Private Akteure sind längst in politische Entscheidungsprozesse auf allen Ebenen eingebunden, so auch im Bereich der Kriminalpolitik und der sozialen Kontrolle. Hierbei konnten zwei Entwicklungsstränge ausfindig gemacht werden, die unter dem „Dach der Privatisierung" zusammenlaufen: Zum einen wird die Diskussion befördert durch grundsätzliche Zweifel am staatlich organisierten Strafsystem und damit auch am Strafvollzug, zum anderen gibt es Ansätze, die in das System der sozialen Kontrolle auch Wirtschaftlichkeits- und Effizienzüberlegungen einbeziehen wollen. Während dem erstgenannten theoretischen Ansatz Alternativvorschläge zur Strafjustiz, wie z.B. TOA oder Mediation entstammen, wird die Privatisierung von Strafvollzugsanstalten den zweitgenannten Überlegungen getragen.

Vor diesem Hintergrund hat die weitere Untersuchung der aktuellen Privatisierung im Strafvollzug der USA gezeigt, daß das Streben nach finanziellem Gewinn auch heute noch das entscheidende Motiv privater Unternehmer dafür ist, Vollzugseinrichtungen zu errichten und zu betreiben. Ebenso leisteten fiskalische Interessen des Staates einer (Re)-privatisierung in den USA Vorschub. Die Ökonomisierung hat dazu geführt, daß aus dem einst staatlichen Vollzugssystem ein Wachstumsmarkt geworden ist, in dem es – ebenso wie in jedem anderen Bereich des Wettbewerbs – um den Ausbau des Marktes und des eigenen Marktanteils geht. Auch der Staat ist letztlich Mitbewerber. Dementsprechend verläuft die Diskussion in den USA. Im Vordergrund steht die Frauge, ob ein privates Unternehmen Strafvollzugsanstalten kostengünstiger und effizienter führen kann als der Staat selbst. Kriminalpolitische, staatstheoretische sowie ethisch-moralische Überlegungen der Privatisierungsgegner werden in den Hintergrund verbannt. Im Mittelpunkt der rechtlichen Diskussion stehen weniger verfassungsrechtliche als vielmehr haftungsrechtliche Fragestellungen.

Die Analyse der Entwicklungsumstände im Vergleich USA zu Deutschland hat gezeigt, daß hierzulande keine vergleichbaren Bedingungen, wie in den USA zu Beginn der 80er Jahre, zu finden sind. Trotzdem sind Tendenzen festzustellen, die in dieselbe Richtung weisen. So ist auch in Deutschland zunehmend zu vernehmen, die Haftanstalten seien überbelegt und das gesamte System insgesamt zu kostenintensiv. Festzustellen ist eine Hinwendung zu einer neokonservativen Kriminalpolitik, die sich allerdings mit dem Regierungswechsel 1998 ändern mag. Die Kriminalitätsangst der Bevölkerung, gefördert durch entsprechende Medienberichte, wächst. Forderungen nach einem „harten Durchgreifen des Staates" sind auch in Deutschland nicht mehr zu überhören. Zwischen 1995 und 1997 ist ein leichter Anstieg der Freiheitsstrafen nach dem StGB, trotz etwa gleichbleibender Anzahl der Gesamtverurteilungen, zu verzeichnen.[673] Die Anzahl der Häftlinge in bundesdeutschen Anstalten ist zwischen 1985 und 1997 insgesamt rückläufig.

Versucht man amerikanische Privatisierungsmodelle auf Deutschland zu übertragen, so darf weiterhin nicht unberücksichtigt bleiben, daß beide Länder von unterschiedlichen Staatstraditionen und einem unterschiedlichen Staatsverständnis geprägt sind. Anders als in Deutschland ist der US-amerikanische Staat nach seinem Selbstverständnis primär verpflichtet, die Individualrechte seiner Bürger zu wahren. Die Aufgaben, die ihm vor dem Hintergrund dieses Verständnisses zukommen, sind wesentlich begrenzter und keineswegs sozialstaatlich ausgerichtet. Auch das Rechtssystem ist Ausprägung der liberalen Staatsgesinnung. Anders als in Deutschland hat sich in den USA kein formales Rechtsdenken entwickelt. Recht wird weniger vom Staat als von den Gerichten gesetzt. Eine Privatisierung des Strafvollzugs wirft in den USA weniger staatstheoretische und juristische Bedenken auf als in Deutschland. Eine materielle Privatisierung wäre in Deutschland verfassungswidrig. Einer formellen Privatisierung

---

[673] Vgl. Abb. 6.

wären enge normative Grenzen gesetzt. Eine Übertragung von hoheitlichen Aufgaben im Rahmen einer formellen Privatisierung würde vor dem Hintergrund des Verfassungsrechts gegen den Funktionsvorbehalt aus Art. 33 Abs. 4 GG und das Rechtsstaatprinzip sowie dem daraus resultierenden Gewaltmonopol des Staates verstoßen und wäre ferner auch nicht mit dem Strafvollzugsgesetz (§ 155 Abs. 1 StVollzG) vereinbar. Hingegen ist die Übertragung nicht hoheitlicher und gemischt hoheitlicher/nicht-hoheitlicher Aufgaben mit untergeordnetem hoheitlichem Charakter zulässig. Dies wäre auf der Basis der Verwaltungshilfe, dualen Sicherheitskooperation und Beleihung – bei Schaffung einer entsprechenden Rechtsgrundlage – möglich.

Neben normative Bedenken gegen den privaten Strafvollzug treten solche, die sich aus dessen mangelnder Tauglichkeit ergeben, bestehende Vollzugsprobleme zu lösen. Insgesamt verspricht die Privatisierung von Haftanstalten wenig Linderung der tatsächlichen Schwierigkeiten. Betrachtet man Privatisierung nur als eine Bekämpfung der „Symptome" von Kriminalität, ohne von ihr zu erwarten, etwa Kriminalität in ihrer Ursache bekämpfen zu können, entstehen schon Zweifel, ob sie dies zu leisten vermag. Eine Lösung der bestehenden Vollzugsprobleme, wie etwa bessere Umsetzung von Vollzugszielen oder weniger Übernahme sachfremder Aufgaben ist mit höheren finanziellen Aufwendungen, z.B. durch zusätzlichen Personaleinsatz oder Einrichtung von Betreuungsprogrammen verbunden. Gegen die Bereitstellung dieser kostenintensiven Mittel spricht das kommerzielle Interesse der privaten Unternehmen.

Insgesamt hat sich gezeigt, daß die Privatisierung im Strafvollzug einer Reihe unterschiedlicher Einwände ausgesetzt ist. Insbesondere die Diskussion in den USA hat ergeben, wie die Privatisierungsdebatte von Privatisierungsbefürwortern auf die Erörterung wirtschaftlicher Gesichtspunkte fixiert und reduziert wird. Das geschickte Zusammenspiel von Lobbyisten, Politik und den Medien führt dazu, daß Privatisierungsbefürworter eine generelle Überlegenheit in dem genannten Punkt für sich in Anspruch nehmen, und daß ethisch-moralische Aspekte sowie staatstheoretische und -philosophische Gesichtspunkte weitestgehend ausgespart werden. Die Gefahr, daß private

Projekte im „Gewande der Gemeinnützigkeit" auftreten,[674] wird daher häufig verkannt. Nicht zuletzt weil es speziell das Anliegen der kriminologischen Forschung ist, die Vollzugswirklichkeit und die tatsächlichen Funktionen des Strafvollzugs offen zu legen,[675] ist hier Wachsamkeit geboten. Obgleich die Ausgangslage in Deutschland eine andere ist als in den USA in den 80er Jahren, kann auch für Deutschland eine Privatisierung im Strafvollzug nicht mehr ausgeschlossen werden. Ein erstes Projekt auf der Basis einer formellen Privatisierung ist bereits in Hessen geplant.[676]

---

[674] Walter, Sicherheitsgewerbe, S. 65, 85.
[675] Walter, Strafvollzug, Rdn. 4.
[676] Vgl. den Beitrag in der Sendung Kontraste v. 29.07.1999 mit dem Titel: Überfüllte Gefängnisse in Deutschland: Sind Privatknäste die Lösung?

Abkürzungsverzeichnis

A.	Atlantic Reporter
a.A.	andere Ansicht
ABA	American Bar Association
Abb.	Abbildung
Abs.	Absatz
ACA	American Correctional Association
ACLU	America Civil Liberties Union
AG	Aktiengesellschaft
AltKomm	Alternativkommentar zum StGB
ANN	Annotation
AOC	Department of Corrections Administration
AöR	Archiv des öffentlichen Rechts
Art.	Artikel
BayVBl	Bayerisches Verwaltungsblatt
BB	Betriebsberater
Bd.	Band
BDWS	Bundesverband Deutscher Wach- und Sicherheitsunternehmen
BewHi	Zeitschrift für Bewährungshilfe
BGB	Bürgerliches Gesetzbuch
BJA	Bureau of Justice Assistance
BJS	Bureau of Victims of Crime
BRRG	Beamtenrechtsrahmengesetz
BtmG	Betäubungsmittelgesetz
bzw.	beziehungsweise

ca.	circa
CCA	Corrections Corporation of America
CDU	Christliche Demokratische Union
ch.	chapter
CJI	Criminal Justice Institute
Comp. Law	Compiled Law
Const.	Constitution
DDR	Deutsche Demokratische Republik
d.h.	das heißt
DÖV	Die öffentliche Versaltung
DVBl.	Deutsches Verwaltungsblatt
et seq.	et sequentes
etc.	et cetera
evtl.	eventuell
f.	folgende
F. Supp.	Federal Supporter
FAZ	Frankfurter Allgemeine Zeitung
FDP	Freie Demokratische Partei Deutschland
ff.	fortfolgende
FS	Festschrift
GA	Goldtammers Archiv
GAO	General Accounting Office
GG	Grundgesetz
ggfls.	gegebenenfalls
GmbH	Gesellschaft mit beschränkter Haftung

Inc.	Incorporated
INS	US Immigration and Naturalization Service
i.S.d.	im Sinne des
IVG	Industrieverwaltungsgesellschaft
JGG	Jugendgerichtsgesetz
Jh.	Jahrhundert
Jura	Juristische Ausbildung
JVA	Justizvollzugsanstalt
JZ	Juristenzeitung
KJHG	Kinder- und Jugendhilfegesetz
KöZfSuS	Kölner Zeitschrift für Soziologie und Sozialpsychologie
KrimJ	Kriminologisches Journal
KrimPäd	Kriminalpädagogische Praxis
LKV	Landes- und Kommunalverwaltung
M.D.	Middle District Court
m.E.	meines Erachtens
MKS	Monatsschrift für Kriminologie und Strafrechtsreform
Mio.	Millionen
Mrd.	Milliarden
mwN.	mit weiteren Nachweisen
NeuKrim	Neue Kriminalpolitik
NIJ	National Institute of Justice
NJW	Neue Juristische Wochenschrift

No.	Number
Notre Dame Journal of Law	Notre Dame Journal of Law, Ethics & Public Policy
Nr.	Nummer
NStZ	Neue Zeitschrift für Strafrecht
NVwZ	Neue Zeitschrift für Verwaltungsrecht
N.W.	North Western Reporter
pol.	politischen
Prec.	Precedent
Rdn.	Randnummer
S.	Satz/Seite
S.D.	Southern District Court
SK	Systematischer Kommentar
sog.	sogenannt
STAT.	Statute
StGB	Strafgesetzbuch
StPO	Strafprozeßordnung
StRG	Gesetz zur Reform des Strafrechts
StVollzG	Strafvollzugsgesetz
Teilbd.	Teilband
tit.	title
TOA	Täter-Opfer-Ausgleich
u.a.	unter anderem
US	Vereinigte Staaten
USA	Vereinigte Staaten von Amerika

U.S.C.	United States Code
u.U.	unter Umständen
v.	von, vom
vgl.	vergleiche
Vol.	Volume
vs.	versus
VVDStRL	Veröffentlichungen der Vereinigung deutscher Staatsrechtslehrer
W.D.	Western District Court
z.B.	zum Beispiel
ZBR	Zeitschrift für Beamtenrecht
ZfStrVo	Zeitschrift für den Strafvollzug und die Straffälligenhilfe
zit.	zitiert
ZRP	Zeitschrift für Rechtspolitik
ZStW	Zeitschrift für die gesamte Strafrechtswissenschaft

Literaturverzeichnis

I. Ausländische Literatur

Allen, Harry E./
Simson, Clifford E.   Corrections in America, An
                                   introduction
                                   New Jersey 1998
                                   (zit.: Allen/Simson, S.)

Anderson, George M.   Prisons and Money,
                                   in: America, Vol. 164, 1991, S. 516
                                   (zit.: Anderson, America 1991, S.)

Anderson, Patrick/
Davoli, Charles R./
Moriarty, Laura J.   Private Prisons: Feast or Fiasco in:
                                   The Prison Journal, Vol. LXV,
                                   1985, S. 32
                                   (zit.: Anderson/Davoli/Moriarty,
                                   The Prison Journal 1985, S.)

Benekos, Peter J./
Merlo, Alida V.   Adapting Conservative Corrections
                                   Policies to the Economic Realities
                                   of the 1990s
                                   in: McShane/Williams, The
                                   Philosophy and Practice of
                                   Corrections
                                   New York, London 1997, S. 251
                                   (zit.: Benekos/Merlo, S.)

Beyens, Kristel/
Snacken/Sonja   Prison Privatization: An
                                   International Perspective,
                                   in: Matthews/Francis, Prisons
                                   2000, London 1996, S. 240
                                   (zit.: Beyens/Snacken, S.)

Bowditch, Christine/
Everett, Ronald S — Private Prisons: Problems Within the Solution in: Justice Quarterly Vol. 4, 1987, S. 441
(zit.: Bowditch/Everett, Justice Quarterly 1987, S.)

Brakel, Samuel Jan — Private Corrections,
in: Bowman/Hakim/Seidenstat, Privatizing the United States Justice System, 1992, S. 254
(zit.: Brakel, S.)

Brakel, Samuel Jan — Prison Management, Private Enterprise, Style: The Inmates Evaluation,
in: New England Journal on Criminal and Civil Confinement 1988, Vol. 14, 1988 No. 2, S. 175
(zit: Brakel, New England Journal on Criminal and Civil Confinement 1988, S.)

Burright, David K. — Privatization of Prisons, Fad or Future?,
in: FBI Law Enforcement Bulletin, Vol. 59, 1990 No. 2, S. 1
(zit.: Burright, FBI Law Enforcement Bulletin 1990, S.)

Callabrese, Wayne H. — Low Cost, High Quality, Good Fit: Why not Privatization,
in: Bowman/Hakim/Seidenstat, Privatizing Correctional Institutions, New Brunswick 1994, S. 175
(zit.: Callabrese, S.)

Camp, Camilla/
Camp, George — Correctional Privatization in Perspective,
in: The Prison Journal, Vol. LXV, 1985 No. 2, S. 12
(zit.: Camp/Camp, The Prison Journal 1985, S.)

Cass, Ronald A.	Privatization: Politics, Law, and Theory, in: Marquette Law Review, Vol. 71, 1987 No. 1, S. 449 (zit.: Cass, Marquette Law Review 1987, S.)
Chi, Keon S.	Prisons Overcrowding and Privatization: Models and Opportunities in: The Journal of State Government, Vol. 62, 1989 No. 2, S. 70 (zit.: Chi, The Journal of State Government 1989, S.)
Cikins, Warren I.	Privatization of the American Prison System: An idea whose time has come? in: Notre Dame Journal of Law, Ethics & Public Policy, Vol. 2, 1985 No. 1, S. 445 (zit.: Cikins, Notre Dame Journal of Law 1985, S.)
Cohen, Stanley	Dezentralisierung ernst genommen: Werte, Visionen und Strategien, in: Kriminologisches Journal 1988 (20), S. 10 (zit.: Cohen, KrimJ 1988, S.)
Crants III, R.	Private Prison Management: A Study in Economic Efficiency, in: Journal of Contemporary Criminal Justice, Vol. 7, 1991 No. 1, S. 49 (zit.: Crants, Journal of Contemporary Criminal Justice 1991, S.)
Cripe, Clair A.	Legal Aspects of Corrections Management Gaithesburg, Maryland 1997 (zit.: Cripe, S.)

DiIulio, John J.	The Duty to Govern: A Critical Perspective on the Private Management of Prisons, in: McDonald, Private Prisons and the Public Interest, New Brunswick, London 1990, S. 155 (zit.: DiIulio, S.)
Dipiano, John G.	Private Prisons: Can They Work? Panopticon in the Twenty-First Century, in: New England Journal on Criminal and Civil Confinement, Vol 21, 1995 No.1, S. 171 (zit.: Dipiano, New England Journal on Criminal and Civil Confinement 1995, S.)
Elvin, Jahn	A Civil Liberties View of Private Prisons in: The Prison Journal, Vol. LXV, 1985 No. 2, S. 48 (zit.: J. Elvin, The Prison Journal 1985, S.)
Donahue, John D.	Prisons for Profit: Public Justice, Private Interests Economic Policy Institute, Washington (DC) 1988 (zit.: Donahue, S.)
Dunham, Douglas W.	Inmates Rights And The Privatization Of Prisons, in: Columbia Law Review Vol. 86, 1986 No. 7, S. 1475 (zit.: Dunham, Columbia Law Review 1986, S.)

Durham III, Alexis M.	Rehabilitation and Correctional Privatization: Observations on the 19th Century Experience and Implications for Modern Corrections, in: Federal Probation, March 1989, S. 43 (zit.: Durham, Federal Probation 1989, S.)
Evans, Brian B.	Private Prisons, in: Emory Law Journal, Vol. 36, 1987 No. 1, S. 253 (zit.: Evans, Emory Law Journal 1987, S.)
Farrington, Keith	The Modern Prison as Total Institution? Public Perception Versus Objective Reality in: Crime & Delinquency, Vol. 38, 1992 No. 1, S. 6 (zit.: Farrington, Crime & Delinquency 1992, S.)
Feeley, Malcolm M.	The Privatization of Prisons in Historical Perspective, in: Criminal Justice Research Bulletin Vol. 6, 1991 No. 2, S. 1 (zit.: Feeley, Criminal Justice Research Bulletin 1991, S.)
Feeley, Malcolm M./ Jonathan, Simon	The New Penology: Notes on the Emerging Strategy of Corrections and Implications in: Criminology Vol. 30, 1992 No. 4, S. 449 (zit: Feeley/Simon, Criminology 1992, S.)

Forsythe, Bill — Privatization and British Prisons-Past and Future, in: Prison Service Journal 1989 No. 73, S. 35
(zit.: Forsythe, Prison Service Journal 1989, S.)

Frazier-Stacy, Stephanie — Capitalist Punishment: The Wisdom and Propriety of Private Prisons
in: Nebraska Law Review Vol. 70, 1991, S. 900
(zit.: Frazier-Stacy, Nebraska Law Review 1991, S.)

Gemignani, Robert J. — The Public Sector's Responsibilities in Privatizing Court Related and Correctional Services,
in: Bowman/Hakim/Seidenstat, Privatizing the United States Justice System, London 1992, S. 281
(zit.: Gemignani, S.)

Gentry, James Theodore — The Panopticon Revisited: The Problem of Monitoring Private Prisons
in: The Yale Law Journal Vol. 96, 1986 No.1, S. 353
(zit.: Gentry, The Yale Law Journal 1986, S.)

Gold, Martin E. — The Privatization of Prisons
in: The Urban Lawyer Vol. 28, 1996 No. 4, S. 359
(zit.: Gold, The Urban Lawyer 1996, S.)

Gormley, William T. Jr. — The Privatization of Punishment in Historical Perspective,
in: ders., Privatization and Its Alternatives, Wisconsin 1990, S. 212
(zit.: Gormley, S.)

Grant, Judy S.	Prisons for Profit, in: Hamline Journal of Public Law and Policy, Vol. 7, 1986 No. 1, S. 123 (zit.: Grant, Hamline Journal of Public Law and Policy 1986, S.)
Holley, Cathy E.	Privatization of Corrections: Is the State Out on a Limb When the Company Goes Bankrupt, in: Vanderbilt Law Review, Vol. 41, 1988 No. 1, S. 317 (zit.: Holley, Vanderbilt Law Review 1988, S.)
Joel, Dana C.	The Privatization of Secure Adult Prisons: Issues and Evidence, in: Bowman/Hakim/Seidenstat, Privatizing Correctional Institutions, New Brunswick 1994, S. 51 (zit.: Joel, S.)
Johnson, W. Wesley/ Bennett, Katherine/ Flanagan, Timothy J.	Getting Tough on Prisoners: Results from the National Corrections Executive Survey, 1995, in: Crime & Delinquency, Vol. 43, 1997 No. 1, S. 24 (zit.: Johnson/Bennett/Flanagan, Crime & Delinquency 1997, S.)
Keating, J. Michael	Public over Private: Monitoring the Performance of Privately Operated, in: McDonald, Private Prisons and the Public Interest, New Brunswick, London 1990, S. 130 (zit.: Keating, S.)

Kinkade, Patrick T./
Leone, Matthew C.　　　　　Issues and Answers: Prison
　　　　　　　　　　　　　Administrator's Responses to
　　　　　　　　　　　　　Controversies Surrounding
　　　　　　　　　　　　　Privatization,
　　　　　　　　　　　　　in: The Prison Journal, Vol. 72,
　　　　　　　　　　　　　1992 No. 1&2, S. 57
　　　　　　　　　　　　　(zit.: Kinkade/Leone, The Prison
　　　　　　　　　　　　　Journal 1992, S.)

Lampkin, Linda M.　　　　　Does Crime Pay? AFSCME
　　　　　　　　　　　　　Reviews the Record on the
　　　　　　　　　　　　　Privatization of Prisons,
　　　　　　　　　　　　　in: Journal of Contemporary
　　　　　　　　　　　　　Criminal Justice, Vol. 7, 1991 No.
　　　　　　　　　　　　　1, S. 41
　　　　　　　　　　　　　(zit.: Lampkin, Journal of
　　　　　　　　　　　　　Contemporary Criminal Justice
　　　　　　　　　　　　　1991, S.)

Lawrence, David M.　　　　　Private Exercise of Governmental
　　　　　　　　　　　　　Power
　　　　　　　　　　　　　in: Indiana Law Journal, Vol. 61,
　　　　　　　　　　　　　1985-86, S. 647
　　　　　　　　　　　　　(zit.: Lawrence, Indiana Law
　　　　　　　　　　　　　Journal 1985/86, S.)

Leonard, Hermann B.　　　　Private Prisons Finance,
　　　　　　　　　　　　　in: McDonald, Private Prisons and
　　　　　　　　　　　　　the Public Interest, New
　　　　　　　　　　　　　Brunswick, London 1990, S. 71
　　　　　　　　　　　　　(zit.: Leonard, S.)

Lilly, Robert J.　　　　　　Private Gefängnisse in den
　　　　　　　　　　　　　Vereinigten Staaten – Das heutige
　　　　　　　　　　　　　Bild,
　　　　　　　　　　　　　in: Zeitschrift für Strafvollzug und
　　　　　　　　　　　　　Straffälligenhilfe 1999, S. 78
　　　　　　　　　　　　　(zit.: Lilly, ZfStrVo 1999, S.)

Lilly, Robert J./ Deflem, Mathieu	Profit and Penalty: An Analysis of the Corrections-Commercial Complex, in: Crime & Delinquency, Vol. 42, 1996 No. 1, S. 3 (zit.: Lilly/Deflem, Crime and Delinquency 1996, S.)
Lilly, Robert J./ Knepper, Paul	The Corrections – Commercial Complex, in: Prison Service Journal, Issue No. 87, 1992, S. 43 (zit.: Lilly/Knepper, Prison Service Journal 1992, S.)
Logan, Charles H.	Private Prisons, New York, Oxford 1990 (zit.: Logan, S.)
Logan, Charles H.	Public vs. Private Prison Management: A Case Comparison, in: Criminal Justice Review, Vol. 21, 1996 No. 1, S. 62 (zit.: Logan, Criminal Justice Review 1996, S.)
Mayer, Connie	Legal Issues Surrounding Private Operation of Prisons, in: Alternative Law Journal, Vol. 17, 1992 No. 3, S. 111 (zit.: McCarthy, Alternative Law Journal 1992, S.)
McConville, Sean	Aid from Industry? Private Corrections and Prison Crowding, in: Gottfredson/McConville, America's Correctional Crisis, 1987, S. 221 (zit.: McConville, S.)

McDonald, Douglas C.	The Costs of Operating Public and Private Correctional Facilities, in: McDonald, Private Prisons and the Public Interest, New Brunswick, London 1990, S. 86 (zit.: McDonald, Costs, S.)
McDonald, Douglas C.	When Government Fails: Going Private as a Last Resort, in: McDonald, Private Prisons and the Public Interest, New Brunswick, London 1990, S. 179 (zit.: McDonald, Government, S.)
McDonald, Douglas C.	Private Penal Institutions, in: Tonry, Crime and Justice, Vol. 16, Chicago 1992, S. 361 (zit.: McDonald, Crime and Justice 1992, S.)
Merlo, Alida V.	Ethical Issues and the Private Sector, in: Corrections: Dilemmas and Directions, Cincinatti 1990, S. 23 (zit.: Merlo, Corrections, S.)
Miller, John R./ Tufts, Christopher R.	Privatization Crossfire in: National Civic Review 1988, S. 100 (zit.: Miller/Tufts, National Civic Review 1988, S.)
National Criminal Justice Commission	The Real War on Crime. The Report of the National Criminal Justice Commission, Auszüge in: Ortner/Pilgram/Steinert, Jahrbuch für Rechtssoziologie, New Yorker „Zero Tolerance" Politik, Baden-Baden 1998, S. 41 (zit.: National Criminal Justice Commission, Jahrbuch für Rechtssoziologie 1998, S.)

O´Shea, Timothy	Deliberative Dimension of Policymaking: Case Studies of Privatization of Corrections Chicago, Illinois 1994 (zit.: O´Shea, S.)
Palumbo, Dennis J.	Privatization and Corrections Policy, in: Policy Studies Review, Vol. 5, 1986 No. 3, S. 598 (zit.: Palumbo, Policy Studies 1986, S.)
Pollock, Joyceline M.	Ethics in Crime and Justice Dilemmas and Decisions, 3. Auflage, Southwest Texas State University 1998 (zit.: Pollock, S.)
Poole Jr., Robert W./ Rixler Jr., Philip E.	Privatization of Public Sector, Services in Practise: Experience and Potential, in: Journal of Policy Analysis and Management, Vol. 6, 1987 No. 4, S. 612 (zit.: Poole/Rixler, Policy Analysis and Management 1987, S.)
Porter, Robert G.	The Privatization of Prisons in the United States: A Policy that Britain should not emulate in: The Howard Journal, Vol. 29, 1990 No. 2, S. 65 (zit.: Porter, The Howard Journal 1990, S.)
Press, Aric	The Good, the Bad, and the Ugly: Private Prisons in the 1980s, in: McDonald, Private Prisons and the Public Interest, New Brunswick, London 1990, S. 19 (zit.: Press, S.)

Priest, George L.	Introduction: The Aims of Privatization in: Yale Law, Ethics & Policy Review, Vol. 6, 1988 No. 1, S. 1 (zit.: Starr, Yale Law & Policy Review 1988, S.)
Ring, Charles R.	Contracting for the Operation of Private Prisons – Pros and Cons, 1987 (zit.: Ring, S.)
Robbins, Ira P.	Privatization of correctins: defining the issues in: Judicature, Vol. 69, 1986 No. 6, S. 325 (zit.: Robbins, Judicature 86, S.)
Ryan, Mick/ Ward, Tony	Privatization and the penal system, The American Experience and the Debate in Britain New York 1988 (zit.: Ryan/Ward, S.)
Savas, E.S.	Privatization and Prisons, in: Vanderbilt Law Review, Vol. 40 1987, S. 889 (zit.: Savas, Vanderbilt Law Review 1987, S.)
Schaffer, Robert G.	The public interest in private party immunity: extending qualified immunity from 42 U.S.C § 1983 to private prisons, in: Duke Law Journal Vol. 45, 1996, S. 1049 (zit.: Schaffer, Duke Law Journal 1996, S.)
Sellers, Martin P.	The history and development of private prisons in the United States, Temple University 1988 (zit.: Sellers, S.)

Shichor, David	Punishment for Profit, London 1995 (zit.: Shichor, S.)
Shichor, David	The corporate context of private prisons, in: Crime, Law and Social Change, Vol. 20, 1993, S. 113 (zit.: Shichor, Crime, Law and Social Change 1993, S.)
Silverman, Ira J./ Vega, Manuel	Corrections, A Comprehensive View, St. Paul (MW) 1969 (zit.: Silverman/Vega, S.)
Spurlock, Donna S.	Liability of state officials and prison corporations for excessive use of force against inmates of private prisons, in: Vanderbilt Law Review, Vol. 40, 1987, S. 983 (zit.: Spurlock, Vanderbilt Law Review 1987, S.)
Stolz, Barbara Ann	Privatizing Corrections: Changing the corrections policy-making subgovernment, in: The Prison Journal, Vol. 77, 1997 No. 1, S. 92 (zit.: Stolz, The Prison Journal 1997, S.)
Taylor, Max/ Pease, Ken	Private Prisons and Penal Purpose, in: Matthews, Privatizing Criminal Justice, London 1989, S. 179 (zit.: Taylor, S.)

Thomas, Charles W.	Prisoners Rights and Correctional Privatization: A Legal and Ethical Analysis, in: Business & Professional Ethics Journal, Vol. 10, 1991 No. 1, S. 3 (zit.: Thomas, Business & Professional Ethics Journal 1991, S.)
Thomas, Charles W./ Logan, Charles H.	The Development, Present Statutes and Future Potentials of Correctional Privatization in America, in: Bowman/Hakim/Seidenstat, Privatizing Correctional Institutions, New Brunswick 1994, S. 213 (zit.: Logan, Privatizing Correctional Institutions, S.)
Tonry, Michael	Racial Politics, Racial Disparities and the War on Crime, in: Crime & Delinquency, Vol. 40, 1994 No. 4, S. 475. (zit.: Tonry, Crime & Delinquency 1994, S.)
Travis III, Lawrence T./ Latessa, Edward J./ Vito, Gennaro F.	Private Enterprise and Institutional Corrections: A Call for Caution, in: Federal Probation 1985, S. 11 (zit.: Travis III/Latessa/Vito, Federal Probation 1985, S.)
United States General Accounting Office	Report to the Subcommitte on Crime, Committee on the Judiciary, House of Representatives: Private and Public Prisons August 1996 (zit.: GAO-Report, S.)

Weiss, Robert P.	Private Prisons and the State, in: Matthews, Privatizing Criminal Justice London 1989, S. 26. (zit.: Weiss, S.)
Woolley, Mary R.	Prisons for Profit: Policy Considerations for Government Officials, in: Dickinson Law Review, Vol. 90, 1985 No. 2, S. 307 (zit.: Woolley, Dickinson Law Review 1985, S.)

II. Deutsche Literatur

Alternativkommentar zum
Strafvollzugsgesetz

3. Auflage, Bremen 1990
(zit.: AltKomm-Bearbeiter, §)

Ambrosius, Gerold

Privatisierungen in historischer
Perspektive: Zum Verhältnis von
öffentlicher und privater
Produktion,
in: Ellwein/Grimm/Hesse/
Schuppert, Jahrbuch zur Staats-
und Verwaltungswissenschaft Band
8, Baden-Baden 1995, S. 265
(zit.: Ambrosius, S.)

Albrecht, Hans-Jörg/
Arnold, Harald/
Schädler, Wolfram

Der hessische Modellversuch zur
Anwendung der elektronischen
Fußfessel,
in: Zeitschrift für Rechtspolitik
2000, S. 466ff.
(zit.: Albrecht/Arnold/Schädler,
ZRP 2000, S.)

Badura, Peter

Staatsrecht,
2. Auflage München 1996
(zit.: Badura, Rdn.)

Benda, Ernst/
Maihofer, Werner/
Vogel, Hans-Jochen

Handbuch des Verfassungsrechts,
Berlin 1983
(zit.: Benda/Maihofer/Vogel, S.)

Bertram, Günter

„minima non curat praetor",
in: Neue Juristische Wochenschrift
1994, S. 1045
(zit.: Bertram, NJW 1994, S.)

Beste, Hubert/ Voß, Michael	Privatisierung staatlicher Sozialkontrolle durch kommerzielle Sicherheitsunternehmen? Analyse und Kritik: in: Sack/Voß/Frehsee/Funk/Reinke, Privatisierung staatlicher Kontrolle, Baden-Baden 1995 (zit.: Beste/Voß, S.)
Blau, Günter	Diversion und Strafrecht, in: Juristische Ausbildung 1987, S. 25 (zit.: Blau, Jura 1987, S.)
Bode, Bruno	Vom „Außenkommando" zum Investorenmodell, in: Kriminalpädagogische Praxis 36/1997, S. 14ff. (zit.: Bode, KrimPäd 1997, S.)
Böhret, Carl	Innenpolitik und politische Theorie 3. Auflage, Opladen 1988 (zit.: Böhret, S.)
Bonk, Heinz-Joachim	Rechtliche Rahmenbedingungen einer Privatisierung im Strafvollzug, in: Juristenzeitung 2000, S. 435 (zit.: Bonk JZ 2000, S.)
Braum, Stefan/ Varwig, Marianne/ Bader, Christine	Die „Privatisierung des Strafvollzugs" zwischen fiskalischen Interessen und verfassungsrechtlichen Prinzipien, in: Zeitschrift für den Strafvollzug und die Straffälligenhilfe 1999, S. 67 (zit.: Braum/Varwig/Bader, ZfStrVo 1999, S.)

Büllesbach, Alfred/
Rieß, Joachim   Outsourcing in der öffentlichen
                                 Verwaltung,
                                 in: Neue Zeitschrift für
                                 Verwaltungsrecht 1995, S. 444
                                 (zit.: Büllesbach/Rieß, NVwZ
                                 1995, S.)

Burgi, Martin   Statement „Beleihung im
                                 Strafvollzug",
                                 in: Stober, Privatisierung im
                                 Strafvollzug ?, Hamburg 2001,
                                 S. 43
                                 (zit.: Burgi, S.)

Burmeister, Uwe   Die Justizvollzugsanstalt Waldeck,
                                 – Ein Investorenmodell –
                                 in: Kriminalpädagogische Praxis
                                 36/1997, S. 11
                                 (zit.: Burmeister, KrimPäd 1997,
                                 S.)

Callies, Rolf-Peter/
Müller-Dietz, Heinz   Strafvollzugsgesetz,
                                 8. Auflage, München 2000
                                 (zit.: Callies/Müller)

Callies, Rolf-Peter   Strafvollzug, Institution im
                                 Wandel,
                                 Stuttgart 1970
                                 (zit.: Callies, S.)

Christie, Nils   Überlegungen zum Konzept
                                 Verbrechen,
                                 in: Kriminologisches Journal 1988
                                 (20), S. 50
                                 (zit.: Christie, KrimJ 1988, S.)

Cremer-Schäfer, Helga   Wenn es recht und billig sein soll,
                                 in: Neue Kriminalpolitik 1/1997,
                                 S. 30
                                 (zit.: Cremer-Schäfer, NeuKrim
                                 1997, S.)

Dammann, Burkhard	Drogentherapie als privatrechtlich ausgestaltete Form des Strafvollzugs, in: Kriminologisches Journal 1985 (17), S. 97 (zit.: Dammann, KrimJ 1985, S.)
Dammann, Robert	Effektivere Verwaltung mit weniger Personal? in: Kriminalpädagogische Praxis 36/1997, S. 19 (zit.: Dammann, KrimPäd 1997. S.)
Deppe, Wolfgang	Schlanker Vollzug – geht das? in: Kriminalpädagogische Praxis 36/1997, S. 17 (zit. Deppe, KrimPäd 1997, S.)
Dölling, Dieter	Die Weiterentwicklung der Sanktionen ohne Freiheitsentzug im deutschen Strafrecht, in: Zeitschrift für die gesamte Strafrechtswissenschaft 1992 (104), S. 259 (zit.: Dölling ZStW 1992, S.)
Dreier, Horst	Kommentar zum Grundgesetz, Band 2 (Art. 20-82), Tübingen 1988 (zit.: Dreier-Bearbeiter, Rdn.)
Eberstein, Hans-Hermann	Rechtsgrundlagen für das Tätigwerden von gewerblichen Sicherheitskräften, in: Betriebsberater 1980, S. 863 (zit.: Ellwein, BB 1980, S.)
Ellwein, Thomas	Der Staat: Moloch oder Lücken, in: Wehling, Zuviel Staat?: Die Grenzen der Staatstätigkeit, Stuttgart 1982, S. 11 (zit.: Ellwein, S.)

Eschenbacher, Manfred	Nordrhein-Westfalen begeht neue Wege im Bereich der Abschiebungshaft, in: Zeitschrift für den Strafvollzug und die Straffälligenhilfe 1994, S. 158 (zit.: Eschenbacher, ZfStrVo 1994, S.)
Feltes, Thomas	Technologie, Moral und Kriminalpolitik, in: Zeitschrift für Bewährungshilfe 1990, S. 324 (zit.: Feltes, BewHi 1990, S.)
Foucault, Michael	Überwachen und Strafen, Frankfurt a.M. 1976 (zit.: Foucault, S.)
Funk, Albrecht	Die Fragmentierung öffentlicher Sicherheit, in: Sack/Voß/Frehsee/Funk/Reinke, Privatisierung staatlicher Kontrolle, Baden-Baden 1995, S. 38 (zit.: Funk, S.)
Geiter, Helmut	Die Einstellung von Staatsanwälten und Haftrichtern zu kriminalpolitischen Aussagen, insbesondere zur Untersuchungshaft, in: Dietz/Walter, Strafvollzug in den 90er Jahren, Festschrift für Karl Peter Rotthaus 1995, S. 228. (zit.: Geiter, FS Rotthaus, S.)
Gössner, Rolf	Aufbruch und Erneuerung?, in: Neue Kriminalpolitik 2/1999, S. 9 (zit.: Gössner, NeuKrim 1999, S.)

Gössner, Rolf	Der alte „Mythos Sicherheit" und die „Neue Unsicherheit", in: ders., Mythos Sicherheit, Baden-Baden 1995, S. 17 (zit.: Gössner, S.)
Grimm, Dieter	Staatsaufgaben, Baden-Baden 1994 (zit.: Grimm, S.)
Guggenberger, Bernd	Das Legitimitätsdilemma des Leistungsstaates, in: Wehling, Zuviel Staat: Die Grenzen der Staatstätigkeit, Stuttgart 1982, S. 185 (zit.: Guggenberger, S.)
Gusy, Christoph	Zulässigkeit und Grenzen des Einsatzes privater Sicherheitsdienste im Strafvollzug, in: Stober, Privatisierung im Strafvollzug ?, Hamburg 2001, S. 5 (zit.: Gusy, S.)
Haferkampf, Hans	Herrschaftsverlust und Sanktionsverzicht, in: Kriminologisches Journal 1988 (20), S. 10 (zit.: Haferkampf, KrimJ 1988, S.)
Haneberg, Jutta	Privatisierung: „Will the customer get a better service", in: Zeitschrift für Strafvollzug und Straffälligenhilfe 1993, S. 289 (zit.: Haneberg, ZfStrVo 1993, S.)
Heller, Francis H.	USA – Verfassung und Politik Köln 1987 (zit.: Heller, S.)

Herrmann, Joachim	Diversion und Schlichtung in der BRD in: Zeitschrift für die gesamte Strafrechtswissenschaft 1984 (96), S. 455 (zit.: Herrmann, ZStW 1984, S.)
Hoffmann-Riem, Wolfgang	Übergang der Polizeigewalt auf Private, in: Zeitschrift für Rechtspolitik 1977, S. 277 (zit.: Hoffmann-Riem, ZRP 1977, S.)
Isensee, Josef/ Kirchhof, Paul	Handbuch des Staatsrechts Band I, Heidelberg 1987 (zit.: Isensee/Kirchhof-Bearbeiter, Handbuch des Staatsrechts I)
Isensee, Josef/ Kirchhof, Paul	Handbuch des Staatsrechts Band III, 2. Auflage, Heidelberg 1996 (zit.: Isensee/Kirchhof-Bearbeiter, Handbuch des Staatsrechts III)
Janus, Michael	Privatizing Corrections: Symbolic & Policy, in: The Bureaucrat Vol. 18, 1989 No. 1, S. 32 (zit.: Janus, The Bureaucrat 1989, S.)
Jeand'Heur, Bernd	Von der Gefahrenabwehr als staatlicher Angelegenheit zum Einsatz privater Sicherheitskräfte, in: Archiv des öffentlichen Rechts 119 (1994), S. 107 (zit.: Jeand'Heur, AöR 1994, S.)

Jessop, Bob	Veränderte Staatlichkeit, in: Grimm, Staatsaufgaben, Baden-Baden 1994, S. 43 (zit.: Jessop, S.)
Jolin, Annette/ Rogers, Robert	Elektronisch überwachter Hausarrest: Darstellung einer Strafvollzugsalternative in den Vereinigten Staaten, in: Monatsschrift für Kriminologie und Strafrechtsreform 1990, S. 201 (zit.: Joling/Rogers, MKS 90, S.)
Jung, Heike	Paradigmawechsel im Strafvollzug?, in: Kaiser/Kury, Kriminologische Forschung der 80er Jahre, Freiburg 1988, S. 377 (zit.: Jung, Paradigmawechsel, S.)
Jung, Heike	Zur Privatisierung des Strafrechts, in: Jung/Müller-Dietz/Neumann, Perspektiven der Strafrechtsentwicklung. Baden-Baden 1994, S. 69 (zit.: Jung, Privatisierung, S.)
Kaiser, Günther	Abolitionismus – Alternative zum Strafrecht? in: Festschrift für Karl Lackner, 1987, S. 1027 (zit.: Kaiser, FS Lackner, S.)
Kaiser, Günther	Kriminologie, 10. Auflage, Heidelberg 1997 (zit.: Kaiser, §)
Kaiser, Günther/ Kerner, Jürgen/ Schöch, Heinz	Strafvollzug, 4. Auflage, Heidelberg 1992 (zit.: Kaiser/Kerner/Schöch, §)

Kaiser, Günther/
Kerner, Jürgen/
Sack, Fritz/
Schellhoss, Hartmut	Kleines Kriminologisches
Wörterbuch,
3. Auflage, München 1993
(zit.: Kaiser/Kerner/Sack/
Schellhoss-Bearbeiter, S.)

Kamann, Ulrich	Die Blindheit der Justitia, oder: die
reaktionäre Entwicklung im
Strafvollzug,
in: Neue Kriminalpolitik 2/1996,
S. 14
(zit.: Kaman, NeuKrim 1996, S.)

Kaufmann, Franz-Xaver	Diskurse über Staatsaufgaben,
in: Grimm, Staatsaufgaben, Baden-
Baden 1994, S. 15
(zit.: Kaufmann, S.)

Keller, Rainer	Verhältnis von staatlicher und
privater Sozialkontrolle aus
staatstheoretischer und öffentlich-
rechtlicher Sicht,
in: Sack/Voß/Frehsee/Funk/Reinke
(Hrsg.), Privatisierung staatlicher
Kontrolle: Befunde, Konzepte,
Tendenzen, Baden-Baden 1995,
S. 88
(zit.: Keller, S.)

Klages, Helmut	Überlasteter Staat – verdrossene
Bürger?,
Frankfurt a.M., New York 1981
(zit. Klages, S.)

Kleinknecht, Theodor/
Meyer, Ludwig	Kommentar zur
Strafprozeßordnung
43. Auflage, München 1997
(zit.: Kleinknecht/Meyer, §)

Kloff, Jochen	Managementmethoden im Justizvollzug ? in: Neue Kriminalpolitik 3/1997, S. 12 (zit.: Kloff, NeuKrim 1997, S.)
Koepsel, Klaus	Privatisierung des Strafvollzugs als Lösung sanktionsrechtlicher und fiskalischer Probleme, in: Zeitschrift für Bewährungshilfe 2001, S. 149 (zit.: Koepsel, BewHi 2001, S.)
Krahl, Matthias	Der elektronisch überwachte Hausarrest, in: Neue Zeitschrift für Strafrecht 1997, S. 457 (zit.: Krahl, NStZ 1997, S.)
Krebs, Albert	John Howards Einfluß auf das Gefängniswesen Europas – vor allem Deutschlands, in: Zeitschrift für den Strafvollzug und die Straffälligenhilfe 1978, S. 41 (zit.: Krebs, ZfStrVo 1978, S.)
Kreß, Claus	Das Sechste Gesetz zur Reform des Strafrechts in: Neue Juristische Wochenschrift 1998, S. 633 (zit.: Kreß, NJW 1998, S. 633)
Kreuzer, Arthur	Gefängnisüberfüllung – eine kriminalpolitische Herausforderung, in: Festschrift für Gunter Blau, Berlin 1985, S. 459 (zit.: Kreuzer, FS Blau, S.)
Krieg, Hartmut	Beispiel: Haftkosten, in: Neue Kriminalpolitik 1/1997, S. 36 (zit.: Krieg, NeuKrim 1997, S.)

Kulas, Axel	Privatisierung hoheitlicher Verwaltung, Freiburg 1996 (zit.: Kulas, S.)
Kulas, Axel	Die gesetzlichen Grundlagen der Privatisierung im Strafvollzug, in: Stober, Privatisierung im Strafvollzug?, Hamburg 2001, S. 35 (zit.: Kulas, Grundlagen, S.)
Kury, Helmut	Die Behandlung Straffälliger, Teilband 1: Inhaltliche und Methodische Probleme der Behandlungsforschung, Berlin 1986 (zit.: Kury, Die Behandlung Straffälliger, Teilbd. 1, 1986)
Lackner, Karl/ Kühl, Christian	Strafgesetzbuch 23. Auflage, München 1999 (zit.: Lackner/Kühl-Bearbeiter)
Lampe, Ernst-Joachim	Wiedergutmachung als „Dritte Spur" des Strafrechts, in: Goldtammers Archiv 1993, S. 485 (zit.: Lampe, GA 1993, S.)
Lange, Meik	Privatisierungspotentiale im Strafvollzug, in: Die öffentliche Verwaltung 2001, S. 898 (zit.: Lange, DöV 2001, S.)
Lecheler, Helmut	Privatisierung – ein Weg zur Neuordnung der Staatsleistungen in: Zeitschrift für Beamtenrecht 1980, S. 69 (zit.: Lecheler, ZBR 1980, S.)

Lecheler, Helmut	Privatisierung von Verwaltungsaufgaben, in: Bayerisches Verwaltungsblatt 1994, S. 555 (zit.: Lecheler, BayVBl. 1994, S.)
Lehne, Werner	Kommunale Prävention als Alternative? in: Neue Kriminalpolitik 3/1998, S. 6 (zit.: Lehne, NeuKrim 1998, S.)
Lindenberg, Michael	Überwindung der Mauern, Frankfurt a.M. 1992 (zit.: Lindenberg, S.)
Lindenberg, Michael/ Schmidt-Semisch, Henning	„Über alles andere kann man reden", in: Neue Kriminalpolitik 2/1995, S. 45 (zit.: Lindenberg/Schmidt-Semisch, NeuKrim 1995, S.)
Lindenberg, Michael/ Schmidt-Semisch, Henning	Sanktionsverzicht statt Herrschaftsverlust: Vom Übergang in die Kontrollgesellschaft, in: Kriminologisches Journal 1995 (27), S. 2 (zit.: Lindenberg/Schmidt-Semisch, KrimJ 1995, S.)
Loos, Fritz	Zur Kritik des „Alternativentwurfs Wiedergutmachung", in: Zeitschrift für Rechtspolitik 1993, S. 51 (zit.: Loos, ZRP 1993, S.)
Ludwig-Mayerhofer, Wolfgang	Das Strafrecht und seine administrative Rationalisierung: Kritik der informalen Justiz, Frankfurt a. M. 1998 (zit.: Ludwig-Mayerhofer, S.)

Ludwig-Mayerhofer, Wolfgang	Diversion und Privatisierung staatlicher Sanktionen, in: Sack/Voß/Frehsee/Funk/Reinke, Privatisierung staatlicher Kontrolle Baden-Baden 1995, S. 287 (zit.: Ludwig-Mayerhofer, Diversion, S.)
Maelicke, Bernd	Der Strafvollzug und die neue Wirklichkeit, in: Zeitschrift für Strafvollzug und Straffälligenhilfe 1999, S. 73 (zit.: Maelicke, ZfStrVO 1999, S.)
Mahlberg, Lothar	Gefahrenabwehr durch gewerbliche Sicherheitsunternehmen, Berlin 1988, (zit.: Mahlberg, Kap.)
Maier, Hans/ Rausch, Heinz/ Denzer, Horst (Hrsg.)	Klassiker des politischen Denkens 2. Band, 5. Auflage 1987 (zit.: Klassiker des pol. Denkens, S.)
Matthews, Roger	Private Gefängnisse in Großbritannien – eine Debatte, in: Neue Kriminalpolitik 2/1993, S. 32 (zit.: Matthews, NeuKrim 1993, S.)
Maunz, Theodor/ Dürig, Günter/ Herzog, Roman/ Scholz, Rupert	Kommentar zum Grundgesetz der BRD Band 1-4, Loseblattsammlung, Stand: Juni 1998 (zit.: Maunz/Dürig/Herzog/Scholz-Bearbeiter, Art.)

Maurer, Hartmut	Allgemeines Verwaltungsrecht 12. Auflage, München 1999 (zit.: Maurer, Allgemeines Verwaltungsrecht)
Merten, Detlef	Rechtsstaat und Gewaltmonopol, Recht und Staat, Heft 442/443, 1975 (zit.: Merten, S.)
Meßner, Claudius	Hermes oder: über die Rolle „alternativer" Sanktionen in der Jugendkriminalpolitik und die Idee der Mediation, in: Kriminologisches Journal 1996 (28), S. 162 (zit.: Meßner, KrimJ 1996, S.)
Nibbeling, Joachim	Die Privatisierung des Haftvollzugs, Leipzig 2000 (zit.: Nibbeling, S.)
Obergfell-Fuchs, Joachim	Möglichkeiten der Privatisierung von Aufgabenfeldern der Polizei Wiesbaden 2000 (vgl. Obergfell-Fuchs, S.)
Ortmann, Rüdiger	Resozialisierung im Strafvollzug: Eine vergleichende Längsschnittstudie zu Regelvollzugs- und sozialtherapeutischen Modellanstalten, Freiburg 1980 (zit.: Ortmann, S.)
Ossenbühl, Fritz	Die Erfüllung von Verwaltungsaufgaben durch Private, in: Veröffentlichungen der Vereinigung Deutscher Staatsrechtslehrer Band 29 (1970), S. 137 (zit.: Ossenbühl, VVDStRL 1970, S.)

Ostendorf, Heribert   Alternativen zum herkömmlichen
                            Strafvollzug,
                            in: Zeitschrift für den Strafvollzug
                            und die Straffälligenhilfe 1991,
                            S. 83
                            (zit.: Ostendorf, ZfStrVo 1991, S.)

Peine, Franz-Joseph   Grenzen der Privatisierung –
                            verwaltungsrechtliche Aspekte,
                            in: Die öffentliche Verwaltung
                            1997, S. 353
                            (zit.: Peine, DÖV 1997, S.)

Pfeiffer, Christian   Täter-Opfer-Ausgleich – Das
                            trojanische Pferd im Strafrecht ?,
                            in: Zeitschrift für Rechtspolitik
                            1992, S. 338
                            (zit.: Pfeiffer, ZRP 1992, S.)

Pilgram, Arno   Private Perspektiven?,
                            in: Neue Kriminalpolitik 4/1991,
                            S. 22
                            (zit.: Pilgram, NeuKrim 1991, S.)

Pitschas, Rainer   Polizei und Sicherheitsgewerbe
                            Wiesbaden 2000
                            (zit.: Pitschas, S.)

Pitschas, Rainer   Innere Sicherheit und internationale
                            Verbrechensbekämpfung als
                            Verantwortung des demokratischen
                            Verfassungsstaates,
                            in: Juristenzeitung 1993, S. 857
                            (zit.: Pitschas, JZ 1993, S.)

Püttner, Günter   Privatisierung,
                            in: Landes- und
                            Kommunalverwaltung 1994,
                            S. 193
                            (zit.: Püttner, LKV 1994, S.)

Quaritsch, Helmut	Staat und Souveranität, Frankfurt a.M. 1970 (zit.: Quaritsch, S.)
Radbruch, Günter	Rechtsphilosophie, 8. Auflage, Stuttgart 1973 (zit.: Radbruch, Rechtsphilosophie, S.)
Radbruch, Gustav	Gesamtausgabe Band 10: Strafvollzug, Heidelberg 1994 (zit.: Radbruch, S.)
Radtke, Henning	Die Zukunft der Arbeitsentlohnung von Strafgefangenen, in: Zeitschrift für den gesamten Strafvollzug 2001, S. 4 (zit.: Radtke, ZfStrVO 2001, S.)
Rehn, Gerhard	Haftplätze, Belegung und Überbelegung: Mehr Fragen als Antworten, in: Kriminalpädagogische Praxis 18/1984, S. 2 (zit.: Rehn, KrimPäd 1984, S.)
Reuband, Karl-Heinz	Objektive und subjektive Bedrohung durch Kriminalität, in: Kölner Zeitschrift für Soziologie und Sozialpsychologie 1992, S. 341 (zit.: Reuband, KöZfSuS 1992, S.)
Reuband, Karl-Heinz	Stabilität und Wandel, in: Neue Kriminalpolitik 2/1999, S. 15 (zit. Reuband, NeuKrim 1999, S.)

Rieß, Stefan	Modellversuch „Wirtschaftliche Eigenverantwortung" im Niedersächsischen Justizvollzug. Eine Zwischenbilanz, in: Zeitschrift für Strafvollzug und Straffälligenhilfe 1997, S. 343 (zit.: Rieß, ZfStrVo 1997, S.)
Schmidt, Eberhard	Zuchthäuser und Gefängnisse, Göttingen 1955 (zit.: Schmidt, S.)
Schmidt-Bleibtreu, Bruno/ Klein, Franz	Kommentar zum GG, 8. Auflage, Neuwied 1999 (zit.: Schmidt-Bleibtreu/Klein, Art.)
Schmitt-Glaeser, Walter	Private Gewalt im politischen Meinungskampf, Berlin 1990 (zit.: Schmitt-Glaeser, S.)
Schneider, Joachim	Kriminalität in den Massenmedien in: Monatsschrift für Kriminologie und Strafrechtsreform 1987, S. 319 (Schneider, MschrKrim 1987, S.)
Schoch, Friedrich	Privatisierung von Verwaltungsaufgaben, in: Deutsches Verwaltungsblatt 1994, S. 962 (zit.: Schoch, DVBl. 1994, S.)
Schulte-Altedornburg, Manfred	Vollzugskonzept 2000 in Nordrhein-Westfalen: Die Einleitung der Kehrtwende, in: Zeitschrift für den Strafvollzug und die Straffälligenhilfe 1994, S. 222 (zit.: Schulte-Altedornburg, ZfStrVo 1994, S.)

Schumacher, Hermann	Die Übertragung öffentlicher Aufgaben der Gemeinden auf Dritte, in: Landes- und Kommunalverwaltung 1995, S. 135 (zit.: Schumacher, LKV 1995, S.)
Schumann, Karl F.	Eine Gesellschaft ohne Gefängnisse, in: Schumann/Steinert/Voß, Vom Ende des Strafvollzugs, Bielefeld 1988, S. 16 (zit.: Schumann, S.)
Schwind, Hans-Dieter	Strafvollzug in der Konsolidierungsphase, in: Zeitschrift für den Strafvollzug und die Straffälligenhilfe 1988, S. 259 (zit.: Schwind, ZfStrVo 1988, S.)
Schwind, Hans-Dieter/ Böhm, Alexander	Strafvollzugsgesetz, 2. Auflage, Berlin 1991 (zit.: Schwind/Böhm-Bearbeiter, §)
Seifert, Karl-Heinz/ Hömig, Dieter	Grundgesetz für die BRD – Kommentar 6. Auflage, Baden-Baden 1999 (zit.: Seifert/Hömig, Art.)
Sieverts, Rudolf	Zur Geschichte der Reformversuche im Freiheitsstrafvollzug, in: Rollmann, Strafvollzug in Deutschland, Hamburg 1967, S. 43 (zit.: Sieverts, S.)
Smart, Ursula	Privatisierung im englischen Strafvollzug: Erfahrungen mit englischen Privatgefängnissen, in: Zeitschrift für den Strafvollzug und die Straffälligenhilfe 1995, S. 290 (zit.: Smart, ZfStrVo 1995, S.)

Solbach, Günter/
Hofmann, Hans Joachim   Einführung in das
Strafvollzugsrecht
Berlin 1982
(zit.: Solbach/Hofmann, S.)

Staatslexikon – Recht, Wirtschaft, Gesellschaft
Band 2, 7. Auflage, Freiburg 1986
Band 5, 7. Auflage, Freiburg 1989
(zit.: Staatslexikon, S.)

Stacharowsky, Heiner   Private Sicherungsdienste:
Polizeiersatz im Wartestand,
in: Kriminologisches Journal 1985
(18), S. 228
(zit.: Stacharowsky, KrimJ 1985,
S.)

Stammen, Theo/
Riescher, Gisela/
Hofmann, Wilhelm   Hauptwerke der politischen
Theorien,
Stuttgart 1997
(zit.: Hauptwerke der politischen
Theorien, S.)

Stangl, Wolfgang   Wege in eine gefängnislose
Gesellschaft,
Wien 1988
(zit.: Stangl, S.)

Steinert, Heinz   Über Abolitionismus als
intellektuelle Praxis,
in: Schumann/Steinert/Voß, Vom
Ende des Strafvollzugs, Bielefeld
1988, S. 1
(zit.: Steinert, Abolitionismus, S.)

Stern, Klaus   Das Staatsrecht der BRD, Band
III/2
Allgemeine Lehren der
Grundrechte,
München 1994
(zit.: Stern, S.)

Stern, Vivien	Private Gefängnisse, in: Neue Kriminalpolitik 2/1992, S. 16 (zit.: Stern, NeuKrim 1992, S.)
Stern, Vivien	Ein Auge ist, das alles sieht, in: Zeitschrift für Bewährungshilfe 1990, S. 335 (zit.: Stern, BewHi 1990, S.)
Stober, Rolf	Staatliches Gewaltmonopol und privates Sicherheitsgewerbe, in: Neue Juristische Wochenschrift 1997, S. 889 (zit.: Stober, NJW 1997, S.)
Stober, Rolf	Quo vadis Sicherheitsgewerberecht? in: Pitschas/Stober, Quo Vadis Sicherheitsgewerberecht?, Köln 1998, S. 35 (zit.: Stober, S.)
Systematischer Kommentar zum Strafgesetzbuch	Bd. 1, §§ 1-37 Neuwied, Stand: 29. Lieferung, Oktober 1998 (zit.: Bearbeiter, in SK StGB, §)
Tiemann, Burkhard	Privatisierung öffentlicher Vewaltungstätigkeit Bayerische Verwaltungsblätter 1976, S. 261 (zit.: Tiemann, BayVBl. 1976, S.)
Trenczek, Thomas/ Pfeiffer, Hartmut	Paradigmenwechsel und Wiederentdeckung alter Weisheiten, in: dies., Kommunale Kriminalprävention, Bonn 1996 (zit.: Trenczeck/Pfeiffer, S.)

Tröndle, Herbert/
Fischer/Thomas   Strafgesetzbuch und Nebengesetze,
49. Auflage, München 1999
(zit.: Tröndle/Fischer-Bearbeiter)

Trotha, Trutz v.   Staatliches Gewaltmonopol und
Privatisierung. Notizen über
gesamtstaatliche Ordnungsformen
der Gewalt,
in: Sack/Voß/Frehsee/Funk/Reinke,
Privatisierung staatlicher Kontrolle:
Befunde, Konzepte, Tendenzen,
Baden-Baden 1995
(zit.: v. Trotha, S.)

Vorländer, Hans   Regierungssystem der USA,
Neuwied 1998
(zit.: Vorländer, S.)

Voß, Michael   Einkerkerung statt Entkerkerung.
Die Folgen der amerikanischen
Diversionspolitik,
in: Kriminologisches Journal 1981
(13), S. 247
(zit.: Voß, KrimJ 1981, S.)

Voß, Michael   Privatisierung öffentlicher
Sicherheit,
in: Frehsee/Löschper/Schumann:
Strafrecht, soziale Kontrolle,
soziale Disziplinierung, 1993, S. 81
(zit.: Voß, Privatisierung, S.)

Wacquant, Loic J.D.   Vom wohltätigen zum strafenden
Staat,
in: Neue Kriminalpolitik 2/1997,
S. 17
(zit.: Wacquant, NeuKrim 1997, S.)

Wagner, Christian   Privatisierung im Justizvollzug –
Ein Konzept für die Zukunft,
in: Zeitschrift für Rechtspolitik
2000, S. 169
(zit.: Wagner, ZRP 2000, S.)

Walter, Michael	Abkehr von der Rsozialisierung im Strafvollzug? in: Festschrift für Heinz Müller-Dietz 2001, S. 961f. (zit.: Walter, FS für Müller-Dietz, 2001, S.)
Walter, Michael	Strafvollzug, 2. Auflage, Stuttgart 1999 (zit. Walter, Strafvollzug, Rdn.)
Walter, Michael	Über Alternativen zum Strafrecht, in: Festschrift der Rechtswissenschaftlichen Fakultät zur 600-Jahr-Feier der Universität zu Köln 1988, S. 557 (zit.: Walter, FS Köln, S.)
Walter, Michael	Über Privatisierungen der Verbrechenskontrolle aus kriminologischer Sicht, in: Pitschas/Stober, Quo Vadis Sicherheitsgewerberecht?, Köln 1998, S. 65 (zit.: Walter, Sicherheitsgewerbe, S.)
Walter, Michael	Von einem realen zu einem imaginären Kriminalitätsverständnis, in: Zeitschrift für den Strafvollzug und die Straffälligenhilfe 1995, S. 67 (zit.: Walter, ZfStrVo 1995, S.)
Walter, Michael	Wandlungen in der Reaktion auf Kriminalität in: Zeitschrift für die gesamte Strafrechtswissenschaft 1983 (95), S. 32 (zit.: Walter, ZStW 1983, S.)

Weigend, Thomas	Privatgefängnisse, Hausarrest und andere Neuheiten, in: Zeitschrift für Bewährungshilfe 1989, S. 289 (zit.: Weigend, BewHi 1989, S.)
Weigend, Thomas	Sanktion ohne Freiheitsentzug, in: Goldtammers Archiv 1992, S. 345 (zit.: Weigend, GA 1992, S.)
Weinacht, Paul-Ludwig	Staat, in: Staatsbürgerlexikon München 1999, S. 838 (zit.: Weinacht, Staatsbürgerlexikon, S.)
Weiner, Bernard	Privatisierung – Was meint das eigentlich ?, in: Kriminalistik 5/2001, S. 317 (zit.: Weiner, Kriminalistik 2001, S.)
Weitekamp, Elmar G.M.	And the Band played on, oder: Wahnsinn und kein Ende: Amerikanische Strafrechtspolitik, in: Ortner/Pilgram/Steinert, Jahrbuch für Rechtssoziologie, New Yorker „Zero Tolerance" Politik, Baden-Baden 1998, S. 67 (zit.: Weitekamp, S.)
Weitekamp, Elmar G.M./ Herberger, Scania	Amerikanische Strafrechtspolitik auf dem Weg in die Katastrophe, in: Neue Kriminalpolitik 2/1995, S. 16 (zit.: Weitekamp/Herberger, NeuKrim 1995, S.)
Wolff, Hans J./ Bachoff, Otto/ Stober, Rolf	Verwaltungsrecht Band 2, 5. Auflage, München 1987 (zit.: Wolff/Bachoff/Stober, VR II)

Zippelius, Reinhold, Geschichte der Staatsideen, 8. Auflage, München 1991 (zit.: Zippelius, Geschichte der Staatsideen, S.)

Zippelius, Reinhold Allgemeine Staatslehre, 12. Auflage München 1994 (zit.: Zippelius, S.)

STUDIEN UND MATERIALIEN ZUM STRAF- UND MASSREGELVOLLZUG

◯ *Hürlimann, Michael*
**Informelle Führer und Einflußfaktoren
in der Subkultur des Strafvollzugs**
Band 1, 1993, 232 + LXVII S., ISBN 3-89085-643-X, 29,65 €

◯ *Steller, Max / Dahle, Klaus-Peter / Basqué, Monika (Hg.)*
Straftäterbehandlung
Band 2, 2. Auflage 2003, 318 S., ISBN 3-89085-873-2, 29,65 € (NA in Vorbereitung)

◯ *Müller-Dietz, Heinz / Walter, Michael (Hg.)*
Strafvollzug in den 90er Jahren. Perspektiven und
Herausforderungen. Festgabe für Karl-Peter Rotthaus
Band 3, 1995, 260 S., ISBN 3-8255-0029-2, 34,77 €

◯ *Weber, Florian*
Gefährlichkeitsprognose im Maßregelvollzug. Entwicklung sowie
Reliabilitätsprüfung eines Prognosefragebogens als Grundlage für
Hypothesenbildung und langfristige Validierung von Prognosefaktoren
Band 4, 1996, 140 S., ISBN 3-8255-0056-X, 29,65 €
zusätzlich:
◯ *Weber & Leygraf:*
Prognosefragebogen nach Weber & Leygraf
1996, 12 S., ISBN 3-8255-0164-7, 51,13 € (1 Einheit = 50 Fragebögen)

◯ *Rassow, Peter*
Bibliographie Gefängnisseelsorge
Band 5, 1998, 300 Seiten, ISBN 3-8255-0196-5, 30,58 €

◯ *Ommerborn, Rainer / Schuemer, Rudolf*
Fernstudium im Strafvollzug
Band 6, 1999, 244 S., ISBN 3-8255-0232-5, 25,46 €

◯ *Lösel, Friedrich / Pomplun, Oliver*
Jugendhilfe statt Untersuchungshaft.
Eine Evaluationsstudie zur Heimunterbringung
Band 7, 1998, 196 S., ISBN 3-8255-0247-3, 30,58 €

◯ *Pecher, Willi*
**Tiefenpsychologisch orientierte Psychotherapie im
Justizvollzug.** Eine empirische Untersuchung der Erfahrungen und
Einschätzungen von Psychotherapeuten in deutschen Gefängnissen
Band 8, 1999, 300 + X S., ISBN 3-8255-0234-1, 30,58 €

CENTAURUS VERLAG

STUDIEN UND MATERIALIEN ZUM STRAF- UND MAßREGELVOLLZUG

➲ *Bundesarbeitsgemeinschaft der Lehrer im Justizvollzug (Hg.)*
Justizvollzug & Pädagogik. Tradition und Herausforderung
Band 9, 2. Auflage 2001, 200 S., ISBN 3-8255-0270-8, 20,35 €

➲ *Walther, Jutta*
**Möglichkeiten und Perspektiven einer
opferbezogenen Gestaltung des Strafvollzugs**
Band 10, 2002, ca. 330 S., ISBN 3-8255-0303-8, 35,79 €

➲ *Rehn, Gerhard / Wischka, Bernd / Lösel Friedrich / Walter, Michael (Hg.)*
Behandlung „gefährlicher Straftäter". Grundlagen, Konzepte, Ergebnisse
Bd. 11, 2. überarb. Auflage 2001, 442 S., ISBN 3-8255-0315-1, 35,69 €

➲ *Mandt, Brigitte*
**Die Gefährdung öffentlicher Sicherheit durch Entweichungen
aus dem geschlossenen Strafvollzug.** Eine empirische Untersuchung
am Beispiel des Landes Nordrhein-Westfalen in den Jahren 1986 – 1988
Band 12, 2001, 350 S., ISBN 3-8255-0321-6, 30,58 €

➲ *Ross, Thomas*
Bindungsstile von gefährlichen Straftätern
Band 13, 2001, 200 S., ISBN 3-8255-0329-1, 23,53 €

➲ *Böhmer, Mechthild*
Forensische Psychotherapieforschung: Eine Einzelfallstudie
Band 14, 2001, 140 Seiten, ISBN 3-8255-0336-4, 20,35 €

➲ *Zabeck, Anna*
Funktion und Entwicklungsperspektiven ambulanter Sanktionen.
Ein Rechtsvergleich zwischen England / Wales und Deutschland
Bd. 15, 2001, 380 S., ISBN 3-8255-0334-8, 34,77 €

➲ *Bergmann, Maren*
**Die Verrechtlichung des Strafvollzugs und ihre
Auswirkungen auf die Strafvollzugspraxis**
Bd. 16, 2002, ca. 300 S., ISBN 3-8255-0368-2, ca. 32,– €

➲ *Tzschaschel, Nadja*
Ausländische Gefangene im Strafvollzug. Eine vergleichende
Bestandsaufnahme der Vollzugsgestaltung bei ausländischen und deutschen
Gefangenen sowie eine Untersuchung zur Anwendung des § 456a StPO.
Ergebnisse einer in Nordrhein-Westfalen durchgeführten Aktenanalyse
Bd. 17, 2002, 170 S., ISBN 3-8255-0377-1, 24,60 €

CENTAURUS VERLAG

MIX
Papier aus verantwortungsvollen Quellen
Paper from responsible sources
FSC® C105338

If you have any concerns about our products,
you can contact us on
ProductSafety@springernature.com

In case Publisher is established outside the EU,
the EU authorized representative is:
**Springer Nature Customer Service Center GmbH
Europaplatz 3, 69115 Heidelberg, Germany**

Printed by Libri Plureos GmbH
in Hamburg, Germany